Brendon Burchard
Das MotivationsManifest

Das Buch

Ausgehend von der Überzeugung, dass der Mensch nach persönlicher Freiheit und Glück strebt, gibt der international renommierte Motivationstrainer Brendon Burchard Anleitung und Übungen, diese zu erlangen. Anhand zahlreicher Beispiele zeigt er dem Leser Hürden sozialer Begrenzungen und eigener Ängste auf und wie er diese nehmen kann.
Ein inspirierender und stärkender Impuls vom Motivationstrainer Nummer eins, der nach einem persönlichen Schicksalsschlag heute weiß, wie wichtig es ist, den Menschen ganzheitlich zu betrachten.

Der Autor

Brendon Burchard ist einer der renommiertesten Marketingtrainer für Autoren, Vortragende und Coaches. Er ist Gründer der High Performance Academy. Der Journalist Larry King nannte ihn »einen der Top Motivations- und Marketingtrainer der Welt«. Mit seinen Marketingbüchern wurde er zum New York Times-Bestsellerautor. Dem deutschsprachigen Lesepublikum wurde er bekannt durch seinen Roman *Das Ticket zum Glück*. Nach einem schweren Autounfall hat er angefangen, seine Arbeit spirituell auszurichten.

BRENDON BURCHARD

DAS MOTIVATIONS MANIFEST

9 Versprechen,
das Leben zu meistern

Aus dem Amerikanischen
von Antje Korsmeier

Allegria

Wichtiger Hinweis

Die Ratschläge in diesem Buch sind vom Autor und dem Verlag sorgfältig erwogen und geprüft. Sie bieten jedoch keinen Ersatz für kompetenten therapeutischen oder medizinischen Rat. Jeder Leser ist für sein eigenes Handeln selbst verantwortlich. Alle Angaben in diesem Buch erfolgen daher ohne jegliche Gewährleistung oder Garantie seitens des Verlages oder des Autors. Eine Haftung des Autors bzw. des Verlages und seiner Beauftragten für Personen-, Sach- und Vermögensschäden ist ausgeschlossen.

Der Verlag hat die Quellenlage mit größter Sorgfalt recherchiert und die Nennung der Rechteinhaber dementsprechend vorgenommen. Sollte dennoch eine Textpassage nicht ausreichend als Zitat gekennzeichnet sein, bittet der Verlag um einen entsprechenden Hinweis des Rechteinhabers.

Die Originalausgabe erschien 2014 unter dem Titel
The Motivation Manifesto bei Hay House Inc., USA

MIX
Papier
FSC FSC® C083411

Allegria ist ein Verlag der Ullstein Buchverlage GmbH

ISBN 978-3-7934-2310-2

Übersetzung: Antje Korsmeier
Lektorat: Ralf Lay
Umschlaggestaltung: X-Design, München,
nach einer Vorlage von Brendon Burchard
Gesetzt aus der Minion
Satz: Keller & Keller GbR
Druck und Bindearbeiten: CPI books GmbH, Leck
Printed in Germany

INHALT

Alle Religionen, Künste und Wissenschaften sind
Äste des gleichen Baums. Alle diese Bestrebungen
sind darauf gerichtet, das menschliche Leben
zu veredeln, es aus der Sphäre eines bloß vitalen
Daseins herauszuheben und das Individuum
zur inneren Befreiung zu führen.

Albert Einstein

Konformität ist der Kerkermeister der Freiheit
und der Feind des Wachstums.

John F. Kennedy

DIE ERKLÄRUNG PERSÖNLICHER STÄRKE

Im Leben jener Menschen, die zu Größe bestimmt sind, kommt der Moment, da sie vor den Spiegel des Lebens treten und sich fragen müssen: *Weshalb leben wir, die wir mit dem mutigen Herzen eines Löwen ausgestattet sind, wie Mäuse?*

Wir müssen unseren eigenen müden Augen mit festem Blick begegnen und prüfen, warum wir so viel Zeit damit verschwenden, jeder nur erdenklichen Ablenkung nachzugehen, warum wir vor dem Gedanken zurückschrecken, der Welt unser wahres Ich zu zeigen, warum wir so schnell vor Konflikten davonlaufen und warum wir bereit sind, uns zurückzunehmen. Wir müssen fragen, warum wir uns dem hektischen Treiben der Gesellschaft willfährig fügen, warum wir uns in ihrer Mittelmäßigkeit verlieren und uns mit dürftigen Belohnungen zufriedengeben, wo die Natur doch den Verwegenen, Entschlossenen, Kreativen und Unabhängigen unbegrenzte Freiheit, Macht und Fülle bietet – *also jedem von uns*. Wir müssen fragen, ob der Wunsch, uns sicher und akzeptiert zu fühlen, uns nicht zu Sklaven der herrschenden Meinung macht – und zu Sklaven der Langeweile. Wir müssen fragen: *Wann sind wir bereit, zu einer höheren Ebene des Seins aufzusteigen?*

Wenn es im Lauf der Ereignisse notwendig wird, solche Fragen zu stellen und uns von den Überzeugungen und

Verhaltensweisen zu lösen, die uns eingeschränkt haben, wenn wir erneut alle Kräfte und Fähigkeiten annehmen, die uns zu Gebote stehen und zu denen der Schöpfer und die Gesetze der Natur uns berechtigen, so erfordert eine angemessene Rücksicht auf die Menschheit, dass wir die Gründe darlegen, die uns dazu treiben, von unserer Stärke Gebrauch zu machen und uns von denjenigen abzusetzen, die unsere Lebenskraft, unser Wachstum und unser Glück hemmen.

Wir müssen unsere persönliche Stärke und Freiheit erklären.

Folgende Wahrheiten erachten wir als selbstverständlich: dass alle Männer und Frauen gleich geschaffen sind, auch wenn wir aufgrund eines unterschiedlichen Willens, unterschiedlicher Motivation, Bemühungen und Gewohnheiten nicht gleich leben. Dass wir von unserem Schöpfer mit gewissen unveräußerlichen Rechten ausgestattet sind; dass dazu Leben, Freiheit und das Streben nach Glück gehören, aber dass es jedem von uns obliegt, wachsam und diszipliniert zu sein, falls wir ein solches wesentliches, freies und glückliches Leben erreichen wollen. Wir glauben, die wichtigste menschliche Fähigkeit ist es, selbstständig und unabhängig zu denken, unsere eigenen Ziele, Neigungen und Handlungen zu wählen. Denn im Herzen eines jeden Menschen gibt es einen natürlichen Trieb hin zu Freiheit und Unabhängigkeit, eine psychologische Prädisposition, sich selbst eine Richtung zu geben, ein biologisches Gebot zu wachsen sowie die innere Freude daran, das eigene Leben zu bestimmen und voranzubringen. Die wesentliche Motivation von uns Menschen besteht darin, frei zu sein, unser wahres Selbst zum Ausdruck zu bringen und unsere Träume uneingeschränkt zu verfolgen – also das zu erfahren, was man persönliche Freiheit nennen kann.

Um diese Rechte und diese persönliche Freiheit zu bewahren, dürfen sich gewissenhafte Männer und Frauen nicht von der Angst, den Konventionen oder dem Willen der breiten Masse steuern lassen. Wir müssen unser Leben selbst bestimmen; und sollten unsere Gedanken und Handlungen destruktiv werden, ist es unsere Verpflichtung, sie zu ändern oder loszulassen und neue Gewohnheiten anzunehmen, die zur Grundlage eines freieren, glücklicheren Lebens werden. Wir müssen von unserer Stärke Gebrauch machen und die Art, wie wir denken und mit der Welt im Austausch stehen, vervollkommnen.

Wenn Selbstunterdrückung und gesellschaftliche Kontrolle über längere Zeit unsere Kraft und unsere Selbstständigkeit eingeschränkt haben, ist es unser Recht – ja, unsere *Pflicht* –, ein solches Leben abzuschütteln, erneut aufzustehen und unbeschwert durch die Pforten der Großartigkeit zu schreiten.

Lange genug haben wir geduldig gelitten und dabei gehofft, dass uns eines Tages irgendjemand oder irgendein glücklicher Umstand mehr Möglichkeiten bieten und uns zufriedener machen würde. Aber nichts, was von außen kommt, kann uns retten. Und die entscheidende Stunde naht, wenn wir entweder in diesem Leben gefangen bleiben oder aber beschließen, dass wir eine höhere Ebene der Bewusstheit und der Freude erlangen möchten. In dieser maroden, turbulenten Welt müssen wir inneren Frieden finden. Um das Leben zu erschaffen, das wir verdient haben, müssen wir uns mehr auf uns selbst verlassen.

Das wird eine Herausforderung werden, denn wenn wir

auf unser bisheriges Handeln zurückblicken, sehen wir oftmals selbstverletzendes Verhalten und Elend. Beides rührt von unserem blinden Wunsch her, dass andere Menschen, die kaum wissen, wer wir wirklich sind, uns für angenehm, wertvoll und liebenswert halten. Und so haben wir uns immer klein gehalten: Wir haben vergessen, klare Absichten zu entwickeln und Standards zu setzen, und allzu oft haben wir unsere Wünsche und Träume nicht artikuliert. Zufall und Mittelmäßigkeit regierten oft unser Leben, während laute, unbedarfte Menschen bestimmten, wer wir waren und was wir taten, sodass unser Leben vielfach von Dummköpfen beherrscht wurde. Wenn wir den Mut haben, zu unserer Verletzlichkeit zu stehen, und solches Fehlverhalten zugeben, erkennen wir vielleicht das Potenzial, das wir bislang noch nicht ausgeschöpft haben; vielleicht erblicken wir einen neuen Weg, der uns leuchtet.

So wollen wir unser Leben auf den richtigen Kurs bringen. Wir wollen uns im Spiegel ansehen und vollkommen ehrlich sein. Was auch immer wir darin erblicken, wir wollen die folgenden allgemeinen menschlichen Wahrheiten und persönlichen Versprechen anwenden, um unsere eigene Freiheit zurückzufordern:

> Wir sind zu oft abgelenkt. Immer wieder bekommen wir die Energie und die schönen Dinge um uns herum gar nicht mit und merken nicht, wie wichtig der jeweilige Augenblick ist. Es ist, als würden wir lieber woanders sein und etwas anderes tun, als lebten wir in einer anderen Zeit, Stunden vor oder nach dem Geschenk des *Jetzt*. Wir haben vergessen, dass der natürliche Feind des Lebens nicht ein ferner Tod ist, sondern die

momentane Abwendung vom Leben. Sofern wir uns wünschen, frei zu sein und vor Kraft zu strotzen, müssen wir uns dafür entscheiden, alle Macht unseres Bewusstseins auf die Erfahrung der Gegenwart zu richten. Wir müssen beschließen, dass wir wieder etwas *spüren*. Wir müssen Intentionen formulieren, wer wir sein möchten, welche Rollen wir einnehmen wollen, in welcher Beziehung wir zur Welt stehen möchten. Ohne lebenssprühende Achtsamkeit können wir uns weder mit anderen noch mit uns selbst verbinden, noch gelingt es uns, mit Anmut unseren aktuellen Aufgaben nachzukommen. Somit erklären wir: *Wir wollen das Leben voller Präsenz und Energie angehen.*

Wir haben die Kontrolle über unseren Alltag abgegeben. Durch all die vielen Ablenkungen fehlt uns die Disziplin, um höhere Ziele zu verfolgen. Die unberührte Leere eines freien Tages wirkt unermesslich, weil wir im Banne eines falschen, aber unwiderstehlichen Drangs stehen, fortwährend den Wünschen und Bedürfnissen anderer Menschen zu entsprechen. An allen Ecken und Enden zerrt jemand an uns herum, sodass unsinnige Beschäftigungen oder vorgebliche Notfälle uns von sinnvollen Vorhaben abhalten. Allzu oft wissen wir nicht, wie wir unser Leben mit den Bedürfnissen der Menschen, die wir lieben, in Einklang bringen sollen. Oft haben wir keinen rechten Bezug zu den Dingen, für die sich am meisten zu kämpfen lohnen würde; unsere Geschäftigkeit verschlingt den Tag, aber sie ist nicht unser Lebenswerk. Viele Menschen haben gar kein richtiges Ziel im Leben; weder sehnen sie sich morgens beim Aufstehen danach, noch richten sie ihren Tag danach aus. Mehr Freude, Macht und Zufriedenheit im Leben wird denen zuteil, die ihr Leben bewusst gestalten. Somit erklären wir: *Wir wollen wieder selbst über unser Leben bestimmen.*

Etwas in unserem Inneren sabotiert unseren natürlichen Drang nach Freiheit. Es jammert und brüllt und verlangt, dass wir anhalten, wann immer wir uns aus unserer Komfortzone herauswagen, wann immer wir in dieser unheimlichen Welt authentisch und liebevoll sein wollen, wann immer wir unsere eigene Stellung riskieren, um etwas zu bewirken, wann immer wir etwas Großartiges anstreben, das Arbeit und Anstrengung erfordert. Wenn wir uns verletzlich fühlen, flößen unsere inneren Dämonen uns Angst und Sorgen ein und hindern uns an Wachstum und Lebendigkeit. Unser Schicksal hängt davon ab, wie gut wir diese inneren Dämonen – den Aufschub und den Zweifel – kennen, wie gut wir uns gegen sie wehren können und wie viele Kämpfe wir jeden Tag gegen sie gewinnen. Ohne Selbstbeherrschung und Selbstbemeisterung sind wir bloße Sklaven der Angst; mit ihr erlangen wir Größe und Transzendenz. Somit erklären wir: *Wir wollen unsere inneren Dämonen besiegen.*

Die meisten von uns werden nicht so schnell lebensklug, wie wir könnten. Wir warten immerzu ab. Wir warten damit herauszufinden, wer wir sind; unsere Träume zu verkünden; um das, was wir wollen, zu kämpfen; uns ganz dem Leben und der Liebe zu öffnen. Wir warten darauf, dass sich persönlicher Mut in uns regt oder dass die Gesellschaft uns irgendwie die Erlaubnis gibt, unser Potenzial zu aktivieren. Wir haben vergessen, dass Mut eine Frage der Entscheidung ist und dass die ängstliche breite Masse nie die Erlaubnis zu entschlossenem Voranschreiten erteilt. Die meisten haben vergessen, dass für Veränderungen immer ein Hauch von Wahnsinn notwendig ist. Wenn es unvernünftig oder verwegen ist zu handeln, bevor der perfekte Moment gekommen ist oder uns jemand die Erlaubnis erteilt hat, dann müssen wir unvernünftig und verwegen sein. Denken wir daran, dass wir nicht die Summe unserer Intentionen sind, sondern dessen, was wir tun. Forsche und disziplinierte Eigeninitiative ist unsere Rettung; sie ermöglicht uns, zu wachsen, einen Sprung zu machen und uns zu wahrer Größe aufzuschwingen. Wir dürfen den gegenwärtigen Augenblick, der uns dazu drängt, etwas Großartiges und Wichtiges in Angriff zu nehmen, nicht einfach so verstreichen lassen. Somit erklären wir: *Wir wollen unbekümmert voranschreiten.*

Wir sind erschöpft. Um uns herum sehen wir verwitterte, schlaffe, ernste Gesichter. Wir hören Gespräche, die zunehmend zurückgenommen und resigniert klingen, wie das Flüstern eines müden Volksstammes, der in Auflösung begriffen ist. Die emotionale Energie der Welt stagniert. Wohlergehen wurde dem Wohlstand geopfert; Erfolg gilt mehr als Gesundheit. Im Zuge dessen haben sich einige vom Leben und von ihren Mitmenschen abgewandt. Wo ist der lebendige, erhöhte, erregte Herzschlag, den man von einer so fähigen und begünstigten Gesellschaft erwarten würde? Warum gibt es nicht mehr Gelächter und Lebendigkeit? Wo steckt die vitale, verrückte, leidenschaftliche Wildheit von Menschen, die sich wirklich engagieren? Wo sind Menschen, die vor Charisma, Freude und Anziehungskraft bersten? Wieso schätzt niemand den Funken des Lebens an sich? Wir müssen unsere Haltung zum Leben überprüfen. Unsere oberste Pflicht muss sein, die Magie des Lebens neu zu entfachen. Somit erklären wir: *Wir wollen Freude und Dankbarkeit kultivieren.*

Wenn das Leben kompliziert wird, gehen wir zu schnell Kompromisse ein. Die meisten opfern ihre Individualität und Integrität ohne Not, und aus Arroganz bemerken sie nicht, dass es sich so verhält. Viele von uns halten sich für stark, dabei würde der Blick in die Vergangenheit wiederholtes Aufgeben oder vorzeitigen Rückzug enthüllen, und zwar oft dann, wenn unsere Träume zum Greifen nahe waren, oder in Fällen, in denen es für die uns Nahestehenden wichtig gewesen wäre, dass wir Stärke gezeigt oder recht gehabt hätten. Um uns bei anderen beliebt zu machen, reden wir oft dummes Zeug oder verraten unsere wahren Überzeugungen. Demgegenüber haftet Menschen, die ihren Charakter weder aus Bedürftigkeit noch aus Verzweiflung aufs Spiel setzen, etwas Edles an. Wir dürfen nicht dem Impuls nachgeben, schwach oder herzlos zu sein, sondern müssen uns standhaft weigern einzuknicken. Wir müssen uns für Mut, glühende Hingabe an die Liebe und für jene Charaktereigenschaften entscheiden, die im Einklang mit unseren höchsten Werten stehen. Diejenigen, die allen Versuchungen zum Trotz wahrhaftig bleiben, werden frei sein und siegen. Somit erklären wir: *Wir wollen integer bleiben.*

Wir geben und empfangen Liebe nicht so, wie es der göttlichen Vorsehung entspricht – wir filtern die Liebe eher, als dass wir sie fühlen. Wir sind der weitverbreiteten Hysterie auf den Leim gegangen, die sagte: »Schützt euer Herz.« Und wir begannen zu glauben, dass die Liebe selbst Feinde habe und geschützt werden müsse. Wenn wir verletzt wurden, hatten wir das Gefühl, dass die Liebe in irgendeiner Weise geschmälert oder beschädigt worden sei. Doch Verletzung hat nichts mit Liebe zu tun, und Liebe ist weder mit Schmerz verknüpft noch davon beeinträchtigt. Das Ego wurde verletzt, nicht die Liebe. Liebe ist etwas Göttliches, sie ist überall, allgegenwärtig, im Überfluss vorhanden und frei. Sie ist eine spirituelle Energie, die in ebendiesem Moment das Universum durchströmt – uns, unsere Gegner, unsere Familie und Milliarden von Menschen. Sie war nie aus unserem Leben fort. Sie ist weder an unser Herz noch an unsere Beziehungen gebunden und kann daher weder besessen noch verloren werden. Wir haben zugelassen, dass unser Bewusstsein von der Liebe abgenommen hat. Das ist alles. Und dadurch haben wir uns selbst Leid zugefügt. Wir müssen reifer, lebensklüger werden und erkennen, dass wir, wenn wir unseren Geist von früheren Verletzungen befreien und uns erneut für die Liebe öffnen, Zugang zu göttlicher Kraft finden. Sich emotional ganz der

Welt zu öffnen und sein Herz ohne Angst vor Verletzung und ohne Erwartung einer Gegenleistung zu verschenken – das ist der höchste Ausdruck menschlichen Muts. Somit erklären wir: *Wir wollen die Liebe mehren.*

Eine Generation nach der anderen fällt hinter die menschlichen Ideale und Tugenden zurück. Das leise Summen der Mittelmäßigkeit und die schreckliche Tonlage des Narzissmus sind an die Stelle des gesamtgesellschaftlichen Chors getreten, der einst Tugend, Fortschritt und Selbstlosigkeit pries. Wir richten unsere Talente und den gesellschaftlichen Fokus nicht auf Selbstbeherrschung und das Gemeinwohl, sondern vergeuden sie in Voyeurismus und Sensationsgier. Allzu oft zeigen wir einen Missstand nicht an und erwarten nicht, dass wir oder andere natürlicherweise integer, kompetent oder liebevoll handeln. Ein weltweiter Mangel an Führung hat zu Gleichgültigkeit in der Bevölkerung, unvertretbarer Armut, skrupelloser Gier und einer beschädigten Welt geführt, in der überall Kriege lauern. So viele scheuen sich, mehr zu fordern. Sie trauen sich nicht, wie die großen Führungspersönlichkeiten der Vergangenheit, orientierungslose Menschen zu stellen und dazu zu bewegen, dass sie sich einmischen. *Wir* müssen es besser machen. Aus der allgemeinen moralischen Verkommenheit müssen sich einige Tugendhafte herausschälen, die den Mut haben, die Richtung, die unsere Welt eingeschlagen hat, infrage zu stellen. Die Wirkungen unserer Handlungen werden zu dem, was später einmal die Geschichte ist, daher wollen wir zielgerichtet und großartig handeln. Somit erklären wir: *Wir wollen Großartigkeit inspirieren.*

Hast ist der neue Herrscher. Stille, die beeindruckende Fülle, Schönheit und göttliche Vollkommenheit der Gegenwart, nehmen wir nicht mehr wahr. Die meisten rasen durchs Leben, haben kein Gespür für ihre Wahrnehmungen oder ihr Umfeld und sind taub und blind für die magische Qualität von … *genau* … *diesem* … *Moment.* Wir sind nicht dafür gemacht, all das zu verpassen, dieses *Leben*, aber wir tun es und sind nervlich am Ende, gestresst und vom *Jetzt* getrennt. Der Preis dafür ist unglaublich hoch – so viele Augenblicke, die von Eile, Sorge und Panik verzerrt sind, die zu hektischen Tagen werden und das Unglück eines nicht erfahrenen, freudlosen Lebens bilden. Viele können sich nur noch vage daran erinnern, wann sie zuletzt so sehr gelacht haben, dass es wehtat; so sehr geliebt haben, dass alles ein wunderschönes Fließen war; so laut gejubelt haben, dass ihre Stimmbänder überstrapaziert wurden; so bewegt waren, dass die Tränen nur so flossen; so umwerfend viel Spaß hatten, dass es zur Legende wurde – Momente, die *wirklich gelebt* wurden. Wir müssen alles v–e–r–l–a– n–g–s–a–m–e–n. Wir müssen nicht nur in jedem Augenblick präsenter sein, sondern auch den Moment in die Länge ziehen, damit wir ihn wirklich *spüren* können. Das Leben ist dazu gedacht, ein leuchtendes, zutiefst empfundenes, größer werdendes Mosaik langer, bedeutungsvoller Momente zu sein. Den heutigen Tag müssen wir genießen wie eine Rast an einem kühlen Bach in der Sommerhitze. Somit erklären wir: *Wir wollen die Zeit verlangsamen.*

Die meisten Probleme unseres Lebens sind selbstverschuldet. Doch auch wenn wir uns ihrer bewusst wurden, haben wir nur auf ganz bescheidene Art und Weise versucht, etwas zu verändern: Wir setzten uns realistische Ziele und arbeiteten auf sie hin. Da wir jedoch Angst hatten, unsere wahre Kraft zu entfalten, ließ unser Wille nach, wir strebten nach zu wenig, und selbst unsere gewaltigen Bemühungen erhielten durch Ablenkungen oder die Kritik innerhalb eines konformistischen Gesellschaftsklimas einen Dämpfer. Ängstlich und wütend beschwerten wir uns, dass es leichter sein müsste, und vergaßen dabei, dass ein Großteil der negativen Energie in unserem Leben daher rührt, dass wir die Mühsal verschmähen, die jede Veränderung unvermeidbar mit sich bringt.

Denken wir daran, dass es in der Geschichte der Menschheit nur zwei Themen gibt, die immer wiederkehren: *Anstrengung* und *Fortschritt.* Wir dürfen uns nicht das Ende der Anstrengung wünschen, weil es dann auch mit dem Fortschritt vorbei ist. Deshalb wollen wir ganz deutlich machen, dass jener kleine, quengelnde, undisziplinierte Teil von uns – jener unaufmerksame Charakterzug, der es bloß bequem haben will – nicht geeignet ist, um über unsere neue Bestimmung zu entscheiden.

Und wir dürfen auch nicht zulassen, dass abgestumpfte, kleinkarierte Männer und Frauen unsere Zukunft zerstören. Sozialer Druck darf nicht unser Potenzial zerrütten. Sicher haben wir anderen hin und wieder gesagt, dass ihre

Meinung uns egal ist und dass ihre Einschätzung von uns ungerechtfertigt ist. Wir haben uns oft beschwert, haben andere freundlich um etwas gebeten oder wiederholt auf die Umstände hingewiesen, aufgrund deren wir etwas verändern möchten. Wir haben an ihren Großmut appelliert, sie gebeten, freundlicher zu sein, uns mehr zu unterstützen oder uns als Gleichgesinnte zur Seite zu stehen und jene zurückzudrängen, die unseren Vorstoß verhindern wollen. Doch zu oft traf unsere wahre Stimme auf taube Ohren. In Zeiten, da es besonders wichtig gewesen wäre, glaubten sie nicht an uns, gaben uns keine Unterstützung oder feuerten uns nicht an. Daher dürfen wir nicht länger auf ihre Hilfe oder Zustimmung warten. Wir müssen so mit ihnen umgehen wie mit allen anderen Menschen: Wenn sie sich unseren Träumen in den Weg stellen, sind sie unsere Widersacher, doch wenn sie friedvoll sind oder uns helfen, behandeln wir sie als Freunde.

Wir wollen aufwachen und begreifen, dass jeder von uns mehr Lebendigkeit, Freude und Freiheit erfahren kann. Mehr Empfindung. Mehr Macht. Mehr Liebe und Fülle. Doch es liegt an uns, ob wir dorthin gelangen, denn nur zwei Dinge können unser Leben verändern: Entweder es tritt etwas Neues von außen in unser Leben, oder es entsteht *innerlich* etwas Neues. Wir wollen nicht darauf warten, dass der Zufall etwas verändert. Vielmehr wollen wir den Mut aufbringen, unser Leben selbst zu verändern. Einige Menschen werden versuchen, uns daran zu hindern, aber wir dürfen uns nicht länger verstecken oder uns kleinmachen. Wir wollen fest darauf vertrauen, dass unsere Träume den Kampf lohnen und dass für uns die Zeit gekommen ist, uns zu befreien und zu Größe aufzusteigen.

Daher tun wir als freie, mutige und gewissenhafte Frauen und Männer, indem wir uns auf unseren Schöpfer berufen, was die Rechtlichkeit unserer Absichten betrifft, im Namen unserer Bestimmung feierlich kund und erklären, dass unser Leben frei und unabhängig ist und es von Rechts wegen sein soll. Wir erklären, dass wir von jeglicher Treuepflicht gegen jene, die uns unterdrücken und verletzen, entbunden sind und dass jegliche soziale Verbindung zwischen uns und ihnen vollständig gelöst ist und es sein soll; und dass wir als freie und unabhängige Menschen die Vollmacht haben, von unseren Stärken Gebrauch zu machen, unsere Träume auszuleben, Frieden zu finden, Wohlstand zu schaffen, offen diejenigen zu lieben, denen wir unser Herz geschenkt haben, uns ohne Angst oder Bewilligung zu engagieren, nach individueller Größe zu streben, dem Gemeinwohl zu dienen und alle anderen Dinge zu tun, die unabhängige und motivierte Menschen legitimerweise tun können. Und zur Stütze dieser Erklärung verpfänden wir in festem Vertrauen auf den Schutz der göttlichen Vorsehung unser Leben, unser Gut und unsere heilige Ehre.

Teil eins

ÜBER DIE MENSCHLICHE NATUR

FREIHEIT

Ich will Freiheit für den vollen Ausdruck
meiner Persönlichkeit.

Mahatma Gandhi

Jeder Mensch hat das Recht auf ein intensives, authentisches und zweckgerichtetes Leben. Aber den meisten von uns gelingt dies nicht. Wir sind Löwen und Löwinnen, die wie Mäuse leben. Anstatt frei über die Savanne zu streifen, leben wir mickrige Leben voller Ablenkung und Verwirrung. Jeder Mann und jede Frau – jeder Mensch, der Atem schöpft – ist dazu berufen, eine große Vision für sein Leben zu entwickeln und deren unendliche Größe tagtäglich einzufordern. Doch statt unsere Träume mit Hingabe zu verfolgen, sitzen wir oft herum und blasen Trübsal. Wir beschweren uns, schieben anderen die Schuld in die Schuhe und jagen belanglosen Zielen hinterher, die die Großartigkeit unseres Seins Lügen strafen. Entspricht das unserem wahren Wesen?

Keineswegs. Unsere Bestimmung ist es, wild, unabhängig und frei zu sein, voll brennender Leidenschaft für das Leben. Die Zeit ist dazu da, dass wir sie nutzen. Unsere Aufgabe ist es, als der Mensch zu leben, der wir in Wahrheit sind, und das gesamte Spektrum an Freiheiten auszukosten, die das Leben bietet, während wir unseren ureigenen Sinn und Zweck verfolgen, unser persönliches Vermächtnis.

Wenn es uns gelingt, die Fesseln der Gesellschaft abzuschütteln, gehört die Zeit uns, wir können Sprünge machen, uns recken und strecken und uns voll und ganz zum Ausdruck bringen. Wir können unsere Träume mit einer Heftigkeit verfolgen, die die Vorstellung all jener übersteigt, die in der Ödnis aus Stress und Sorgen feststecken.

So wollen wir uns auf das besinnen, worum es uns eigentlich geht: *Die wesentliche Motivation des Menschen besteht darin, nach persönlicher Freiheit zu streben und sie zu erfahren.*

Das ist weder eine politische Behauptung noch ein Grundsatz der westlichen Philosophie. Man wird schwerlich leugnen können, dass sich alle Menschen auf der Welt in ihrem tiefsten Innern nach den maßgeblichen Freiheiten sehnen: soziale Freiheit, emotionale Freiheit, kreative Freiheit, finanzielle Freiheit, Freiheit in Bezug auf die Zeit sowie spirituelle Freiheit. Egal, welcher Religion jemand anhängt, welche spirituelle Überzeugung oder Weltanschauung er hat – er will frei sein, sie zu leben. Und weiter: Egal, wie sich jemand im Leben fühlen möchte, er wünscht sich die Freiheit, um so zu fühlen; egal, was jemand erschaffen, welchen Beitrag er leisten will, er möchte frei sein, dies zu tun; egal, welche Träume jemand für seine Arbeit oder seine Freizeit hegt, er will frei sein, sie umzusetzen und zu genießen; egal, welche politischen Ansichten jemand hat, er will die Freiheit, sie zum Ausdruck zu bringen und zu unterstützen. So gründen all unsere Wünsche in dem noch größeren Wunsch nach Freiheit, damit wir uns für diesen Wunsch *entscheiden* und ihn *umsetzen* können.

Wenn wir unsere Ziele selbst wählen und uns darum bemühen, sie zu verwirklichen, entsteht in unserem Leben ein Gefühl von Lebendigkeit und Motivation. Das Einzige, was unsere Bemühungen zu Fall bringt, sind Angst und Unterdrückung.

Letztendlich bedeutet persönliche Freiheit dies: frei zu sein von dem, was uns *gesellschaftlich* einschränkt, sowie von jener tragischen Form der *Selbstunterdrückung*, die da heißt *Angst*. Sind wir davon befreit, können wir zum Ausdruck bringen, wer wir wirklich sind, und unseren innersten Sehnsüchten folgen, ohne dass andere oder wir selbst uns in irgendeiner Hinsicht bremsen.

Wenn wir persönliche Freiheit erleben, spüren wir besonders intensiv, wie *beglückend* es ist und wie *wahr* es sich anfühlt, wir selbst zu sein. Dann gibt es für uns keine Grenzen, wir fühlen uns unabhängig und vertrauen auf uns selbst. Unser Umgang mit anderen Menschen und unser Engagement in der Welt sind von einer Echtheit und Lebendigkeit, die sich geradezu mit Händen greifen lassen.

Persönliche Freiheit – unser Ziel – bedeutet:

- frei zu leben, indem wir das Leben nach unseren eigenen Vorstellungen gestalten;
- momentanes Freisein von Unterdrückung, vergangenen Verletzungen und gegenwärtigen Ängsten;
- geistige Freiheit sowie leichtherzig und spontan zu leben;
- unsere Gedanken, Gefühle und Ziele gegenüber den Menschen um uns herum mutig zu äußern, ohne uns zu sorgen, ob man uns akzeptiert oder ablehnt;

- unseren freien Willen zu genießen (es ist unsere eigene Entscheidung, nach Glück, Wohlstand, Gesundheit, Mitwirkung und Erfolg zu streben);
- mit leidenschaftlicher Hingabe zu lieben, wen wir lieben wollen;
- selbstständig zu sein, für unsere Ideen und unsere Integrität einzutreten und sie zu verteidigen;
- einer selbstgewählten Mission zu dienen;
- dafür zu kämpfen, dass unsere Kinder den Grundstock einer solchen Freiheit erhalten; in ihren Herzen den Willen zu nähren, so zu leben, wie sie leben wollen, auf dass sie Unterdrückung mutig entgegentreten und auf günstige Gelegenheiten mit rechtschaffenem Engagement reagieren.

Wer würde bestreiten, dass dies Ziele sind, nach denen sich alle Menschen sehnen und wonach sie streben?

Über Jahrhunderte hinweg haben Revolutionäre, Menschenfreunde, Philosophen und spirituelle Leitfiguren die Berufung zu individueller Freiheit als maßgeblichen Antrieb des Menschen benannt. Ihre Essenz wurde bezeichnet als das *unveräußerliche Recht des Menschen* auf selbstständiges Denken, freie Meinungsäußerung, Streben nach Glück, Frieden und Wohlstand sowie auf den Ausdruck unserer eigenen Vorstellung vom Göttlichen, unbehelligt vom Konformismus der Kleingeister beziehungsweise unserer eigenen Kleingeistigkeit.

Sieht man einmal von Tyrannen ab, die ihr Volk durch die Erzeugung von Furcht in Schach halten, gibt es eine weitverbreitete Überzeugung, auf die man in den meisten modernen Kulturen, politischen Bewegungen und anderen Bereichen des Menschlichen stößt: *Jeder von uns, jeder Einzelne, sollte das Recht haben, sein Leben glücklich und friedlich zu gestalten, ohne Angst, Schmerz, Gefangenschaft oder willkürliche soziale Beschränkungen.*

Von Natur aus wissen wir, dass das Leben seinen Geschmack verliert, wenn wir von anderen Menschen kontrolliert werden, dass wir dann in Melancholie und Mittelmäßigkeit versinken. Was wird aus uns ohne das Streben nach individueller Freiheit? Wir treten unseren freien Willen an eine Gesellschaft voller Fremder ab, die nicht Freiheit und Mut propagiert, sondern Konformität und Vorsicht. Unser wahres Selbst wird unterdrückt, und ein Pseudoselbst tritt an seine Stelle, es ist der bloße Widerschein einer Gesellschaft, die vom Weg abgekommen ist. »Die da« fangen an, über unser Leben zu bestimmen, und bald sind wir nicht mehr »wir selbst«, sondern nur noch wandelnde Zombies, gesteuert von den Vorlieben und Erwartungen anderer. Wir werden zu jenen unkenntlichen Seelen, die ziellos durch eine Wüstenei des Immergleichen und der Tristesse irren. Wir werden müde und schwach. Wir verlieren unseren Wesenskern. Und wir werden Zeugen des allerschlimmsten menschlichen Verhaltens: Wir sehen eine Menschenmasse, die weder für sich noch für andere eintritt, sondern bloß das tut, was man ihr sagt.

Aus einer solchen Situation sind in der Vergangenheit die schlimmsten Gräueltaten der Menschheit hervorgegangen: der Massenmord an anderen Ethnien und Klassen, weil eine machtvolle Elite oder die Kirchen sagten, man solle die Erde im Feuersturm reinigen beziehungsweise die Seelen läutern; der Holocaust, dem Millionen zum Opfer fielen, während die Welt zu lange zuschaute, bevor sie eingriff; die ungeheure Gleichgültigkeit einer Gesellschaft, die es zulässt, dass ihre Mitglieder verhungern und um ihr Leben kämpfen; die verabscheuungswürdigen Taten von Mobs und Geistesgestörten, die keinerlei Respekt vor der Freiheit oder den Rechten des einzelnen Menschen haben. Wenn die Freiheit verschwunden ist, dann beginnt für alle das Leiden.

Warum geht uns die Freiheit so nahe?

Weil Freiheit ganz eng mit dem menschlichen Bedürfnis nach *Weiterentwicklung* verknüpft ist – mit unserem natürlichen Trieb, über unsere Umstände hinauszuwachsen und unsere Ziele, unser Potenzial, unser höchstes Selbst zu verwirklichen.

Alle Dinge, die das Leben für große Männer und Frauen lebenswert machen – das Streben nach Glück, Herausforderungen, Fortschritt, kreativer Ausdruck, Engagement, mühsam erworbene Weisheit und Erleuchtung –, kommen daher, *dass wir zu höheren Ebenen des Seins und der Großzügigkeit aufsteigen wollen.*

Jeder Mensch hat die ganz natürliche Neigung, sich zu höheren Ebenen des Seins weiterzuentwickeln, aber es obliegt jedem von uns selbst, diese Neigung mit echter Initiative zu verbinden. Wir müssen uns in Erinnerung rufen, dass sich Freiheit nur durch gewissenhaftes Wollen und Willenskraft erreichen lässt. Wer sich im Leben weiterentwickeln will, braucht Mumm und Entschlossenheit, muss Anstrengung und Tapferkeit aufwenden. Doch jene, die die Mühe auf sich nehmen, erwarten alle Herrlichkeiten des Lebens und der Geschichte. Denken Sie daran, dass sich die großen Meister und Leitfiguren der Vergangenheit bewusst darin schulten, eine beachtliche Freiheit von sozialer Unterdrückung oder Selbstunterdrückung zu erlangen. Sie rangen schwer darum, doch sie erlernten die Kunst, im gegenwärtigen Moment frei zu sein. So konnten sie ausdrücken, wer sie in Wahrheit waren, schöpferisch tätig sein und etwas zur Welt beitragen, frei von lähmender Angst. Sie fanden nicht, dass sie sich anpassen mussten, sondern lernten, unabhängig, einzigartig und authentisch zu sein – auch wenn sie erfolgreich im Getümmel der Welt mitmischten oder aber verurteilt und eingesperrt wurden. Auf einem solchen Fundament persönlicher Befreiung stehen die großmütigsten Menschen, die die Welt hervorgebracht hat: Mahatma Gandhi, Viktor E. Frankl, Martin Luther King und Nelson Mandela waren selbst während ihrer Gefangenschaft frei.

Sie brauchen nur einen Blick zurück in die Geschichte zu werfen, und schon springt Ihnen die Freiheit in Form symbolträchtiger Metaphern entgegen:

- Da ist der tapfere Revolutionär, der als einsame Figur auf dem Schafott stand und sich weigerte, seine Überzeugungen zu widerrufen und den Kampf um Unabhängigkeit aufzugeben.
- Da sind all die bedeutsamen von uns gefeierten Rebellionen, in denen sich eine Minderheit gegen größere und besser bewaffnete Streitkräfte behauptete, bereit zu sterben, damit ihre Kinder überhaupt die Chance bekämen, später einmal frei zu sein.

- Da ist die Herausbildung neuer Staaten, nachdem Bomben explodiert waren und die Häuser der Tapferen auf dem Boden der Freiheit errichtet wurden.
- Da ist die Seele des Sezessionskrieges, als Nachbarn in Blau und Grau unterteilt wurden, sich gegenseitig umbrachten, den Boden ihrer Heimat mit Blut besudelten und sich doch irgendwann geeint gegen die Versklavung ihrer Mitmenschen erhoben.
- Da ist der Triumph über die Erde, als zwei Brüder mit einem selbstgebauten Fluggerät den zähen Fesseln der Schwerkraft entkamen.
- Da ist die Dynamik des Ersten Weltkriegs, als mit Schlamm und Blut beschmutzte Soldaten Tausende Kilometer fern der Heimat waren, in olivfarbener Uniform, nur mit Messern, Gewehren und Feldflaschen bewaffnet sowie einem Sinn für Pflicht, Ehrgefühl und Heimat.
- Da ist der Kampf gegen Hitler, als jener winzige, böse Tyrann – der, dämonisch wütend, Millionen von Menschen mit Grausamkeiten überzog und töten ließ – schließlich von einer Handvoll Länder vernichtet wurde, eines davon wurde von einem freien Mann im Rollstuhl angeführt.
- Da ist der bedeutendste Traum, der je geäußert wurde, als Tausende Menschen in verängstigten, bigotten Städten gegen eine Mauer aus Schlagstöcken, Hunden und Wasserwerfern anmarschierten; als Hunderttausende zu jener leuchtenden Stadt auf

dem Hügel zogen, um dem Traum eines Mannes über den Klang der Freiheit zu lauschen.

- Da ist jener Riesensprung der Menschheit, als eine kleine Metallkapsel tapfere Männer in weißen wattierten Overalls in die Finsternis jenseits des Himmelsblaus katapultierte, Männer, die ihre irdischen Grenzen transzendierten, auf dem Mond landeten und in eine Welt zurückkehrten, die fortan nicht mehr an das Unmögliche glauben konnte.
- Da ist der Fall der Berliner Mauer, als Millionen von freiheitshungrigen Menschen die reale und metaphorische Mauer niederrissen, die die Menschheit trennte. Tausende von Kilometern entfernt, in einem anderen Land, dessen große Mauer nach wie vor steht, stellte sich ein kleiner Mann auf einem großen öffentlichen Platz trotzig einem Panzer entgegen und forderte sein Recht auf Freiheit ein.

Das sind die bleibenden Bilder unserer eigenen Geschichte, getränkt vom Blut, den Tränen, der Mühsal und dem Schweiß all jener, die Freiheit in jedweder Form begehrten und dafür kämpften. Immer wieder sehen wir Millionen von Menschen, die marschieren, Millionen, die kämpfen, Millionen, die sterben, und Millionen, die siegreich sind, alle im Namen der Freiheit.

Unsere Geschichte, die letzten Endes zählt, ist unser Streben nach mehr Freiheit und der damit verbundene Kampf für ein höheres Lebensniveau und bessere Beziehungen.

In diesem heiligen Wunsch nach Überwindung von Gewaltherrschaft, Unterdrückung und den Grenzen unserer eigenen Finsternis und Engstirnigkeit erblicken wir immer wieder Hoffnung für die Menschheit.

Jene, die Hoffnung schöpften und ein freies, glückliches Leben führten – der Gewalt und Dunkelheit der Geschichte zum Trotz –, hatten keineswegs bloß Glück gehabt oder waren so zu Ansehen gelangt, sondern das waren beherzte, mutige Menschen. Sie kannten die Anforderungen ihrer Zeit und wussten, dass ihr eigenes Schicksal mit dem des Mannes oder der Frau neben ihnen verwoben war. Sie wussten, dass sie motiviert bleiben mussten, um sowohl ihre inneren Dämonen zu besiegen als auch die Tyrannen der Gesellschaft und des Umfelds. Sie legten einen weiten Weg zurück, voller Mühsal, Ausdauer und Erkenntnis. Ohne sich zu rechtfertigen, deklarierten sie ihre Unabhängigkeit, ihre Rechte und ihre Richtung. Ihre einzige Richtschnur war eine innere – ein geistiges Manifest, das den Mut forderte, sich selbst treu zu bleiben, und die Disziplin, alle Energien auf ein höheres Ziel zu richten.

Ihrem Vorbild haben wir viele gesellschaftliche Freiheiten zu verdanken. Auf der ganzen Welt nimmt die politische Freiheit weiterhin zu oder wird eingefordert. Finanzielle Freiheiten erreichen nach und nach immer mehr Winkel der Erde. Individualität und Einzigartigkeit gewinnen wirtschaftlich an Bedeutung. Alle Freiheiten, die wir in den freieren und wohlhabenderen Gesellschaften für selbstverständlich halten – Bequemlichkeiten zuhauf, Schutz vor physischer Bedrohung, breiter Zugang zu Bildung und Gesundheitsversorgung –, erhielten wir dank der Männer und Frauen, die sich der Freiheit verschrieben hatten.

Daher sind wir es unseren Vorfahren und auch den uns nachfolgenden Generationen schuldig, unsere eigene zeitgemäße Form von persönlicher Freiheit zu suchen und zu finden. Jeden Tag aufs Neue muss uns absolut klar sein, dass es in unserem Leben von höchster Bedeutung ist, ob wir uns vor einer vergleichbar großen Aufgabe drücken und die Zustimmung von Kleingeistern vorziehen oder ob wir uns auf die Schultern der edlen und freien Menschen stellen, die sich nicht einfach zufriedengeben wollten. Lasst uns also jeder auf seine Art und mit ureigener Stimme auf den Mut dieser Menschen antworten, lasst uns den Ruf nach Freiheit zu unserem Anliegen machen, zu der Herausforderung, an der wir wachsen und die wir meistern.

Manche Menschen zweifeln und fragen, ob wir zu viel Freiheit haben, ob unsere großartigen Freiheiten zu viel des Guten sind. Die Strahlen dieser goldenen Ära des Friedens und des Wohlstands haben die Welt zum Positiven verändert, doch bei einigen Menschen haben sie einen seelischen Sonnenbrand bewirkt – sie waren der Fülle übermäßig ausgesetzt, was bei ihnen zu Trägheit, Gier, Narzissmus und Anspruchsdenken führte.

Solche Leute sind in Wahrheit nicht frei, selbst wenn sie in den politisch freizügigeren Regionen der Welt leben. Sie sind Gefangene ihrer eigenen wiederkehrenden Laster. Ein Mann, der von Machthunger oder Geldgier um ihrer selbst willen getrieben wird, ist genau das: getrieben. Ihn quält ein grundloses, fortwährendes Verlangen nach mehr. Wahrscheinlich trägt er in der Gesellschaft eine Maske, um Erfolg zu haben, und deshalb ist er immer unsicher, sowohl im Hinblick auf sich selbst als auch auf sein Leben. Dieser tiefe innere Riss bewirkt, dass er zwanghaft mit der Frage beschäftigt ist, wie er noch mehr kriegen kann, warum er es noch nicht hat, wem er gefallen oder zu welcher Person er werden muss, um es zu bekommen. Eine Frau, die vom Drang nach Bewunderung getrieben ist, kennt keinen reinen Moment echter Freude, der losgelöst ist von ihrer Selbstsucht; sie ist eine Sklavin ihres endlosen Strebens nach Jugend, Schönheit und sozialer Anerkennung. Ihr immerwährendes Verlangen schottet sie gegenüber Möglichkeiten des Wachstums ab und verprellt andere; so verspielt sie die Chance auf ursprünglichen Selbstausdruck sowie jene Art von inbrünstiger Liebe, die sie verdient.

Auf Menschen mit Anspruchsdenken wiederum warten anhaltende Wehleidigkeit und Trübsal. Wer glaubt, er müsste alles bekommen, bräuchte selbst aber nichts zu geben, wird niemals den unreifen Neid und die Ablehnung gegenüber all jenen loswerden, die mehr haben als er. Die Anspruchsvollen sind vielleicht am wenigsten frei, denn sie unterliegen dem großen Irrglauben, dass die Welt ihnen etwas schuldet.

Wir stellen also fest, dass selbst in wohlhabenden und politisch »freien« Kulturen noch immer der Konformismus regiert, gepaart mit innerer Unruhe.

Das führt uns zurück zur persönlichen Freiheit. Diese Aufgabe verschwindet nicht einfach, nur weil politische oder finanzielle Freiheit gegeben sind. Es wird immer irgendeine Art von gesellschaftlichem Druck geben, und wir werden uns immer von den Eitelkeiten der heutigen Welt befreien müssen, damit wir nicht zu einer trägen, gierigen und narzisstischen Karikatur des modernen Menschen werden. Wir werden uns immer um Selbstbeherrschung und soziale Fähigkeiten bemühen müssen, damit wir authentisch ausdrücken können, wer wir sind, und freudig nach dem streben, was wir uns im Leben wünschen. Das soll unsere Arbeit sein.

Ein Weg voller Hindernisse

Nur wenn wir uns aktiv selbst ausdrücken und unsere eigenen Ziele verfolgen, können wir Freiheit erlangen.

So zu denken, zu fühlen, zu sprechen und zu handeln, wie es uns in Wahrheit entspricht, schafft Integrität und die Grundlage unseres Glücks. Wie konnten wir das jemals aus den Augen verlieren?

Das Streben nach persönlicher Freiheit beginnt in unserer Kindheit und Jugend, wenn wir anfangen, eigene Überzeugungen zu entwickeln, und uns nicht mehr nur nach den Vorgaben unserer Eltern richten. Da ist das Kind, das seine ersten Schritte fort von der Mutter macht, das die Straße sicher allein überquert, das voller Eifer bestimmt, was es essen, zeichnen und welche Kleidung es tragen will. Es geht um unser ganz natürliches Bedürfnis nach Unabhängigkeit, um das Verlangen, wir selbst zu werden. Wenn wir älter werden, tritt dieser Impuls deutlicher hervor und wird stärker vom Kopf gesteuert – wir entscheiden bewusst, dass wir auf eigenen Füßen stehen, unseren eigenen Weg finden, unsere eigenen Träume verwirklichen und unsere eigenen Grenzen einreißen wollen, dass wir lieben wollen, ohne um Erlaubnis zu bitten, und uns uneingeschränkt engagieren möchten. Wir beschließen, zum Studium in eine andere Stadt zu ziehen, eine Angelegenheit zu beenden, ein Wagnis einzugehen, beruflich einen Neuanfang zu wagen, einer Bewegung beizutreten, um die Welt zu reisen. Wir bilden uns unsere eigene Meinung, weil wir eigene Spuren hinterlassen wollen. Dieser natürliche Impuls ist immer da.

Das Problem ist, dass unser Suchen immer wieder auf tragische Weise auf Hindernisse stößt; es wird uns streitig gemacht von den Menschen um uns herum oder unserer eigenen Ängstlichkeit.

Das ist die Wirklichkeit, der wir nun ins Auge blicken.

Wir müssen die gesellschaftliche Unterdrückung und auch die Selbstunterdrückung bezwingen, wenn wir jemals zu jenen freien Geistern gehören wollen, die ihr Leben lieben und ihren Mitmenschen ein Vorbild sind.

Soziale Unterdrückung

Soziale Unterdrückung stellt für uns die größte Herausforderung dar. Erfolgreich zu verhindern, dass andere Menschen uns bevormunden und unser Potenzial dämpfen, ist extrem schwer. Es geht um jene Augenblicke, in denen uns jemand anders auf belastende, grausame, manipulative oder ungerechte Art und Weise beurteilt, Autorität walten lässt oder Gewalt gegen uns anwendet. Oder wenn ein Elternteil uns so stark beeinflusst, dass wir nicht wir selbst sein können; wenn der Partner mit Liebesentzug droht, sofern wir nicht tun, was er sagt; wenn der Chef lügt und uns für den Fall droht, dass wir die Wahrheit sagen; wenn wir gemäß unseren eigenen spirituellen Überzeugungen leben wollen, aber die Glaubenssätze unserer Kultur uns die Luft abschnüren. Wenn kleinliche Urteile, harte Kritik, erniedrigende Bemerkungen, Verletzungen oder irrationale Erwartungen von anderen Menschen sowie deren direkte oder indirekte Handlungen uns ausbremsen. Wenn andere dafür sorgen, dass wir uns klein und unbedeutend fühlen, machtlos oder wertlos – all das sind Folgen von Unterdrückung. Auch all die künstlichen Hürden, die eine kontrollwütige Gesellschaft errichtet hat, zählen dazu – jene absurden unausgesprochenen Regeln oder formalen Bürokratismen, die die Menschen je nach Herkunft, Klasse, Religion, Rasse, Ethnie, sexueller Orientierung, Alter oder Aussehen einschränken.

Manche von uns erinnern sich noch an dramatische Zeiten, als man für sein Anderssein ausgelacht oder gezwungen wurde, sich anzupassen. Wir können uns an Situationen erinnern, in denen wir unsere Identität aufs Spiel setzten, um Konflikten aus dem Weg zu gehen. *Wir gaben streckenweise unsere Integrität preis, um mit anderen zurechtzukommen.* Wir fingen an, uns in der Schule oder bei der Arbeit wie »die« zu verhalten. Wir haben uns verstellt, ein Lächeln aufgesetzt, haben getan, was uns gesagt wurde. Wir taten alles, um stiller Ächtung und schmerzhafter Beurteilung aus dem Weg zu gehen. Vor allem hofften wir, sicher zu sein, akzeptiert zu werden, dazuzugehören.

Soziale Unterdrückung ist dann am Werk, wenn die Gepflogenheiten von anderen uns selbst kleiner machen und uns davon abhalten, unsere eigenen Ziele zu verfolgen. Diejenigen, die sich besonders gut anpassen können, sind sich dieses Mechanismus oft am wenigsten bewusst, und oft haben sie gesellschaftlich am wenigsten Erfolg und sind am wenigsten authentisch – sie sind vorhersehbar geworden und haben ihre Spontaneität und Echtheit verloren. Im Spiegel erkennen sie sich selbst nicht mehr; sie haben ihre Individualität eingebüßt, sind zu bloßen Karikaturen des herrschenden Geschmacks geworden. Kein frei denkender

Mensch wünscht sich ein solches Schicksal, daher müssen wir immerfort auf der Hut sein vor dem Impuls, uns anzupassen.

Allerdings sollte man das Gefühl von Sicherheit, das die Menschen durch Anpassung erhalten, nicht unterschätzen; es zählt zu den schärfsten Widersachern der persönlichen Freiheit. Die Strukturen und Belohnungen der Gesellschaft geben dem Einzelnen Halt. Doch Beförderungen, Gehaltserhöhungen, Beiratsposten und öffentliche Anerkennung sind für uns selten sinnstiftend. Manchmal wird es durch diese Dinge tatsächlich leichter, an den eingeschlagenen Weg zu glauben. Wenn wir auf eingetretenen Pfaden dem Tun anderer Menschen folgen, wird uns signalisiert, dass wir auf dem rechten Weg sind und vermutlich Anerkennung finden werden. Aber was ist, wenn wir all dem nachjagen und an all das glauben und dann eines Tages aufwachen und merken, dass diese Dinge gar nicht das sind, was in Wahrheit wichtig ist?

Wer so fragt und an den Gitterstäben des Konformismus rüttelt, öffnet echtem Risiko Tür und Tor. Aus dem Käfig befreit, ist die Kreatur allein, sie weiß nicht, was sie tun soll; auf einmal findet sie sich fernab von dem Leben und den Dingen, die ihr vertraut sind. Diese plötzliche Ungewissheit kann sie paralysieren. Wenn wir im Leben absolut frei wären – was genau würden wir tun, wohin würden wir gehen, wie würden wir uns tagtäglich verhalten, und was würde uns einen Sinn geben? Solche Fragen können furchteinflößend sein.

Mit dieser Ungewissheit riskieren wir zugleich Verletzlichkeit und Einsamkeit. Wir sind verletzlich, weil wir uns jenseits der schützenden Gitterstäbe des Käfigs befinden, der uns zwar einschränkte, aber auch Sicherheit spendete. Für diejenigen, die im Käfig zurückgeblieben sind, gehören die Freigekommenen nicht mehr dazu. Die Erwartungen anderer zurückzuweisen kann in uns tiefsitzende Ängste freisetzen – dass wir allein und verlassen bleiben, dass man uns für minderwertig hält, nicht wert, geliebt zu werden.

Wer sich jedoch von den Regeln anderer Menschen gängeln lässt, begegnet anderen Gefahren. Wenn wir den Belohnungen nachjagen, die die Gesellschaft als erstrebenswert deklariert, führt dies möglicherweise zu einer Entfremdung von unserem wahren Selbst. Wie viele Künstler wandten sich von ihrer Kunst ab, weil man ihnen sagte, sie müssten auf herkömmliche Art Geld verdienen? Wie viele talentierte Menschen schrecken vor ihren eigenen Stärken zurück, um in eine Rolle zu schlüpfen, die momentan mehr gebraucht wird, sie aber nicht erfüllt? *Wie viele haben ihre Träume an den Nagel gehängt, um einen Weg zu gehen, der sicherer ist, mehr Geld einbringt und gesellschaftliche Anerkennung bietet?* Wenn wir nicht aufpassen, dann werden die Ziele anderer Menschen (unserer Eltern, Lehrer, Partner, Fans) eventuell zu *unseren* Zielen werden. Deren Gewissheit ersetzt möglicherweise unser eigenes Streben nach etwas Neuem. Was sie alle für bedeutsam halten, untergräbt vielleicht unsere Suche nach dem, was für uns selbst von Bedeutung ist. Ja, wir sollten wachsam sein. Allzu schnell können wir uns in anderen und in unserer Kultur verlieren. Und dann werden wir nicht zu freien, echten Menschen, sondern zu Sklaven bloßer Meinungen.

Das größte Unglück besteht darin, ein Leben zu führen, das nicht unser eigenes ist. Deshalb müssen wir uns entscheiden zwischen den Bequemlichkeiten, welche die Anpassung und das Bemühen bieten, anderen zu gefallen, und unserem höheren Drang nach persönlicher Freiheit. Eine schwere Entscheidung.

Sie wird leichter, sobald wir eine Stufe der Reife und Erleuchtung erreicht haben, auf der uns die Erkenntnis möglich ist, dass wir selbst frei sein können, ohne vollkommen von unserer Kultur und denen, die wir lieben, getrennt zu sein; dass Unabhängigkeit nicht ausschließt, mit anderen in einer Wechselbeziehung zu stehen; dass Einzigartigkeit nicht bedeutet, sozial oder spirituell zu Außenseitern zu werden. *Je mehr wir uns selbst treu sind – so lernen wir –, desto mehr können wir uns mit der Welt verbinden und etwas zu ihr beitragen.* Je freier, spontaner und authentischer wir werden, desto stärker kehren Motivation und Lebendigkeit zu uns zurück, und desto stärker fühlen sich andere Menschen von uns angezogen und wollen in unserer Nähe sein.

Selbstunterdrückung

Allerdings hat Unterdrückung ihren Ursprung in der Regel nicht in anderen Menschen, sondern an einem Ort, den wir am wenigsten im Verdacht hätten: uns selbst.

*Selbst*unterdrückung findet dann statt, wenn wir zulassen, dass unsere eigenen negativen Gedanken und Handlungen uns einengen. Sie ist etwas Inneres: die Belastung unseres Geistes durch fortwährende Zweifel, Sorgen, Ängste und Ablenkung.

Niemand von uns will die Ursache seines eigenen Scheiterns im Leben sein – und doch ist das sehr oft der Fall. Unsere eigene gedankliche Unfähigkeit und unsere eigenen schlechten Gewohnheiten sind es, die unserem Leben die Leuchtkraft rauben. Wir selbst sind es, die unser Glück am meisten unterdrücken.

Selbstunterdrückung zeigt sich immer dort, wo wir uns selbst einschränken. Statt nach draußen zu gehen, bleiben wir zu Hause, weil wir uns nicht trauen, auf Erkundungstour zu gehen. Bei einem wichtigen Auftrag oder einem aufregenden neuen Vorhaben schieben wir die Dinge auf die lange Bank, weil wir unsere Unsicherheit nicht in den Griff bekommen. Wir machen uns selbst etwas vor, indem wir glauben, alles müsste perfekt sein, bevor wir unsere Fähigkeiten auf die Welt loslassen, dabei bringen wir in Wahrheit einfach nicht die Disziplin auf, etwas fertig zu bekommen. Wir lügen uns selbst in die Tasche, brechen unsere eigenen Gelübde und lassen zu, dass sich unsere Träume in Luft auflösen, bevor wir überhaupt nach ihnen greifen konnten. Sehen wir denn nicht, dass wir mitunter uns selbst der größte Feind sind? Aber wir können auch unsere eigene Rettung sein. Wenn wir unsere wahre Natur aktiv zum Ausdruck bringen und immer wieder versuchen, die Herrschaft über unseren Geist zu erlangen und unser Leben voranzubringen, können wir letztendlich die Freiheit und Freude erleben, die uns im Leben zustehen.

Deshalb streben wir nach persönlichem Wachstum: um *frei* zu sein von dem Schmerz, den wir uns selbst zufügen, um klügere Entscheidungen zu treffen, um mehr zu dem Menschen zu stehen, zu dem wir werden, um in gesellschaftlichen Situationen mit mehr Vertrauen aufzutreten, um unsere gesamte Kreativität freizusetzen und unseren Beitrag zur Welt zu leisten, damit wir so viel wie möglich bewirken. In diesem Sinne bedeutet das Erlangen persönlicher Freiheit, dass wir von Selbstzweifeln und Selbsthass ablassen und uns selbst die Erlaubnis geben, jenes einzigartige, mächtige und authentische Selbst zu sein, das wir sind.

Wenn wir die Freiheit finden, im Leben ganz präsent und authentisch zu sein, dann finden wir in uns das Vertrauen und die Zuversicht, zu wachsen und unser höchstes Selbst zu verwirklichen und zu meistern. Wir werden echte Freude finden im Kontakt mit anderen Menschen und in unseren Erlebnissen, wir werden uns motiviert und befreit fühlen.

Tatsächlich sind *Echtheit* und *Wachstum* die offenkundigen Zeichen dafür, dass jemand frei und gesund ist.

Wenn wir uns dieser Dinge bewusst sind, müssen wir die Verantwortung für uns selbst übernehmen und den Mut haben zu fragen: »Habe ich meine Ziele, Interessen, Neigungen und Handlungen tatsächlich selbst gewählt? Lebe ich mein wahres Selbst und gehe ich Dingen nach, die mir wirklich etwas bedeuten? Bin ich für Zufälle und Chancen offen, auf dass ich mich recken und strecken kann und allmählich mein volles Potenzial erschließe?«

Diese Art von Gewissenhaftigkeit erinnert uns daran, dass persönliche Macht unmittelbar an persönliche Verantwortung gebunden ist, die die meisten Menschen vermeiden. Einige hoffen vielleicht, »Freiheit« bedeute, wir könnten aufgeben oder Aufgaben abgeben, die wir in unserem Leben übernommen haben. Doch nichts könnte falscher sein. Der dahintersteckende Gedanke lautet: »Wenn ich frei bin, müsste ich dann nicht auch frei von jeglicher Verantwortung sein?« Aber persönliche Freiheit bedeutet nicht die Freiheit, endlich allem nachzugeben, je nachdem, welche Stimmung oder Neigung uns gerade anfliegt. Es bedeutet nicht, dass wir auf jedes kurzfristige Bedürfnis hin handeln, gemein zu unseren Mitmenschen sind, nur weil uns gerade danach zumute ist, uns zu nehmen, was wir wollen und wann immer wir wollen, oder uns wie ein rücksichtsloser Narr zu benehmen, nur weil es in dem Moment lustig oder angenehm wäre. All das wäre bloß sklavischer Gehorsam gegenüber unseren unterbewussten Impulsen und Zwängen.

Freiheit erfordert die Verantwortlichkeit zu wählen, wer wir sind – jenseits unserer unmittelbaren Impulse, Bedürfnisse und jenseits von sozialem Druck, auf dass wir wirklich zum Ausdruck bringen können, welche Art von Mensch wir sein möchten; das Leben führen, das wir wirklich leben wollen, und das Vermächtnis zurücklassen, was wir zurücklassen möchten.

Wenn wir nicht frei sind, selbst über unseren Charakter, unser Verhalten und unser Vermächtnis zu entscheiden, hat etwas anderes die Kontrolle über uns – und somit fehlt es uns an Freiheit. Und wenn wir nicht für unsere eigenen Überzeugungen und unser Verhalten einstehen, dann tut das jemand anders – und wir sind wiederum Sklaven. Somit ist klar, worin unsere eigentliche Aufgabe besteht: *Wir müssen Bewusstsein und Verantwortung für unsere Überzeugungen und unser Verhalten entwickeln, wenn wir frei sein wollen.*

Freiheit bedeutet nicht, dass wir einfach alle Verantwortung abgeben. Und Freiheit bedeutet auch nicht, dass es keinerlei Anstrengung und Kampf mehr geben wird. Natürlich wünscht sich jeder von uns, frei von Schmerzen oder irgendwelchen Einschränkungen zu sein. Doch unser Streben nach persönlicher Freiheit ist komplexer. Ja, wir wollen frei von Schmerzen sein, wobei es uns paradoxerweise nichts ausmacht, *Unannehmlichkeiten auf uns zu nehmen*, wenn wir dadurch wachsen und einen gewichtigen Beitrag leisten können. Wir nehmen Schmerz in Kauf, wenn wir dadurch etwas gewinnen. Das ist der Grund, weshalb wir unsere Körper triezen, damit wir stärker und schneller werden; weshalb wir trotz aller Müdigkeit früh aufstehen, um uns um jemanden, den wir lieben, zu kümmern; warum wir unsere Zeit opfern, um Menschen in Not zu helfen; warum wir eine Weile Unrecht ertragen, um später das zu bekommen, was rechtens ist.

Somit bedeutet persönliche Freiheit mehr, als bloß frei zu sein von Schmerzen – es geht um die Freiheit, zu leben, wahre Freude zu empfinden und im Laufe des Lebens zu wachsen. Es geht nicht bloß darum, frei zu sein von den schlechten Dingen, die uns beeinträchtigen, sondern auch um die Freiheit, die guten Dinge zu erfahren, die uns zum Leben erwecken.

Vor langer, langer Zeit überwand die Menschheit die Ebene der basalen Instinkte; als wir zu Vernunft, Urteilsfähigkeit und Intelligenz fanden, konnten wir zwischen unseren einfachen physischen Impulsen wählen, um Schmerz zu vermeiden oder Lust zu empfinden. Wir lernten, dass Sinn wichtiger ist als unmittelbares Lustempfinden. Ja, was haben wir von all unseren Mentoren, Vorbildern, Lehrern, Überlebenden, Führungsfiguren, Heiligen und Legenden gelernt, wenn nicht, dass wir in Hoch-Zeiten bereit sind, auf Vergnügen zu verzichten und Schmerz zu ertragen, um dafür Freiheit, Sinn, Liebe und Transzendenz zu erfahren?

Somit wollen wir zwar frei von Schmerzen sein und werden dennoch die Lanze für sinnvolle Auseinandersetzungen und Mühsal brechen, denn wir wissen, dass es genau diese

Dinge sind, die uns von einer Ebene des Daseins in eine andere, höhere tragen. Wir wissen, dass Schmerz notwendig und etwas Heroisches sein kann, dass wir unsere Schwierigkeiten nicht verurteilen müssen, sondern sie oftmals einen notwendigen Übergang darstellen, der die Tür zu Großem aufstößt. So gesehen ist persönliche Freiheit ein gleichermaßen aufklärerisches wie romantisches Ziel, heroisch und poetisch, und dennoch real – denn dem Menschen wohnt der Drang nach *Transzendenz* inne.

Vielleicht ist ja diese Transzendenz, diese persönliche Freiheit, die Hauptmotivation des Menschen schlechthin, weil sie auch die größte Anforderung und Bestimmung der menschlichen Erfahrung darstellt. Im Leben bemühen wir uns fortwährend um mehr Wahlfreiheit und Wohlstand, damit wir uns wirklich selbst ausdrücken können und denen, die wir lieben, mehr Möglichkeiten bieten können. Und ganz am Ende unseres Lebens wird alles, worunter und wofür wir gelitten haben, freigegeben, während unsere Seelen in die allumfassende Freiheit des Göttlichen hinübergleiten. Das ist es. Während unseres Lebens streben wir nach Freiheit; im Tod werden wir in ihre Unendlichkeit entlassen.

Ein engagiertes Streben

Um persönliche Freiheit zu erlangen und aufrechtzuerhalten, müssen wir uns der Herrschaft über uns selbst verschreiben, der Selbstbemeisterung; wir müssen festlegen, was uns motiviert, und diesen Antrieb disziplinieren, um der Vorstellung, die wir von uns selbst haben, und unserem eigenen Weg treu zu bleiben.

Wenn wir dies berücksichtigen, sparen wir uns mögliche Verwirrung darüber, *weshalb* wir so handeln, wie wir handeln. Diese Wahrheit ist so wichtig, dass es sich lohnt, sie nochmals zu wiederholen, damit sie ganz tief Eingang in unser Denken findet, auf dass unsere Handlungen nicht mehr bloß zufällig geschehen oder für uns selbst ein frustrierendes Mysterium sind: Alle Entscheidungen und Handlungen des Menschen rühren von der Hoffnung her, persönliche Freiheit zu erlangen.

Wir wollen frei sein von Mühsal, Schmerz, Angst, Beklommenheit und Mangel, frei von Unterdrückung; wir wollen die Freiheit, wir selbst zu sein, gegenwärtige Freiheit, um Überraschungen, Spontaneität und unsere eigene geistige Freiheit zu erleben, die Freiheit, unseren eigenen Lebensweg zu wählen; frei sein, um unseren Träumen nachzugehen; frei sein, um offen zu lieben, ohne Verurteilung, Vorbehalt oder Bedauern; frei, um unsere Zeit und Energie und Ressourcen auf Dinge zu verwenden, an die wir glauben; frei sein, um künftigen Frieden, künftige Leidenschaften und künftigen Wohlstand zu erleben und zu genießen. Das ist der erste und grundlegendste Antrieb all unserer Bestrebungen: *frei zu sein*.

Wenn wir uns darauf besinnen, dass es uns in Wahrheit um persönliche Freiheit geht, dann können wir uns entsprechende Ziele setzen, uns organisieren und uns entfalten. So wollen wir uns nun vollkommen bewusst sein, dass persönliche Freiheit die Kraft ist, die uns antreibt, und diesen Antrieb in unseren täglichen Handlungen und Zielsetzungen fortwährend honorieren. Wir wollen noch einmal die Freiheit in unseren Ohren erklingen lassen, und zwar dieses Mal lauter, näher, persönlicher. Wir wollen uns selbst kühn zum Ausdruck bringen und entschlossen an unserem idealen Leben arbeiten.

Wir verhehlen nicht, dass frei zu sein eine extrem große Anstrengung erfordert. Aus dem Konformismus auszubrechen und unsere eigenen Träume zu verfolgen wird uns so manchen Konflikt bescheren. Es wird persönliche Kämpfe und Opfer geben, Angst und Pech, während wir erneut versuchen, uns in die Welt einzumischen. Wenn wir auf vitale Art unserer ureigenen Natur und unseren Träumen Raum geben, wird das andere verärgern. Wir werden Egos verletzen, anderen auf die Füße treten, Beziehungen zerstören und Auseinandersetzungen mit denjenigen riskieren, die versuchen, uns einzuengen oder uns auf unserem Marsch aufzuhalten. Möglicherweise müssen wir herrschsüchtigen Menschen entgegentreten, den Kontakt mit Dummköpfen abbrechen, ein schädliches Arbeitsumfeld verlassen oder andere dazu anstiften, dass sie höhere Standards anstreben.

Ja, all das wird harte Arbeit sein. Deshalb wollen wir uns nochmals vergegenwärtigen, welche Herausforderungen vor uns liegen. Diese Aufgabe verlangt, dass wir endlich erklären, wer wir sind und was wir wollen. Sie fordert ein neues Maß an Präsenz und Macht und das Bekenntnis zu den maßgeblichen Rollen, die wir in unserem Leben ausfüllen. Sie verlangt von uns, dass wir unseren Alltag auf den Kopf stellen und zu guter Letzt selbst wieder die Kontrolle über unsere Lebensgestaltung erlangen. Sie erfordert den Mut, die inneren Dämonen zu vertreiben, die unserer Größe im Weg stehen. Sie erfordert die Bereitschaft, unsere eigene Komfortzone zu verlassen. Sie erfordert einen neuen Umgang mit Freude und ein größeres Gefühl der Dankbarkeit. Sie verlangt, dass wir rechtschaffen bleiben, wenn wir mit

Ungemach konfrontiert werden. Sie verlangt, dass wir freigebig mit Liebe sind, auf dass unsere Seele sich entfalten kann. Sie verlangt, dass wir uns zu Größe aufschwingen, damit wir dienen und führen können und etwas Wertvolles hinterlassen. Und sie erfordert, dass wir ein anderes Verhältnis zur Zeit entwickeln, damit wir die Unendlichkeit und die Freiheit eines jeden Augenblicks erfahren können. Für jede einzelne dieser Bestrebungen müssen wir uns selbst neue, kühne Versprechen geben.

Wir wollen all unsere Energie darauf verwenden, persönliche Freiheit zu erlangen, wir wollen für ein wahrhaftiges Leben voll vibrierender Vitalität und Bedeutung eintreten. *Das* soll unser Ziel sein. Wir wollen unsere Motivation und Energien so steuern, dass sie mit diesem hohen, würdigen Ziel in Einklang stehen. Wir wollen in unserem Leben neue Ziele und eine neue Disziplin verankern. Freiheit soll der Wert sein, der jeden Winkel unseres Geistes beherrscht, jeden Gedanken und jede Handlung, für die wir uns entscheiden, jede Beziehung, auf die wir Einfluss haben, all die langen Tage und langen Märsche, die zu unserem höchsten Selbst und zu höchstem Engagement führen, und jene hoffnungsfrohen Träume einer befreiten Seele.

ANGST

Kein Übel ist so groß wie die Angst davor.

Seneca

Angst reißt uns von der Freiheit fort. Sie zerstört alles, was groß ist. Das wissen wir, und wir wissen auch, dass wir unseren Geist bändigen und die Angst besiegen sollten. Doch sehen Sie sich all die Erwachsenen an, die sich wie hilflose Kinder benehmen und vor lauter Angst dem Leben ausweichen, das sie sich eigentlich wünschen. Wer sich dem gesellschaftlichen Druck anpasst, sagt: »Sie verstehen das einfach nicht. Die Leute bremsen mich immerfort aus, und ich habe Angst davor, meine Träume auszuleben, weil andere über mich urteilen und mich ablehnen würden.« Und diejenigen, die sich selbst unterdrücken, sagen: »Sie verstehen das nicht. Ich kann nicht meinen Träumen gemäß leben, weil ich dabei Gefahr liefe zu scheitern – es könnte sein, dass ich nicht gut genug bin.« Solche lähmenden Gedanken treiben ängstliche Menschen um. Wenn wir ein dynamisches Leben führen wollen, müssen wir derlei kindisches Verhalten überwinden und der Angst ins Auge blicken; wir müssen erkennen, dass sie bloß eine Ausgeburt des Geistes ist, die wir durch unsere kleinlichen Gedanken befeuern und die unsere eigene Größe hintertreibt.

Die erste Einsicht eines achtsamen Menschen lautet: *Wenn wir nicht gerade von einem gefährlichen wilden Tier oder einem geistesgestörten Menschen verfolgt werden oder unmittelbar körperlich bedroht sind, etwa durch den Sturz in tödliche Tiefe, dann ist Angst nichts anderes als schlechtes Management unseres Geistes.*

Heute gibt es eine Vielzahl von Beschwichtigern oder anerkannten Experten, von denen viele noch nie wirklich ein Leben zum Besseren gewendet hätten, die uns aber weismachen wollen, dass Angst eine positive Emotion sei. Sie sagen Sätze wie »Angst ist etwas ganz Natürliches«, »Ein bisschen Angst sorgt dafür, dass Sie sich noch mehr anstrengen« oder »Angst formt den Charakter«. Aber in den meisten Fällen ist das schlichtweg falsch. Angst stiehlt der Menschheit das Licht. Es mag ja einem notwendigen Instinkt entsprechen, dass man klug entscheidet, wenn man vor Schmerz, Gefahr oder Kampf wegläuft, aber wir müssen hier vorsichtig sein. Der Mehrzahl der Menschen schadet die Angst in ihrem Leben, statt dass sie ihnen nutzt. Diejenigen, die versuchen, die Angst positiv darzustellen, sind Rechtfertiger, keine Weisen. Sie sind alles andere als Meister der Bewusstheit. Der Versuch, die Angst als einen Freund zu tarnen, ist so, als wollte man einen Wolf zwingen, ein Haustier zu sein. Bald wird uns das Haustier bei lebendigem Leibe fressen.

Zu erklären, dass wir unsere Ängste bezwingen werden, ist der erste große Schritt in Richtung Freiheit. Unsere Lebensfreude, unser Wachstum und unsere Bestimmung verlangen allesamt, dass wir die Angst zu Fall bringen. Da *so viel davon abhängt*, wollen wir nun versuchen, etwas genauer zu verstehen, was es mit der Angst auf sich hat.

Angst ist der menschliche Beweggrund der *Abwehr*. Angst unterstützt uns weder bei der Jagd nach höheren

Zielen, noch hilft sie uns, Vorstellungen über Großartigkeit zu entwickeln. Ihr einziger Zweck ist die unmittelbare Befreiung von einer Bedrohung, einer Belastung oder eines Schmerzes. Oft wird sie zum vermeintlich notwendigen Schlüssel für die Kontrolle jedweder Situation, damit der Körper – beziehungsweise das Ego – sich sicher und unbehelligt fühlen kann.

Angst wurde uns als ein Antrieb gegeben, damit wir körperlichen Schaden und Tod vermeiden können. Nicht mehr. *Wir sind es, die sie in ein Werkzeug zum Schutz des Egos verkehrt haben.* Doch die Angst, die wir heute empfinden, hat *so gut wie nie* mit physischer Bedrohung zu tun. Wir haben diesen Sicherheitsimpuls genommen und ihn in einen egogesteuerten Drang verfälscht, um uns emotional sicherer zu fühlen. Wir haben ihren kurzfristigen Effekt in ein langfristiges Werkzeug zur Vermeidung schwieriger Situationen verwandelt, um unser niederes Verlangen nach Anerkennung zu stillen. Angst ist zu einer Krücke für emotionale Schwäche geworden. Und wie bei allen Krücken ist es so, dass wir ihrem Gebrauch verfallen, wenn wir nicht abermals unsere Stärke trainieren.

Die meisten Menschen sprechen nur ungern über Angst, weil dadurch zwangsläufig die hässliche Wahrheit ans Licht kommt, dass wir viel öfter vor uns selbst fliehen als vor einer realen Gefahr. Die heutigen Sorgen, denen wir anheimfallen, sind schlichtweg Nebenprodukte unseres eigenen falschen Gebrauchs des ursprünglichen Antriebs. Fast all unsere aktuellen Ängste und das aus ihnen folgende feige Denken und Handeln sind bloß ein vorgestelltes *gesellschaftliches Drama*, hervorgegangen aus *unhinterfragten* mentalen Impulsen und Konditionierungen. Wir haben

Angst vor Zurückweisung, davor, isoliert zu sein oder verlassen zu werden – und nicht davor, bei lebendigem Leibe gefressen zu werden. Doch derlei soziale Ängste kann man willentlich durch Übung überwinden.

Wenn jemand sagt: »Ich habe Angst, vor einem Publikum zu sprechen«, heißt das nicht, dass er Angst hat, einer der Zuhörer werde ihn physisch angreifen. Sondern er hat Angst davor, sich zu blamieren. Solche Menschen ringen nicht mit Sicherheit im Wortsinne, sondern mit *emotionaler Bequemlichkeit.* Wenn sie sich genauer ausdrückten, dann würden sie sagen: »Ich habe Angst, wie ich mich fühlen werde, und davor, ob es mir gelingt, meinen eigenen Erwartungen zu entsprechen sowie den Erwartungen derer, denen ich diesen Auftritt zu verdanken habe. Ich habe Angst davor, wie ich aussehen werde. Ich habe Angst, dass ich meine Sache nicht gut mache. Ich habe Angst, dass ich meinen Platz verliere oder leer ausgehe. Ich habe Angst, dass man mich nicht respektiert.« Achten Sie einmal darauf, welche Reihenfolge in diesen Bemerkungen herrscht. Es heißt nicht: »Angst durchströmt mich«, sondern: »*Ich* habe Angst.« Das »Ich« steht an erster Stelle – das Ego gibt den Ton an.

Selbstverständlich ringen wir alle damit, uns selbst frei auszudrücken, und wir alle wollen so gut wie irgend möglich sein. Es wäre herrlich, wenn es in unserer Macht stünde, in der Öffentlichkeit immer ganz wir selbst zu sein. Die große Herausforderung liegt für uns darin, dass bei einem ungeschulten Geist die Angst lauter und intensiver und unmittelbarer ist als das Verlangen nach Selbstbeherrschung oder danach, etwas für andere zu tun. Angst nimmt uns den Wind aus den Segeln, wenn es darum geht, unserem edleren Antrieb zu folgen, unser höchstes Selbst und damit so viel wie möglich zu erreichen. Wir reagieren eher auf Hundegebell als auf Engelschöre. Was also können wir tun?

Der Preis der Angst

Um die Angst zu bändigen, müssen wir zunächst begreifen, welche fürchterlichen Auswirkungen sie auf unser Leben hat. Was passiert mit uns, wenn Angst uns motiviert? Wir verlieren unsere emotionale Mitte und unsere geistige Klarheit. Die Gedanken werden fahrig und angstbesetzt. Jegliches bewusste Denken, alle Klugheit sowie unser Verhalten verengen sich auf Selbstschutz, wodurch unsere Fähigkeit, offen und stark zu sein, eingeschränkt wird. Unsere natürliche Neigung zu genuinem Selbstausdruck erlahmt, und unsere Fähigkeit zu handeln, um unsere Träume zu realisieren, ist paralysiert. Wenn wir *zulassen*, dass Angst in unserem Leben zu einer Dauereinrichtung wird, werden unsere Ambitionen und unser Verhalten klein und beschränkt. Wir werden zaghaft und gestresst. Wir ziehen uns zurück. Wir werden feige. Unsere Lebensenergie wird erstickt.

Dies sind keine abstrakten Überlegungen. Echter, greifbarer Schaden rührt daher, dass wir der Angst erlauben, unseren Drang nach persönlicher Freiheit zu übertrumpfen. Manche Menschen unterwerfen sich der Angst in einem solchen Maße, dass sie sich fortwährend ohnmächtig oder minderwertig fühlen und aufgeben. Sie lassen zu, dass andere ihnen Schmerz zufügen, weil sie nicht für sich selbst einstehen. Ganz still gehen sie auf Nummer sicher und treten nie vor die Welt. Das sind die Schwachen, die die Erde erben sollten, aber nie den Mumm hatten, dafür Verantwortung zu übernehmen. Die Braven stehen am Rande der Geschichte und hinterlassen nie eine eigene Spur. Menschen verlieren ihr Geschäft, weil Angst sie von Veränderungen und Innovation abhält. Ehen werden geschieden, weil einer oder beide Partner zu ängstlich sind, um sich wirklich zu öffnen, zu kommunizieren, um verletzlich, voller Verlangen oder aufrichtig zu sein.

Was die Gesellschaft betrifft, so rühren die schlimmsten menschlichen Gräueltaten von Angst her. Jene, die im Banne der Angst stehen, haben Angst vor anderen Menschen, sie misstrauen ihnen und beginnen sie zu hassen. Ihre Angst führt zu einem ungeheuer großen Selbstschutz, der so weit geht, dass sie Macht über andere haben wollen. Menschen, die anders sind als sie selbst, stellen eine so große Bedrohung für ihr Ego dar, dass sie bigott werden oder zu Tyrannen, und manchmal werden aus ihnen Mörder im großen Stil, deren unkontrollierte Angst zu einem gefährlichen Gebräu unaussprechlicher Taten gegen die Menschheit wird. Das sind die Caligulas, Mussolinis und bin Ladens dieser Welt, die andere Menschen hassen, weil sie diejenigen fürchten, die sie bei ihrem Aufstieg zur Macht behindern. Es sind die Robespierres, Eichmanns, Kim Il-sungs und Khomeinis, die Hitlers, Stalins und Amins. Es ist immer wieder die gleiche Geschichte: Es handelt sich um Menschen mit viel Macht, die so unter ihrer Unsicherheit leiden, dass sie – statt ihre Kraft darauf zu konzentrieren, die anderen emporzuheben – Befriedigung und Vergnügen daraus ziehen, jene kleinzumachen, die anders sind als sie selbst, Menschen, die sie nicht verstehen oder nicht wertschätzen.

Ohne Zweifel ist sowohl im Alltag als auch im globalen

Zusammenhang Angst das Moment, das Fortschritt und persönliche Freiheit untergräbt. Es ist eine traurige, aber reale Tatsache, dass die Geschichte voll ist von guten Männern und Frauen, die zulassen, dass Angst zur treibenden Kraft ihres Lebens wird. Niemand hat ihnen je einen Wink zum Umdenken gegeben. Und sie haben nie den Entschluss gefasst, hart an sich und ihrer Einstellung zu arbeiten, um die Angst zu bezähmen und sich für eine bewusste Existenz zu entscheiden, statt der Bequemlichkeit den Vorzug zu geben und vor dem Leben davonzulaufen.

Abwehr versus Aufstieg

Die Angst hat nur dann Macht über uns, wenn wir sie zulassen. Fast immer ist sie etwas, das wir willentlich aktivieren können oder eben nicht. Selbst wenn unser Impuls zum Weglaufen extrem stark ist, haben wir die Wahl, ob wir dies tun oder sein lassen. Wie sonst gelänge es einem Feuerwehrmann, in ein flammendes Inferno hineinzugehen, um Menschenleben zu retten? Wie schafft es ein Schiffskapitän, die Rettungsboote anderen zu überlassen? Wie gelingt es den Verzagten, der Welt dennoch von ihrem Leid zu erzählen? Vielleicht fühlt es sich nicht so an, als läge es an unserer Entscheidung, dass wir tapfer sind statt ängstlich, doch letzten Endes ist es uns allen möglich, die Kontrolle über unsere Impulse zu gewinnen.

Die Seele des Menschen gelangt zu großer Reife, wenn wir akzeptieren, dass wir die Kontrolle über unsere Impulse erlangen können, indem wir unsere Gedanken konditionieren, und dass nur wir allein für unsere Emotionen und Reaktionen verantwortlich sind.

Folgendes ist zwar schwer zu akzeptieren, aber wahr: Wenn in unserem Leben Angst die Oberhand gewinnt, liegt das allein daran, dass wir uns immer wieder für sie entscheiden, statt anderen Impulsen in uns – nämlich stark, wagemutig oder großartig zu sein – Raum zu geben. Denken wir etwa an die Hausfrau und Mutter, die gern wieder arbeiten möchte, aber sich nie bewirbt, weil sie an ihren eigenen Fähigkeiten zweifelt. Oder die Angestellte, die um eine wohlverdiente Gehaltserhöhung bitten will, aber Angst hat, man könnte sie ihr abschlagen. Der junge Mann, den es reizt, sich für eine Rolle in einem Musical zu bewerben, aber sich sorgt, was seine Freunde denken könnten. Oder der stark Übergewichtige, der sich nicht ins Fitnessstudio traut, obwohl er ganz genau weiß, dass seine Gesundheit, ja, sein Leben auf dem Spiel steht.

Die meisten Erwachsenen wissen durchaus, dass sie die Wahl haben, ob in einer Situation die Angst das Ruder übernimmt. Wenn Sie einen ehrlichen Menschen fragen: »War Ihnen bewusst, dass Angst Ihre Triebfeder war, als Sie sich kürzlich anders verhielten als sonst und Sie nicht mehr auf Ihr Wunschziel hinarbeiteten; und wussten Sie, dass Sie zu dem Zeitpunkt *auch anders hätten handeln können*?«, dann wird er antworten: »Ja. Ich wusste, dass ich für mich hätte einstehen oder mutiger sein können. Aber ich hatte Angst. Ich wollte nicht, dass man mich beurteilt oder verletzt, und so habe ich mich für den bequemen Weg entschieden.«

Lassen Sie es uns nochmals ganz klar festhalten: Wenn wir nicht frei sind, wenn wir nicht wirklich unsere gesamte Persönlichkeit zum Ausdruck bringen und unseren ureigenen Wünschen nachgehen, so liegt das daran, dass unser Handeln von Abwehr getrieben ist, und nicht von Weiterentwicklung. Und dass wir uns dafür selbst entschieden haben. Die großen Kämpfe unseres Lebens spielen sich zwischen unserem Drang nach Freiheit und den ängstlichen Impulsen ab, die unser Verlangen zunichtemachen. Extremer könnte die Gegenüberstellung nicht sein: *In jedem Moment unseres Lebens hängt unser Handeln von einem Geisteszustand ab, für den entweder Angst oder Freiheit ausschlaggebend ist.* Und auf dem Spiel steht viel: Jeglicher Reifeprozess und jegliche Weiterentwicklung als Individuen oder als Gesellschaft insgesamt hängen von unseren Beweggründen ab. Entweder gewinnt die Angst oder die Freiheit. Wir wollen diesen Satz im Hinterkopf behalten, während wir uns um das Leben bemühen, das für uns genau das richtige ist: *Entweder gewinnt die Angst oder die Freiheit.*

So wollen wir an uns selbst die Frage richten: »Soll sich mein Leben um Abwehr oder Aufstieg drehen?« Ersteres ist das Szenario eines angstgesteuerten, kleinen Lebens, das Mühsal umschifft und stattdessen kurzfristige Sicherheit, Selbstschutz und egoistische Bequemlichkeit anstrebt. Letzteres ist ein durch Freiheit bestimmtes Leben, bei dem unsere wahre menschliche Natur das Handeln bestimmt und auf langfristiges Wachstum, authentischen Selbstausdruck und aufgeklärtes Streben zielt. Das eine ist der Handlungs- und Erfahrungsraum von schwachen, eingeschränkten, angepassten und leidenden Kreaturen, das andere der Handlungs- und Erfahrungsraum von starken, spontanen, unabhängigen und erfüllten Wesen. Das eine weht uns als ein niedriger und oftmals armseliger Impuls an, das andere erfordert volle Bewusstheit und die geistige Hingabe an Mut und Selbstbeherrschung.

Wie die Gesellschaft Angst konditioniert

Warum sind einige Menschen stärker von Angst getrieben als von Freiheit? Das liegt daran, dass sie in der Vergangenheit darauf getrimmt wurden, ängstlich zu sein, entweder durch die Menschen in ihrem Umfeld oder durch einen falschen Gebrauch ihrer geistigen Fähigkeiten. Es gibt keinen erblichen Fluch oder Charakterzug, der einen Menschen auf ewig dazu verdammt, mehr Angst zu empfinden als jemand anders – selbst eine genetische Veranlagung zu Ängstlichkeit lässt sich letzten Endes durch Schulung des Geistes an- oder abschalten. Wir sind nicht die Sklaven unserer eigenen Geschichte; durch achtsames Denken und disziplinierte Gewohnheiten können wir uns befreien.

Schauen wir uns also zunächst an, auf welche Weise Angst gesellschaftlich konditioniert wird. Ängstliche Menschen sind oft von zwischenmenschlichen Konstellationen aus der Vergangenheit geprägt. Kritische Eltern, tyrannische Gleichaltrige, penible Lehrer oder Vorgesetzte haben sie gegängelt und aus ihnen verzagte, schwache, ängstliche Wesen gemacht. Die Menschen ringsumher ermahnten sie immer zu Vorsicht oder fügten ihnen irgendeinen Schaden zu, und so haben sie sich an den Angstimpuls schlichtweg gewöhnt – er hat sich so oft geregt, dass er ihnen ganz vertraut wurde. Aus einer angstbesetzten Vergangenheit haben sie eine angstgesteuerte Gegenwart gemacht.

Damit soll weder die Schuld auf unsere Vergangenheit geschoben noch sollen unsere Ängste entschuldigt werden. Wenn ein erwachsener Mensch die Angst wählt, dann entscheidet er sich dagegen, sie zu steuern oder zu überwinden. Für viele Menschen bedeutet das ein hartes Stück Arbeit, da die Angst für sie mittlerweile zur Voreinstellung ihres Handelns geworden ist. Die in ihnen vorherrschenden Gedanken wiederholen die schneidenden Kommentare der Kritiker und unfähigen Betreuer, die sie früher kleinhielten.

Erfreulicherweise können wir eine solche Konditionierung verändern. Wenn wir anfangen, für uns selbst Verantwortung zu übernehmen, erkennen wir, dass wir die Vergangenheit zwar nicht mehr ändern, aber sie aus einem anderen Blickwinkel betrachten können. Wir können uns selbst aus ihren Fängen befreien. Wir haben keinen Einfluss darauf, wie andere uns gestern behandelt haben, deshalb wollen wir uns lieber über unser Verhalten gegenüber denen klar werden, die heute Angst in uns hervorrufen. All unsere Bemühungen, uns im Leben weiterzuentwickeln, laufen immer wieder auf einen Augenblick hinaus, der neu ist, einen Moment, in dem wir unserer Angst Einhalt gebieten und unsere Freiheit aktivieren, indem wir bewusst entscheiden, wie wir fühlen wollen, wie wir unser Leben deuten und in welche Richtung wir es steuern wollen.

Ob wir unser Leben erfolgreich bewältigen, hat in Teilen mit einer bestimmten Art von Vorausschau zu tun: Die gleichen Typen von Menschen, die uns in der Vergangenheit Angst einflößen wollten, werden uns auch in der Gegenwart oder in der Zukunft wiederbegegnen. Wenn uns dies bewusst ist, können wir auf Menschen achten, die es auf unsere Freiheit abgesehen haben. Es sind die Bedenkenträger, die Schwächlinge und in seltenen Fällen auch die Fieslinge.

Die Bedenkenträger

Die Bedenkenträger in unserem Umfeld stellen eine der größten Bedrohungen für unseren inneren Angstmechanismus dar. Mit hoher Wahrscheinlichkeit sind sie es, die uns unsere Motivation und Bestimmung rauben, denn oft wirken sie wie Freunde. Wir sind ihnen so nah, dass sich ihre Ängstlichkeit auf uns übertragen kann. Wir müssen also lernen, unsere Reaktionen zu steuern, wenn wir mit ihnen zusammen sind.

Die meisten Bedenkenträger sind keineswegs unfreundlich. Sie haben keine Ahnung von der Angst, die sie unserem Leben einpflanzen, oder davon, dass ihre fortwährenden Zweifel unser Potenzial beschneiden. Sie merken nicht, dass es heimtückisch ist, wenn sie uns raten, lieber auf Nummer sicher zu gehen. Da ist etwa die liebende Mutter, die ständig sagt: »Vorsicht, mein Schatz«, wenn ihr Kind ganz normale Dinge tut; der Kollege, der zehn Gründe ins Feld führt, weshalb wir Ärger bekommen könnten, und kein einziges Wort darüber verliert, wie wir möglicherweise die Welt verändern könnten; der Partner, der immerzu Angst hat, dass unsere Beziehung scheitern könnte, und uns immer wieder anfleht, Auseinandersetzungen oder Risiken zu vermeiden.

Menschen wie diese glauben, sie seien fürsorglich, liebevoll und beschützend. Ihre warnenden Worte haben ihren Ursprung oft in der Liebe. Sie sind uns wohlgesinnt. Sie haben das Gefühl, sie seien verpflichtet, uns vor Verletzung zu schützen, und so versuchen sie, uns auf jene Pfade zu geleiten, die ihnen selbst geläufig sind. Es sind unsere Eltern, Freunde, Gleichaltrige, Partner, Nachbarn und Leitfiguren.

Es ist ein merkwürdiges gesellschaftliches Faktum: *Wir müssen uns davor schützen, dass andere uns einschränken – und das betrifft ebenso jene, die uns lieben, wie auch unsere offenkundigen Widersacher.*

Was können wir tun?

Wir müssen ein feines Gehör für Zweifel, Sorge und Angst entwickeln, und wir dürfen die Ängste anderer Menschen nicht in unsere eigenen Entscheidungen einfließen lassen. Einem bewussten Menschen fällt es leicht, eine entsprechende Sensibilität zu entwickeln, denn fast alle Bedenkenträger verwenden die gleichen Ausdrücke und Argumente – sie wollen uns »schützen« und beziehen sich dabei auf die *warnende Stimme der Vernunft*. Ihre sachlich klingenden Äußerungen sind alle gleich:

»Sei vorsichtig, dass du dich nicht verletzt.«

»Pass auf, du weißt nicht, was passieren kann.«

»Gib Acht, vielleicht feuern sie dich, vergessen dich, lehnen dich ab, hassen dich, verachten dich, hacken auf dir herum.«

»Bist du dir sicher, dass du das wirklich tun willst?«

»Das würde dir nicht gefallen.«

»Das bist nicht du.«

»Das schaffst du nicht.«

»Das liegt dir nicht.«

Haben wir das so oder so ähnlich nicht alle schon mal gehört? Sicherlich kennt jeder von uns jemanden, der uns ausführlich die Gründe dafür darlegen kann, warum wir nicht zu laut oder zu verrückt sein sollten, uns nicht zu sehr auf eine bestimmte Leidenschaft fokussieren oder allzu weit ins Unbekannte vorwagen sollten. Das sind die ruhigen, überzeugenden Stimmen in unserem Leben – jene, die klar erläutern, inwiefern wir uns verletzt, beschämt oder ausgelaugt fühlen könnten, wenn wir Risiken eingehen oder versuchen, anders, kreativ, lebendig, wagemutig zu sein.

Offenkundig sind diese Menschen nicht lieblos. Sie glauben, sie täten ihre Pflicht. Sie wirken mütterlich und umsichtig und sind sehr bemüht, uns zu schützen. Aber hüten wir uns vor dem Wolf im Schafspelz, der als wohlmeinender Freund auftritt, in Wahrheit aber unsere Träume untergräbt. Wie viele haben sich nicht entfaltet, weil die Sorge eines liebenden Menschen sie daran gehindert hat?

Wenn wir nicht aufpassen, wird ein sorgenvolles Umfeld uns bald in unserem Sein und in unseren Fähigkeiten einschränken. Wie also sollen wir mit fürsorglichen Familienmitgliedern und Freunden umgehen, die, ohne es zu wollen, unsere Fantasien und Vorhaben einengen?

Wir sollten einen großzügigen Blick auf ihre Sorgen entwickeln, denn vermutlich sind ihnen deren Tücken – die Botschaft, dass wir zuallererst immer auf die möglichen Gefahren schielen – nicht bewusst. Wir dürfen diesen Bedenkenträgern gegenüber keinen Groll hegen. Vielmehr sollten wir ihnen mit Geduld und Verständnis begegnen, da sie vielleicht in einer geistigen Haltung gefangen sind, in der Abwehr über Weiterentwicklung dominiert. Und wenn es unbedingt sein muss, dann soll die Angst sie bestimmen, aber wir wollen es ihnen nicht gleichtun.

Alles, was wir tun können, ist, genau auf die Menschen zu hören, denen wir *vertrauen*, und tatsächliche Gefahren nüchtern zu beurteilen. Doch gegenüber denjenigen, die wir nicht kennen und die *uns* nicht kennen, die in ihren falschen Vorstellungen darüber, wer wir sind und wie weit wir im Leben gehen sollten, gefangen sind, sollten wir unseren Geist verschließen. Wir müssen ihrem kleinlichen

Denken vergeben und unseren eigenen Blick weiten. *Wir dürfen uns nicht in Sorgen darüber ergehen, was möglicherweise schieflaufen könnte, sondern sollten uns lieber fragen, welch großartige Dinge in unser Leben treten könnten, wenn wir beharrlich unser wahres Selbst ausdrücken und die Leidenschaften verfolgen, die uns wirklich am Herzen liegen.*

Beschäftigen wir uns lieber intensiv mit Freiheit statt mit Angst.

Und so müssen wir eine eindeutige Grenze ziehen: *keine Toleranz für die Bedenkenträger!* Alle großen Männer und Frauen kommen zu genau diesem Entschluss. Egal, wie gutherzig der jeweilige Bedenkenträger ist, wir dürfen uns nicht länger mit Menschen auseinandersetzen, die uns immer wieder mit Angst infizieren. Das demotiviert und demoralisiert uns.

Sobald unsere Träume erwachen, lebendig werden und uns beflügeln, müssen wir loslegen. Dabei ist es ganz egal, ob Familienmitglieder und Freunde, die sich um uns sorgen, an unserer Seite stehen oder nicht, selbst wenn uns dies bekümmert und Opfer abverlangt. Wer zulässt, dass der eigene Handlungsimpuls von den Befürchtungen anderer Menschen zunichtegemacht wird, erliegt der Unterdrückung.

Die Schwächlinge

Die nächste Art von Menschen, mit der wir rechnen müssen, sind die Schwachen und Trägen – Menschen, die gegen alles sind, was Mühe und Anstrengung kostet; wobei Letztere die Voraussetzungen sind, um aus der Menge herauszustechen.

Es wäre zu leicht, bloß zu sagen: »Hören Sie erst gar nicht auf faule Menschen, da sie Ihnen mit Sicherheit Angst und Apathie einflößen.« Dennoch ist es ein mächtiges Mantra. Die Entscheidung, *nicht* auf die Schwächlinge zu hören, verlangt echte persönliche Kraft. Das gilt insbesondere für jene unter uns, die gut zuhören können und empathische Freunde sind, weil wir die Meinungen und Umstände der anderen respektieren. Gerade bei denjenigen, die wir gut kennen und die uns nahestehen, müssen wir genau hinschauen; wir können durchaus liebevoll zuhören, während wir dennoch achtgeben, welche Art von Energie wir von ihnen aufnehmen.

Bei Unbekannten sollten wir auf der Hut sein: Man lässt sich leicht von Bonvivants zu faulen Nachmittagen nur mit Essen, Trinken, Tratschen oder geschmacklosen Reality-Soaps verleiten. Manchmal lässt man sich von ihrem gemächlichen Tempo täuschen und hält ihren Antriebsmangel für Gelassenheit. Aber Menschen wie sie sind mitunter eher apathisch als relaxt. Wir müssen uns vor ihnen in Acht nehmen, denn möglicherweise sorgen sie dafür, dass wir uns vor genau dem fürchten, wodurch wir im Leben weiterkommen: *Einsatz* und *Anstrengung*.

»Nun mach mal halblang«, sagen sie. »Was nützt das viele Arbeiten schon? Nichts, was du tust, ist von Dauer. Es bewirkt sowieso keinen Unterschied.«

Es ist, als schauten diese Menschen uns bei unserem großen Vorhaben zu, als winkten sie fröhlich herüber, während sie anderen zuflüstern, dass unsere Bemühungen sowieso für die Katz sind. Sie tun so, als seien sie Wächter, die uns frohlockend vor künftigen Mühen warnen. Doch je näher wir diesen Müßiggängern kommen, desto mehr hören wir, wie sie heimlich Witze auf unsere Kosten reißen, unsere Bemühungen kleinreden und unsere Weggefährten kritisieren. Hüten Sie sich vor dem lärmenden Dorfdeppen, der aus der Ferne Spitzen verteilt und die Ehrgeizigen verhöhnt in der Hoffnung, anderen Versagensängste einzujagen.

Wer sind diese Müßiggänger? Es sind Menschen, die stets den leichten Weg wählen und selten die Befriedigung erleben, die sich nach einem intensiven Arbeitstag einstellt. Es sind richtungslose Seelen, die keinem klaren Weg folgen, kein Ziel und kein höhergeordnetes Verlangen haben, das aus ihnen das Beste herausholen würde. Vielleicht haben sie auch bloß nie den Mut gefunden, ihr bequemes Dasein aufzugeben. Es sind glatte Zyniker, die kaum etwas Wertvolles zur Welt beigetragen haben. Eskapisten, die bei den ersten Anzeichen von echter Herausforderung das Weite suchen. Sie schmähen die Gegenwart von Menschen, die sich mehr zutrauen als sie selbst. Sie sind Fatalisten, die glauben, dass es mit der Menschheit nicht bergauf, sondern bergab geht. Es sind die Resignierten, die vor langer Zeit ihre Fähigkeiten in den Wind geschrieben haben, auf dass sie von der Verantwortung enthoben sind, ein bemerkenswertes Leben zu führen.

Wir dürfen diese Faulenzer nicht für Freunde halten. Solche Menschen verleiten uns bloß zu Schwäche, und ihre Einladung zu einem leichten Leben ist nichts weiter als die Verlockung zu einem Dasein in Trägheit. Ihre Leichtigkeit ist nicht das, wonach wir streben. Denn wozu ist ein Leben ohne Herausforderungen gut? Was kann man lernen? Wie sollten wir uns dann weiterentwickeln? Kann es überhaupt Virtuosität geben ohne echte Anstrengung, echten Schweiß, echte Plackerei und echtes Donnerwetter?

Ja, wir sollten den Apathischen und den Menschen ohne Ehrgeiz, die zu schwach sind, um zu kämpfen, etwas zu wagen oder auszuhalten, mit Vorsicht begegnen. Sie haben ihre Freiheit eingebüßt. Ihnen fehlt die Entschlusskraft, um ihr höchstes Selbst beziehungsweise ein sinnvolles Ziel anzustreben. Deshalb sind sie für uns keine Vorbilder.

Welch große Ironie des Schicksals, dass die Menschen oft den Schwachen folgen – den Zynikern und Provokateuren. Doch auch mit diesen schwachen Idioten dürfen wir uns nicht weiter aufhalten. Auf einer der niedrigsten Stufen der Menschheit stehen die Sofakritiker, jene apathischen Ratgeber in sicherer Distanz, die glauben, dass jeder Laune, die ihre kleinen Gehirne durchweht, und jedem ihrer geistlosen Argumente das gleiche Gewicht zukommen sollte wie der hart erarbeiteten Weisheit jener, die mitten im Gefecht stehen, deren Geist durch reale Erfahrungen geschärft ist und deren Handlungen bereits für ihren Nachruhm sorgen. Wir müssen uns in Erinnerung rufen, dass die meisten Zyniker und Tyrannen, die so schnell ihr Urteil fällen und uns unterdrücken wollen, in Wahrheit kleine, frustrierte Gestalten sind, die ihren eigenen Stumpfsinn und Frust dadurch bewältigen, dass sie uns als narzisstische Streber oder unwürdige Schwindler bezeichnen. Sie versuchen, uns herabzusetzen, damit sie sich selbst nicht mehr so klein fühlen. Es sind Menschen, die sich hinter einem Computer oder einer hohen Position verschanzen und ihre unkundige Meinung auf uns ablassen, um sich besser zu fühlen. Fragt man sie, welchen Beitrag sie selbst leisten, werden sie in der Regel ganz still, oder aber sie geben inkohärente, sinnlose Tiraden von sich. Ein trauriges Dasein, in dem der einzige gefühlte Erfolg darin besteht, auf unsere Fehler hinzuweisen; um selbst etwas zu gelten, müssen sie uns erniedrigen. Ihre Ausfälle sind der traurige Beweis dafür, dass es kleinen Geistern besonders leichtfällt, Größe herabzusetzen. Wer sich im Unwissen eingerichtet hat, begegnet allen mit Misstrauen, die von auswärts kommen.

Hüten Sie sich vor Menschen, die zu apathisch sind, um nach Wichtigem zu streben, denn sie infizieren ihr Umfeld unweigerlich mit Teilnahmslosigkeit und bringen viele unabhängige Menschen von ihrer Suche nach Großem ab. Bleiben wir also auf unserem eigenen Weg. Wir wollen uns für das anstrengende Leben entscheiden und stolz auf unser Ringen und unser Engagement sein. Wir haben keine Angst vor Erschöpfung oder den Befürchtungen, die großartige Träume sowie anhaltende harte Arbeit zuweilen mit sich bringen. Auch während wir uns abrackern, wollen wir Heiterkeit im Herzen wahren, denn unsere Mühen bringen uns dem näher, was wir für sinnvoll halten. Wir wollen in Gelassenheit die Zuschauer und die Müßiggänger, die Gelangweilten und die Nörgler vorbeiziehen lassen. Sie bieten nichts außer Ablenkung und nutzlosen Kommentaren.

So wollen wir nach mehr streben als bloßer Bequemlichkeit, unsere Aufgabe geht über Mittelmäßigkeit hinaus. Auf uns warten Pflichten, die wir erfüllen, Unternehmungen, die wir anstoßen, Kämpfe, die wir austragen, und echte Siege, die wir feiern wollen. Schreiten wir also voran, voller Kraft und innerem Feuer.

Die Fieslinge

Wenn wir uns gegen die Unentschlossenen wappnen, sollten wir gleichermaßen bedenken, dass es im Gewebe der menschlichen Tugenden ebenfalls die Fäden von schäbigen, machthungrigen und betrügerischen Individuen gibt. Wir können den grausamen Menschen, denen wir im Laufe unseres Lebens begegnen, nicht aus dem Weg gehen, denn es gibt folgenden Zusammenhang: Je mehr wir etwas wagen, je mehr wir eine Führungsrolle anstreben, je mehr wir uns selbst und unser ganzes Potenzial ausdrücken und je mehr wir versuchen, die Welt zu verändern, umso mehr von ihnen werden über uns herfallen. Je weiter wir aufsteigen, umso mehr grausame Menschen tauchen auf.

Das ist nicht paranoid. Die Tatsache, dass es auf der Welt böswillige Menschen gibt, ist kein Grund zur Sorge. Es ist einfach etwas, was man hinnehmen und worauf man sich vorbereiten muss. Geschäftsleute sollten sich nicht darüber wundern, dass die Konkurrenz sie zunichtemachen will. Wenn eine neue weibliche Führungskraft ihr erstes Meeting abhält, sollte es sie nicht überraschen, wenn ihr allein deshalb Widerstand entgegengesetzt wird, weil sie eine Frau ist. Wenn ein Unbekannter lügt, um unserem Ruf zu schaden, sollten wir uns bewusst machen, dass das oft vorkommt und dass es uns geschieht, weil wir versuchen, etwas Wichtiges in der Welt zu bewirken. Wenn uns klar ist, dass es nun einmal unhöfliche, unwissende, grausame Menschen auf der Welt gibt, können wir – sobald diese aus dem Dunkel hervorkommen und versuchen, unser Licht zu stehlen – unsere Reaktion steuern.

Eine Gesellschaft, die so sehr um Bequemlichkeit und Konformität kreist, zuckt zwangsläufig zusammen, wenn Individuen kommen, die kühn nach persönlicher Freiheit streben. Wer sein wahres Selbst zum Ausdruck bringt und auf die Erfüllung seiner Träume hinlebt, wird auf unergründlichen, endlosen Widerstand stoßen. Jene, die das

Leben für ein Nullsummenspiel halten – die also glauben, dass sie selbst keinen Erfolg haben können, wenn wir erfolgreich sind –, verfolgen uns möglicherweise mit neidischen Attacken. Oder sie versuchen, uns mit sanften, heuchlerischen Worten in die Herde zurückzulocken. Die Menschen an unserer Seite fallen uns vielleicht in den Rücken, indem sie daran zweifeln, dass wir schon bereit sind, oder uns warnen, dass die Welt ein so feindlicher Ort ist. Und die, die vor uns sind, haben möglicherweise Angst um ihre Position, klagen uns auf niederträchtige Weise an und errichten Mauern, um uns fernzuhalten. Wir müssen uns innerlich wappnen und gut achtgeben, dass das Verhalten solcher tyrannischer Zeitgenossen keine Angst in uns erzeugt.

Insbesondere müssen wir darauf achten, wie wir auf herablassende, engstirnige Menschen reagieren, die offen darum kämpfen, Macht zu erlangen, um andere zu unterdrücken: der Rohling, der andere überragt und seine physische Präsenz nutzt, um sie einzuschüchtern; der raffgierige Kollege, der lügt und uns zugrunde richten will; der verletzende Partner; der niederträchtige Tratsch in der Nachbarschaft; herablassende Rabauken und schmeichelnde Betrüger. Zwar darf es nicht so weit kommen, dass diese wenigen Typen den guten Willen der Mehrheit überdecken, dennoch sind wir gut beraten, wenn wir ihre Existenz nicht verleugnen.

Derlei extreme Bösewichte müssen ihr ungemein großes Ego verteidigen. Manchmal sind es narzisstische, paranoide, zornige Menschen. Ihre Gemeinsamkeit liegt darin, dass sie fortwährend nach Leuten Ausschau halten, die einen ähnlichen Erfolg anstreben wie den ihren. Solche potenzielle Rivalen wollen sie zunichtemachen. Ihr Ziel besteht darin, unseren Willen und unsere Energie zu unterdrücken, damit sie sich besser fühlen. Bewusst oder unbewusst nehmen sie unsere Weiterentwicklung als Bedrohung ihrer eigenen Macht oder als Zeichen ihrer eigenen Schwäche wahr. Wenn es ihnen also gelingt, uns kleinzumachen, können sie ihren Verlust an Ansehen kleinhalten.

Diese Art von Herrscher erleben wir oft an der Spitze eines Entwicklungslandes, wo sie mit harter Hand Interessen schützen, Menschen versklaven und Regimekritiker verbannen. Wir sehen sie auch auf den höheren Etagen des Geschäftslebens, wo sie ihre Untergebenen herumkommandieren, scharfe Kritik äußern oder Gerüchte in die Welt setzen und verdienstvollen Mitarbeitern die Beförderung verwehren. Oft sind es Familienmitglieder, die auf ebenjenen herumhacken, die von ihnen abhängig sind. All ihr Höhnen, ihre Drohungen und Schikanen sind dazu da, uns einzuschüchtern; wir sollen um unsere Sicherheit und unseren Wohlstand bangen, damit wir ihren Anforderungen nachkommen.

Ihr Repertoire, um andere Menschen zu verletzen, ist groß, doch am grausamsten ist die Herabsetzung unseres persönlichen Wertes. »Sie sind unwürdig, dumm und unzureichend qualifiziert«, sagen sie etwa. Mit ihren harten Worten und Handlungen versuchen sie, uns dahin zu bringen, dass wir ihre Auffassung über uns und unseren Platz übernehmen. Die Folge davon? Wir beginnen zu befürchten, dass wir nicht gut genug sind oder nicht gewinnen können, und tragischerweise kann dies schnell zu einer sich selbst erfüllenden Prophezeiung werden. Möglicherweise fangen wir tatsächlich an zu glauben, dass wir so klein sind, wie sie uns weismachen wollen, und verbleiben innerhalb ihres absurden Denkschemas, statt unabhängig auf unsere eigene Freiheit zuzusteuern.

Wir sollten nicht überrascht sein, wenn andere unsere Initiativen herabwürdigen oder sich ihnen widersetzen. Noch sollten wir unseren Willen unterdrücken und sie gewinnen lassen. Wir dürfen nicht zulassen, dass fiese Menschen unseren Zweifel anfachen, bis er hohe Flammen der Angst schlägt, die unsere Träume ersticken.

Solchen tyrannischen Menschen schulden wir nichts.

Ein Mensch, dessen Natur es ist, andere zu unterdrücken, kann nicht über sein eigenes Interesse hinausblicken. Daher wird die Beziehung zu ihm nie erfreulich sein oder auf Gegenseitigkeit beruhen. Sein Ego macht ihn blind für andere, und er lebt in einer eigenen Welt. Katzbuckeln Sie nicht vor diesen Menschen. Versuchen Sie nicht, sie zu beschwichtigen. Hoffen Sie nicht darauf, dass sie sich je ändern. Lassen Sie sich nicht auf sie ein und verbringen Sie keine Zeit mit ihnen. Lassen Sie sich nicht von ihnen ärgern. *Lassen Sie sich nicht auf deren Niveau herab.* Wir dürfen niemals hinnehmen, dass herrschsüchtige Menschen uns von irgendetwas abhalten. Wir dürfen nicht zulassen, dass sie über unser Potenzial bestimmen. Jegliches Anzeichen von Unterwerfung, Dienstbeflissenheit, Sanftmut oder Kompromiss seitens der Verzweifelten oder Schwachen unter uns schenkt ihnen ein verqueres Gefühl der Freude, und ihre Macht nimmt noch weiter zu. Und jedes Mal, wenn wir ihnen gegenüber nachgeben oder uns selbst kleinmachen, werden wir noch ängstlicher und schwächer.

Machen wir also konsequent einen Bogen um diese Menschen, ohne dass wir unseren eigenen Weg verlassen. Wir sollten ihnen nichts Böses wünschen; das lohnt nicht die Energie, und die Fieslinge bekommen letzten Endes sowieso das, was sie verdienen, weil sie sich selbst zugrunde richten. Unser Erfolg besteht nicht in ihrem Niedergang, sondern in unserer eigenen Weiterentwicklung. Es geht nicht um das Erstaunen auf ihren Gesichtern, wenn wir an ihnen vorbeiziehen, sondern um unsere innere Freude darüber, dass wir uns trotz ihres Widerstandes durchgesetzt haben.

Angst ist ein geistiges Konstrukt

Auch wenn es viele Menschen geben mag, die versuchen, unsere Zweifel und Ängste zu schüren, so wird die überwiegende Mehrheit uns unterstützen. Der Großteil wird uns bei unserem Aufstieg helfen wollen und nicht versuchen, uns in die Knie zu zwingen. Die Menschen wissen, dass sie, wenn sie uns unsere Träume auszuleben erlauben, auch sich im Stillen die Erlaubnis geben, ihren eigenen Träumen gemäß zu leben. Wie viele Langeweiler oder Mistkerle wir im Leben auch treffen mögen, wir müssen uns in Erinnerung rufen, dass wir von Freunden umgeben sind, und wir dürfen nicht zögern, sie um Hilfe, Inspiration oder einen weisen Rat zu bitten.

Die unangenehme Wahrheit lautet, dass Angst zwar häufig gesellschaftlich bedingt ist, aber häufiger noch das Ergebnis unseres eigenen falschen Denkens ist. Wir *missbrauchen* unsere geistigen Kapazitäten, indem wir sie so gut wie kaum *gebrauchen*. Wir haben die Mittel, um unsere Angst auszulöschen, aber uns fehlt die Disziplin; so als würde unser Haus abbrennen und wir hielten den Feuerlöscher in der Hand, doch würden uns entscheiden, ihn nicht zu benutzen, weil wir auf etwas zielen müssten. Wie oft spüren wir, wie sich Sorge in uns regt, doch statt mit achtsamem Denken dagegen anzugehen lassen wir sie weiter schwelen? Wie oft kreisen unsere Gedanken so intensiv um etwas Negatives, dass sie in lodernde Angst ausarten? Bei vielen Menschen läuft das schon so lange und so oft unhinterfragt ab, dass sie sich nicht mehr des Umstandes bewusst sind, dass *vorhersehbare Gedankenmuster* – die sie erkennen, kontrollieren und verändern können – die Ursache sind, weshalb sie sich ängstigen. Sie sind einfach unentwegt verzagt und denken, sie könnten nichts dagegen tun, ganz wie ein kleines Kind, das traurig einen Luftballon in der Hand hält, den es selbst zum Platzen gebracht hat.

Deshalb wollen wir jetzt ein für alle Mal lernen vorauszusehen, wie unser Geist Angst befördert. So wie wir davon ausgehen können, dass die Bedenkenträger, die Schwächlinge und die Fieslinge uns aus der Bahn werfen, wenn wir nicht achtgeben, genauso können wir uns auf die Methoden vorbereiten, mit denen unser Geist Zufriedenheit und Fortschritt von uns fernhalten wird.

Meistens rührt Angst daher, dass wir zwei Arten von Schmerz vorausahnen, die Veränderungen möglicherweise mit sich bringen: *Verlust* oder *Mühsal.*

Der erste Schmerz, Verlustschmerz, ist ein Gedankenmuster, bei dem wir befürchten, dass wir etwas verlieren, was uns am Herzen liegt, sofern wir uns für eine Handlungsoption entscheiden. Haben wir zum Beispiel Angst vor einem Jobwechsel, so liegt das daran, dass wir nicht auf unsere Abfindung verzichten wollen, auf die Freundschaft mit einigen Kollegen oder auf unser schönes Eckbüro. Dieses Gedankenmuster zieht sich durch Millionen kleiner

Entscheidungen in unserem Alltag. Wir überlegen: »Wenn ich eine neue Diät ausprobiere, fürchte ich, dass ich auf meine Lieblingsspeisen verzichten muss«, »Wenn ich aufhöre zu rauchen, fallen damit die zwanzig Minuten weg, in denen ich nach draußen gehen und in Ruhe ein paar tiefe Züge nehmen kann«, »Wenn ich diesen Trottel verlasse, verzichte ich auf liebevolle Zuwendung, und ich fürchte, dass ich nie wieder einen Partner finde« – und so weiter.

Gegen ein solches Gedankenmuster kann man nur angehen, indem man es genau analysiert und dann *umkehrt.* Sobald wir spüren, dass wir einen Verlust erahnen, müssen wir uns fragen, ob das überhaupt zutreffend ist.

Je mehr wir nach Gründen für unsere Angst suchen, desto mehr merken wir, dass das oftmals irrige, vorschnelle Annahmen eines müden oder undisziplinierten Geistes sind.

Ein hilfloser, mangelhaft geschulter Mensch denkt vielleicht, dass die Dinge sich zum Schlechten wenden, wohingegen ein intelligenter, sich seiner selbst bewusster Mensch möglicherweise zu einem logischen Schluss gelangt, der auf realen Fakten oder wohldurchdachten Prinzipien basiert. Wer sich dann mit seiner Angst vor einer Diät auseinandersetzt, mit dem Aufgeben einer schlechten Angewohnheit oder dem Beenden einer unguten Beziehung, wird feststellen, dass man immer weniger verliert, als man gewinnt, wenn man selbst eine beherzte Entscheidung trifft.

Eine solche Umdeutung erfordert Intelligenz – und Optimismus. Sobald wir die Annahmen hinterfragt haben, die unseren Ängsten zugrundeliegen, sollten wir das Gegenteil unserer Ängste untersuchen; wir sollten uns so intensiv wie möglich mit der Frage beschäftigen, was wir durch eine Veränderung *gewinnen* könnten. Was, wenn wir die neue

Diät machen und auf neue Lebensmittel und Rezepte stoßen, die wir himmlisch finden? Was, wenn wir aufhören zu rauchen und neue Praktiken erlernen, durch die wir uns noch besser entspannen können? Was, wenn wir in einer neuen Liebesbeziehung wirklich glücklich werden? Wir sollten uns natürlich diese Möglichkeiten genauso intensiv vorstellen wie die düsteren Verlustszenarien. Legen Sie los, träumen Sie und konzentrieren Sie sich auf das Positive, denn das ist viel nützlicher als die endlosen Albträume voller Negativität.

Das zweite Gedankenmuster, das Angst vor Veränderung in uns auslöst, hat mit vorgestellter Mühsal zu tun. Wir haben Angst, etwas zu tun, weil wir denken, es könnte uns überfordern. Wir befürchten, wir seien zu einer Sache nicht fähig, ihrer nicht wert oder noch nicht bereit dazu, und wir lassen zu, dass diese Sorge uns ausbremst. Aber ist das nicht ein kläglicher Gebrauch unserer mentalen Fähigkeiten? *Ist es nicht so, dass wir mit genügend Zeit, Einsatz und Hingabe fast alles lernen können, was wir brauchen, um Erfolg zu haben?* Ist es nicht so, dass die meisten großen Leistungen von Menschen erbracht wurden, die zunächst *keine Ahnung hatten von dem, was sie taten*, und die jahrelang kämpfen mussten, um ihren Traum zu erfüllen? Und denken wir daran: Es gab Zeiten, in denen wir nicht wussten, wie man Fahrrad fährt oder einen Computer bedient oder mit einem anderen Menschen schläft, aber wir haben es jeweils herausgefunden. Die Menschen wussten nicht, wie man zum Mond fliegt, aber wir beschlossen, dass sich dieses Unterfangen lohnt, und so rangen wir zehn Jahre lang mit dieser Frage, bis wir es heraushatten. Wir meisterten das Unmögliche. Das ist die Geschichte jedes Einzelnen und der Menschheit insgesamt.

Doch oft schauen wir zu, wie unser Denken förmlich in sich zusammenschrumpft. Wir sagen uns: »Ich habe Angst, eine Diät zu machen, weil ich nicht weiß, ob es mir schnell genug gelingt, all die neuen Rezepte hinzubekommen, oder ob ich eine halbe Stunde Sport durchhalte«, »Ich habe Angst, mit dem Rauchen aufzuhören, weil ich gar nicht weiß, was ich mit meinen Händen anstellen soll, wenn ich keine Zigarette halte«, »Ich habe zu große Angst, meine kümmerliche Beziehung aufzugeben, weil die Partnersuche im Internet ziemlich anstrengend klingt« … Doch wir sind mehr als diese kleinlichen Gedanken. Irgendwann wird uns die Lebensklugheit stellen und fragen: »Sind Sie nicht mehr als Ihre kleinlichen Sorgen über Unbequemlichkeit? Lohnt ein besseres Leben nicht ein wenig Anstrengung?«

Die einzige Möglichkeit, diese Gedankenmuster zu durchbrechen, besteht darin, sie zu hinterfragen und umzukehren. Wenn wir nur einen Moment innehalten, um nachzudenken, können wir uns bewusst machen, dass wir in der Vergangenheit schon schwierigere Dinge gelernt und ausgehalten haben und dass wir ebenso das lernen und aushalten können, was jetzt ansteht. *Die Werkzeuge, die wir brauchen, um die Probleme des Lebens zu bewältigen, liegen in uns selbst.* Vielleicht gelingt es uns sogar, uns vorzustellen, dass die Anstrengung uns Spaß macht, statt dass wir Angst vor ihr haben. Wir können Überlegungen anstellen wie: »Ich freue mich darauf zu lernen, wie man neue Gerichte kocht; ich freue mich auf den Sport mit meinen Freunden«, »Ich finde es spannend, mit dem Rauchen aufzuhören, weil ich mir schon vorstelle, wie ich mühelos die Treppen hochlaufe, und an das lange Leben frei von Abhängigkeit denke«, »Ich freue mich sehr darauf, jemanden zu finden, der besser zu mir passt als mein letzter Partner; ich freue mich auf wahre Liebe und darauf, mein Leben mit einem Seelenverwandten zu teilen«. Seien wir voller Begeisterung, denn wir wissen, dass das Lernen und der Weg zur Freiheit aufregend sein können. Wir müssen darauf vertrauen: *Wir können lernen, wir können wachsen, und wir müssen jetzt damit anfangen, denn das Schicksal begünstigt die Wagemutigen.*

Für einige klingt das vielleicht nach positivem Denken. Und wenn schon? Sollen wir stattdessen weiter negativ denken? Welchen Sinn hat es, sich nur auf die Momente von Verlust und Mühsal zu konzentrieren, die wir im Leben möglicherweise erleben? Wenn die Angst regiert, weil wir geistig träge sind, erlangen wir kein Selbstbewusstsein. Jeder von uns hat es selbst in der Hand, im täglichen Kampf gegen die Angst die eigenen Gedanken besser zu steuern. Unsere Gedanken befreien uns oder richten uns zugrunde. Reife setzt dann ein, wenn wir verstehen, dass es nur unsere Entscheidung ist, ob wir in Richtung Freiheit aufbrechen.

Wie man mit körperlichen Angstimpulsen umgeht

Es erscheint undenkbar, dass wir alle unsere Ängste durch bloße Gedanken besiegen können sollen. Aber es ist tatsächlich so. Einige fragen: »Und was ist mit den körperlichen Impulsen, über die wir kaum Kontrolle haben? Können wir auch die bezwingen?«

Wie schafft der Löwenbändiger es, furchtlos in die Höhle des Rudels zu gehen? Wie gelingt es dem Vortragsredner, vor Tausenden Menschen zu sprechen, ohne vor Selbstzweifeln zu zergehen? Wie bringt die Managerin es fertig, eine Entscheidung zu treffen, für die das gesamte Team nicht den Mut aufbringt?

Der Löwenbändiger hatte früher einmal Angst. Aber er betrat die Höhle, und mit der Zeit legte sich seine Angst. Der Redner erklomm die Bühne, und mit der Zeit fühlte er sich dort wohl. Die Managerin hat immer wieder Entscheidungen gefällt, bis ihr die großen Entscheidungen irgendwann leichter fielen. Von diesen Beispielen können wir lernen und beschließen, den Dingen ins Auge zu blicken, vor denen wir uns fürchten.

Wir können bewusst den Mut aufbringen, uns in die Nähe von Dingen zu begeben, die wir fürchten – immer wieder, so lange, bis wir uns dort nicht mehr ganz so unwohlfühlen und irgendwann zuversichtlich sind.

Lassen Sie uns ein Leben ohne Grenzen neu entdecken und Inspiration aus der Tatsache ziehen, dass die Menschen über Millionen von Jahren hinweg gelernt haben, ihre Ängste zu überwinden. Sie änderten ihr Verhalten gegenüber Anwandlungen von Angst. Sie atmeten tief ein und aus, überlegten, ob ihre Ängste rational waren oder nicht, und stellten sich vor, wie sehr sie sich weiterentwickeln würden, wenn sie einfach weitergingen. Immer wieder wagten sie diesen Schritt nach vorn, bis sie merkten, dass ihre Angst nachließ oder vielleicht gar nicht mehr bestand. Das ist Selbstbemeisterung.

Wir wollen von unseren Vorfahren lernen und diese Praktiken auf unser eigenes Leben anwenden. Wir wollen uns dafür entscheiden, die Kontrolle über unseren Geist zu erlangen, und unseren Ängsten deutlicher entgegentreten.

Als reife, tapfere, erwachsene Menschen können wir uns schlichtweg weigern, vor Dingen in die Knie zu gehen, die uns möglicherweise ängstigen oder uns etwas abverlangen. Wir können uns einer ebenfalls mächtigen Antriebskraft zuwenden, dem sicheren und verlässlichen Willen zu persönlicher Freiheit, der im Grunde immer schon da ist. Wir sagen uns wieder und wieder: »Ich lasse nicht zu, dass andere mein Herz in Angst versetzen. Ich entscheide mich dafür, dem, der ich bin, treu zu bleiben, und dorthin zu gehen, wohin meine Träume mich senden, egal, auf welche Hindernisse ich möglicherweise stoße. Mir ist stets bewusst: Entweder es gewinnt die Angst oder die Freiheit, und ich entscheide mich für die Freiheit.«

MOTIVATION

Wenn du ein Schiff bauen willst, dann trommle nicht Männer zusammen, um Holz zu beschaffen, Aufgaben zu vergeben und die Arbeit einzuteilen, sondern lehre die Männer die Sehnsucht nach dem weiten, endlosen Meer.

Antoine de Saint-Exupéry

Die stärksten Antriebsfedern des Menschen haben entweder mit Freiheit oder mit Angst zu tun; unser psychologischer Haushalt sieht nichts anderes vor. Das eine fordert die Auseinandersetzung mit unserem wahren Selbst und unseren Zielen und führt letzten Endes zu Unabhängigkeit, Wachstum, Glück und Transzendenz. Das andere führt dazu, dass wir um Herausforderungen einen Bogen machen und Konflikte vermeiden, so gut es irgend geht – obwohl Konflikte oft genau das sind, was Wachstum erst ermöglicht. Dieser zweite Weg bedeutet Schwäche, Anpassung und immer wieder auch Reue. Indem wir nach persönlicher Freiheit streben, entdecken wir unsere Bestimmung. In den Fängen der Angst blicken wir auf unseren Niedergang.

Die Gründe, weshalb wir uns diese Antriebsfedern erschließen, werden oft als unsere *Motivation* bezeichnet. Von Zeit zu Zeit fühlen wir uns motiviert, uns zu bewegen oder innezuhalten, zu wachsen oder zu schrumpfen, uns irgendwo einzurichten oder ein hohes Ziel zu verfolgen. Unsere Handlungen hängen oft davon ab, ob unsere innere Logik und Impulse eher in Richtung Angst oder in Richtung Freiheit tendieren. Wenn wir keinen zwingenden Grund zum Handeln haben oder wenn unsere Impulse von Angst geprägt und auf Schutz bedacht sind, werden wir eher verharren, wo wir sind. Aber wenn wir eine Reihe guter Gründe zum Weitermachen und wir unsere Impulse so geschult haben, dass sie auf Freiheit ausgerichtet sind, werden wir uns in unserem Leben mit großer Wahrscheinlichkeit immer wieder weiterentwickeln.

Sofern die Freiheit auf dem Spiel steht, sollte man meinen, dass die meisten von uns begreifen, welche Rolle Motivation in unserem Leben spielt. Aber viele verstehen diesen Zusammenhang überhaupt nicht und begegnen jedem Tag ihres Lebens ohne Absicht und Energie. Deshalb sind sie nicht frei – sondern Sklaven ihrer eigenen Impulse. Und das ist der Grund, weshalb es so viele Menschen gibt, die in Ziellosigkeit, Apathie und Angst gefangen sind. Motivation bleibt für die Masse der Menschen ein Mysterium.

Ein hohes Maß an *anhaltender Motivation* ist die erste Eigenschaft derjenigen unter uns, die Großes leisten. Erfolg und Erfüllung im Leben hängen von der eisernen Disziplin ab, dass wir aufstehen, wir selbst sind, jeden Tag voller Elan unseren Träumen nachgehen und uns immer wieder dazu anhalten, die nächste Stufe von Präsenz, Leistung und Potenzial zu erklimmen. Im weitesten Sinne basiert das gesamte menschliche Wertesystem auf Motivation. *Keinen* der maßgeblichen menschlichen Werte, die uns und unsere Gesellschaft in Balance halten – Freundlichkeit, Liebe, Ehrlichkeit, Fairness, Einigkeit, Toleranz, Respekt und Verantwortung –, gäbe es, wenn wir nicht motiviert wären, diese Werte zu leben. Falls es uns nicht gelingt, unsere Motivation auf individueller Ebene zu meistern, werden wir nicht glücklich; falls es uns nicht gelingt, unseren Drang zum Guten auf gesellschaftlicher Ebene aufrechtzuerhalten, ist alles verloren.

In welch fantastische Höhen könnten wir vorstoßen, wenn wir unsere Motivation tatsächlich aktivierten? Stellen Sie sich vor, wie anders die Welt wäre, und zwar schlagartig, wenn die Erdenbewohner ihre Motivation anschalten könnten, wann immer ihnen danach wäre – und für so lange, wie sie wollten. Würden dann mehr Menschen frei und glücklich sein? Würden wir genug Ausdauer haben, um die Armut zu beenden? Würden wir mehr Schulen bauen? Würden wir Hunger und Krankheit ausrotten, die zu Unrecht Gefangenen freisetzen, die Erderwärmung stoppen und in jedem Winkel der Erde einen spürbaren Fortschritt bewirken? Würden die Träume von Milliarden Menschen in Erfüllung gehen?

Wie könnte unsere Gesellschaft aussehen, wenn die Menschen von echter Motivation erfüllt wären, wenn all die Apathie und Ziellosigkeit verschwänden und die Leute in ihrem Handeln von Achtsamkeit und einem anhaltend engagierten Herzen beflügelt wären? Stellen Sie sich vor, wie die Welt erblühen würde. Stellen Sie sich die Freiheit vor.

Das ist eine durchaus reale Möglichkeit. Denn Motivation lässt sich verblüffend leicht begreifen und in die Tat umsetzen. Als Erstes wollen wir deshalb die Frage klären, *warum* wir tun, was wir tun.

Vom Urgrund der Motivation

Klären wir zunächst, woher das Wort kommt. Die Wurzel von »Motivation« lautet »Motiv«, und das bedeutet »Grund zum Handeln«. Es betrifft das »Warum wir etwas tun«. Um ein Motiv zum Handeln zu entwickeln, geht unser Geist bewusst oder unbewusst Gedanken, Gefühle und Erfahrungen durch und wählt daraus eine Reihe von Gründen aus, etwas zu tun oder zu unterlassen. Je nachdem, wie klar unser Geist ist und wie sehr wir uns dieser Entscheidung verpflichtet fühlen, ist es um unsere Motivation bestellt. Wenn wir klar und fest entschlossen sind, werden wir stark motiviert sein. Wenn wir uns unsicher fühlen und wenig überzeugt sind, ist unsere Motivation entsprechend gering.

Daraus ergibt sich ein einfacher Grundsatz: *Der Urgrund der Motivation ist die Entscheidung.*

Unser Geist hat einen Grund für das Handeln ausgewählt und sich entweder dieser Entscheidung verpflichtet oder nicht; entsprechend spüren wir einen hohen oder niedrigen Grad der Motivation. Der Schlüssel zu unserer größtmöglichen persönlichen Stärke ist somit die Fähigkeit, unsere Impulse zu steuern und unseren Geist sowie unsere Entscheidungen und unser Engagement dahin gehend zu lenken, dass sie uns dienen.

Es ist ganz einfach: Wir können uns ein Ziel setzen und unsere Gründe für dieses Ziel bestimmen, und wenn wir uns stetig auf dieses Ziel konzentrieren, entsteht der Wunsch zu handeln. Das nehmen wir dann als Energie wahr, als eine innere Kraft, die uns motiviert.

Das Erkennungszeichen von Menschen, die über sich hinauswachsen, ist ihre Entdeckung, dass sie selbst die

Kontrolle darüber haben, wie viel oder wenig Motivation sie in sich spüren – einfach dadurch, dass sie ihren eigenen Geist besser steuern.

Das Gleiche gilt für andere Erweckungserlebnisse, die unser Innenleben betreffen. Wenn wir begreifen, dass Glück eine Sache der Entscheidung ist, genau wie Traurigkeit, Wut und Liebe, geht uns wirklich ein Licht auf. Jeder Zustand, jede Emotion, jede Stimmung, deren der Mensch fähig ist, kann von unserem Geist willentlich ausgelöst werden. Diese Erkenntnis ist eine der wichtigsten Leitmarken auf dem Weg von der Jugend zum Erwachsensein, von Unreife hin zu Reife.

Das heißt nicht, dass *alle* Menschen ihre Gedanken oder Emotionen wählen beziehungsweise wählen können. Ein kleiner Prozentsatz ist geistig nicht ganz gesund; krankhafte Gemütsverfassungen und mental-psychische Störungen hindern mitunter Menschen daran, ihre Gedanken und Gefühle auf stetige Weise bewusst zu steuern. In solchen Fällen können Therapien und Medikamente helfen, und sie sollten in Anspruch genommen werden. Wir dürfen nicht über die Herausforderungen hinwegsehen, die Menschen mit echten Krankheiten und angeborenen Beeinträchtigungen haben, die sie an einer Weiterentwicklung hindern.

Doch obwohl die übergroße Mehrheit der Bevölkerung *nicht* unter derartigen Krankheiten leidet, legen manche mangelndes Selbstbewusstsein und eine armselige Denkweise an den Tag. *Die meisten Menschen haben sich schlichtweg noch nicht dazu entschlossen, Selbstbeherrschung für wertvoll zu halten und darauf hinzuarbeiten.* Sie brauchen keine Medikamente; was ihnen fehlt, sind Verlangen und Disziplin. Sie brauchen keine Rezepte; was ihnen fehlt, ist eine neue Lebensphilosophie. Selbst in den Fällen, in denen ein Mensch langfristig Medikamente und Therapien braucht, wird seine Behandlung fast immer Maßnahmen enthalten, die ihm helfen, sich für Gedanken und Verhaltensweisen zu entscheiden, die sein Wohlbefinden fördern. Sogar bei einer psychischen Erkrankung oder traumatischen Verletzung des Gehirns führen alle Wege der Genesung zu einem besseren Verständnis von und einem besseren Umgang mit unserem eigenen Geist. Zyniker, die behaupten, es sei für sie oder andere zu schwierig, den eigenen Geist zu steuern, sind dazu verdammt, ihren eigenen Impulsen oder gesellschaftlichen Stimmungen zu folgen. Es ist ein Leben des bloßen Reagierens und der Ablenkung statt eines bewusst gestalteten Lebens.

Die lange Geschichte von Philosophie, Psychologie und Neurowissenschaften kennt ein gemeinsames Thema: Das menschliche Potenzial lässt sich freisetzen, indem man der *Vernunft* und dem gesamten Spektrum geistiger Fähigkeiten zum Durchbruch verhilft. Vernunft ist der Schlüssel zur Entwicklung einer motivierten und unabhängigen Identität. *Ich* denke, *also bin ich und handle ich*. Motivierte Menschen leben nach dieser Wahrheit.

Die großen Künstler, Anführer und Erfinder nutzen all ihren Scharfsinn, Verstand und ihre Fantasie, um ihr höchstes Selbst zu verwirklichen und das Bestmögliche zu leisten. Sie bringen zum Ausdruck, wer sie wirklich sind, und verfolgen Ziele, in denen sie einen Sinn finden. Sie denken sorgfältig über ihre Richtung und ihre Werte nach; bei jeder größeren Entscheidung wägen sie ab, was ihnen am meisten Lebendigkeit und Erfüllung schenken wird. Aus der unendlichen Vielfalt der Möglichkeiten wählen sie jeweils den

Kurs aus, der ihrer Natur entspricht und im Einklang steht mit ihrem Wunsch, frei zu sein und zu dienen. Mit großer Entschlossenheit mobilisieren sie ihre großmütigsten Charaktereigenschaften und bezwingen ihre niederen Triebe. In den Augen der breiten Masse scheinen sie Glück zu haben, die Auserwählten zu sein. Doch tatsächlich ist es so, dass sie sich dazu entschlossen haben, *Entscheidungen zu treffen, zu wählen.*

Motivierte Menschen haben nicht einfach Glück. Sie sind *gewissenhaft.* Sie haben die Entscheidung getroffen, ihren Geist auf sinnvollere Art zu nutzen, um ihrem Leben Schwung zu geben und etwas draus zu machen. Und deshalb ist es oft so, dass sie mehr erreichen und mehr Respekt ernten. Die umsichtige Frau, die frei über ihren Geist und ihre Gefühle bestimmt, hat extrem viel Macht und steht überall in hohem Ansehen. Während der Mann, der keine Kontrolle über sein Denken hat, in den Strudel überraschender und oftmals unerwünschter Gedanken und Impulse gerät. Er gilt als unreif oder unzuverlässig, Angst überschwemmt sein Unbewusstes, und er leidet unweigerlich unter Selbstzweifeln oder gesellschaftlicher Missachtung.

Wenn uns klar wird, dass wir unsere Gedanken und Emotionen wählen können, dann begreifen wir endlich, weshalb es falsch ist zu sagen: »Ich fühle mich nicht glücklich«, oder: »Ich bin traurig, und es gibt nichts, was ich dagegen tun kann.« Da wir in gewisser Weise darüber bestimmen können, wie wir uns jeweils fühlen, müssten wir eher sagen: »Momentan nutze ich meinen Geist nicht so, dass ich mich glücklich fühle«, »Ich habe mich jetzt eine Zeitlang willentlich mit traurigen Dingen beschäftigt, und das hat dazu geführt, dass ich mich traurig fühle« oder »Ich lasse gerade zu, dass meine unbewussten Impulse mich steuern, statt dass ich mein Bewusstsein dahingehend nutze, positiv gestimmt zu sein und auf meine ideale Wirklichkeit hinzuwirken«.

Es ist nicht so, dass man sich mit einem Schlag »motiviert fühlt«, genauso wenig, wie man sich ganz plötzlich und ohne Grund glücklich fühlt. Glück ist eine Folge des Denkens, nicht eines Impulses. Unser Geist ist es, der bestimmt, dass das, was wir im Moment (oder im Leben allgemein) erleben, angenehm, positiv und willkommen ist. Anhaltendes Glücksempfinden ist ein ausgedehntes geistiges Hoch, das von positiven Erinnerungen und Entscheidungen herrührt, nicht von einer vorübergehenden körperlichen Annehmlichkeit.

Mündige Erwachsene erkennen, dass Motivation nicht etwas Zufälliges ist; sie ist *weniger ein Gefühl* als vielmehr eine bewusste Verpflichtung gegenüber einer Antriebskraft, die Entscheidung, auf *einen tief verankerten Grund hin zu handeln*. Es ist eine Energie, die durch das Denken hervorgebracht wird. Wir sind motiviert, weil wir uns dazu entscheiden, nicht weil auf unserer Straßenseite zufälligerweise die Sonne scheint. *Wenn wir uns also in unserem Leben mehr Motivation wünschen, müssen wir klarere Entscheidungen treffen und uns mehr an sie halten.*

Ist es tatsächlich so einfach? Müssen wir wirklich bloß klare Entscheidungen treffen und alles tun, um sie umzusetzen, und dann fühlen wir uns motiviert? Ja, in gewisser Weise schon. Aber wahre Meisterschaft liegt darin, die Feinheiten zu verstehen. Es gibt ein bestimmtes Vorgehen, an das wir uns halten können, um auf bewusstere Weise Motivation zu aktivieren und zu steigern. Wenn wir dieses

Vorgehen beherrschen, erlangen wir die geistige und emotionale Fähigkeit, Motivation wachzurufen – und zwar soviel wir wollen, solange wir wollen und wann immer wir wollen.

Den Funken der Motivation zünden

Psychologisch betrachtet wird Motivation durch jene Energie entfacht, die eine Folge von *Ehrgeiz* und *Erwartung* ist. Ehrgeiz ist die *Entscheidung*, in unserem Leben etwas *Größeres* zu sein, zu haben, zu tun oder zu erleben. Sobald wir für uns selbst etwas Größeres anstreben, ist unsere Motivation entfacht. Wollen wir einen besseren Job? Ein schöneres Zuhause? Eine glücklichere Ehe? Einen attraktiveren Körper? Ein besseres Leben? Aus derlei Wünschen entwickelt sich unsere Energie. Je größer der Wunsch, desto größer ist das anfängliche Gefühl von Motivation in uns.

Also müssen wir in uns gehen und uns fragen: »Was wünsche ich mir wirklich? Welches neue Ziel würde mir etwas bedeuten? Was fände ich spannend zu lernen oder an andere weiterzugeben? Gibt es ein großes Abenteuer, von dem ich träume? Welches große Unterfangen oder welchen Dienst würde ich als befriedigend empfinden, sodass ich jeden Tag aus dem Bett springe?« Solche Fragen sind es, die unseren Ehrgeiz und unsere Motivation anstacheln.

Es ist ganz einfach: *Indem wir intensiv über unsere höheren Ziele nachdenken, entwickeln wir in uns die Energie, um diese Ziele zu verfolgen.*

Doch da ist noch mehr. Viele Menschen wünschen sich irgendeine Verbesserung – ihr Ehrgeiz ist also intakt –, aber sie sind dennoch nicht motiviert. Warum? Weil sie trotz ihrer Hoffnung auf eine Verbesserung nicht wirklich *daran glauben, dass das möglich ist* oder dass *sie selbst* dafür sorgen können. Ihnen fehlt die *Erwartung* – die Entscheidung, daran zu glauben, dass ihre Träume in Erfüllung gehen und dass sie selbst dies bewirken können. Stellen Sie sich eine aufstrebende Schauspielerin vor, die nie zum Vorsprechen geht – sie möchte gern Schauspielerin sein, glaubt aber nicht, dass sie dazu die Fähigkeit hat. Oder nehmen wir einen Möchtegernunternehmer, der ein Geschäft gründen will, aber seinen alten Job nicht aufgibt, weil er nicht daran glaubt, dass er es allein schaffen könnte. Solche Menschen müssen eine harte Lebenswahrheit lernen: Wollen ohne Glauben an sich selbst führt letzten Endes zu nichts.

Wenn wir keine Motivation verspüren, *erwarten* wir nicht wirklich, dass wir unser Ziel erreichen werden. Und wenn wir nicht daran glauben, wissen wir, dass es uns nicht gelingen wird; deshalb versuchen wir es noch nicht einmal. *Somit ist Erwartung das, was den Unterschied zwischen bloßer Hoffnung und Motivation ausmacht.* Wenn wir merken, dass wir Hoffnung, aber keine Motivation haben, müssen wir bloß etwas mehr Vertrauen aufbringen und beispielsweise sagen: »Ich erwarte, dass es eintreten wird, egal, was passiert, denn ich glaube daran, dass ich weiterlerne und wachse und so Schritt für Schritt dafür sorge, dass es gelingt. Meine Träume werde ich mit der Zeit verwirklichen, denn ich vertraue auf meine Fähigkeit, zu lernen, zu arbeiten, um Hilfe zu bitten und dranzubleiben.«

Bei einer solchen Erwartungshaltung bildet unser Geist allmählich die Überzeugungen und Verhaltensweisen aus, die wir benötigen, um unser Ziel zu verwirklichen. Konzentrieren wir uns also darauf, uns vorzustellen, wie unsere

Träume real werden. Schaffen wir geistige Bilder, in denen wir dafür sorgen, dass das Gewünschte geschieht. Setzen wir uns hin und überlegen wir, was zu mehr Freude und Erfüllung in unserem Leben führen würde. Das ist nicht nur eine Visualisierung. Es ist auch eine Internalisierung – ein Prozess, bei dem wir eine Erwartungshaltung tief in unserer Psyche und der Struktur unseres Seins verankern. Es ist der Prozess, durch den wir unsere eigene Motivation entfachen.

Nehmen Sie zum Beispiel einen Mann, der bei einem Triathlon mitmachen will. Er weiß, dass er sicher keinen Erfolg haben wird, wenn er bloß denkt: »Ich hoffe, eines Tages so gut in Form zu sein, dass ich möglicherweise einen Triathlon bewältige.« Stattdessen findet er heraus, warum er diese Ambitionen hat, und sagt sich, dass er im Wettkampf alles geben und Erfolg haben wird. Er sieht sich selbst im Wasser, auf dem Fahrrad, beim Laufen und wie er die Ziellinie überquert. Er bietet all seine Motivation auf und beschließt, anzufangen, zu trainieren, es zu schaffen – weil er glaubt, dass er *muss* und dass er *kann*.

Wenn also jemand zu uns sagt: »Ich wünschte, ich wäre motivierter«, antworten wir: »Hoffe nicht einfach auf Motivation; sondern such dir ein Ziel aus, für das du Motivation brauchst. Fang an zu träumen und vertrau darauf, dass dein Traum wahr wird, und schon bald wirst du vor Begeisterung bersten.«

Wie wir die Motivation aufrechterhalten

Ehrgeiz und Erwartung stehen am Anfang des Prozesses. Sie sind die *Zündfunken* der Motivation. Leider versäumen es viele Menschen, sich auf ihren Traum zu konzentrieren und so ihre Motivation weiter anzufachen. Der Triathlet muss mehr tun, als lediglich hin und wieder an seinen Traum zu glauben. Er muss weiterhin Entscheidungen treffen, die sein Verlangen *aufrechterhalten*. Er muss Trainingszeiten festlegen. Er muss sich einen Trainer besorgen. Er muss laufen und schwitzen und um sein Weiterkommen kämpfen. Und er muss all das wieder und wieder tun.

Die Entscheidungen, welche die Motivation aufrechterhalten, betreffen somit *Aufmerksamkeit* und *Anstrengung*.

Motivation fühlt sich nur für diejenigen unbeständig an, die nicht ihre Ziele fokussieren. Ein ungerichteter Geist kennt kaum einen anderen Antrieb als die grundlegendsten menschlichen Impulse, und anhaltende Motivation zählt *nicht* dazu. Wir müssen uns neu fokussieren. Wir müssen uns konsequent auf unsere Projekte konzentrieren, mit anderen Worten: Wir müssen ihnen geistige Aufmerksamkeit widmen. Das sorgt für Elan und aktiviert unsere Energie. Manchmal reichen dafür ganz einfache Dinge: Wir können beispielsweise jeden Tag kurz einen Blick auf unsere Ziele werfen, im Tagebuch unsere Wünsche notieren oder uns regelmäßig einen kleinen Moment Zeit nehmen, um uns bildhaft vorzustellen, was wir wollen, und dann unsere nächsten Schritte planen.

Das ist der Punkt, an dem die meisten Menschen scheitern. All die vielen Ablenkungen im Laufe eines Tages rauben ihnen den geistigen Fokus und damit auch ihre Motivation. Für viele liegt das Problem nicht darin, dass sie von Natur aus »unmotiviert«, sondern einfach *abgelenkt* sind; ihre Gedanken schweifen zu sehr umher, als dass sie die Motivation aufrechterhalten könnten. Vielleicht bekommen wir nur deshalb von der Welt nicht das, was wir uns wünschen, weil unser Mangel an Konzentration und Entschiedenheit offenlässt, worum wir eigentlich bitten.

Wir dürfen unsere Träume nicht einfach verkümmern lassen, nur weil wir mit den langweiligen Erfordernissen unseres Umfelds oder falschen Notfällen beschäftigt sind und unterdessen das, was uns wichtig ist, aus den Augen verlieren. Wir dürfen unseren Blick nicht von unseren eigenen Zielen abwenden, während wir banale alltägliche Aufgaben erledigen oder auf »den richtigen Moment« warten, um mit dem anzufangen, was wir eigentlich tun wollen. Wenn wir zulassen, dass unsere Aufmerksamkeit von unseren Träumen abschweift und in die unendlichen Weiten der Unaufmerksamkeit abdriftet, zieht das auch unsere Motivation in Mitleidenschaft.

Deshalb wollen wir uns voll auf unsere Motive konzentrieren. Behalten wir unsere große Vision im Blick, dabei werden im Laufe jedes Tages immer wieder farbenfrohe Träume durch unseren Geist huschen.

Einige befürchten vielleicht, dass wir uns auf etwas fixieren. Das tun wir tatsächlich. Wir konzentrieren all unsere Gedanken auf ein großartiges Ziel und richten – vielleicht zum ersten Mal überhaupt – unsere gesamte Aufmerksamkeit und unseren Eifer auf etwas, was uns wirklich *wichtig* ist. Vor einer Fixierung, die darauf zielt, ein großartiges und freies Leben zu führen, brauchen wir keine Angst zu haben. Ohne eine solche willentliche Aufmerksamkeit würde unsere Motivation zu einer halbherzigen Hoffnung verkümmern, zu flirrenden Regungen des Herzens, die nicht lange währen.

Es geht um folgende offensichtliche »Gleichung«, um jenes ultimative Geheimnis: *Je intensiver und ausdauernder ich mich auf meine Ziele und Leidenschaften konzentriere, desto motivierter bin ich.*

Aber wir können uns nicht allein durch *Denken* den Weg zu anhaltender Motivation bahnen; wir müssen darauf *hinarbeiten*. Wir müssen uns *wirklich anstrengen*, um unsere Ziele zu erreichen. Wir können nicht das anziehen oder haben, worauf wir nicht selbst *zugehen*. Stimmt es nicht, dass wir schnell erkennen, wie stark jemand tatsächlich motiviert ist, indem wir schauen, wie konstant er auf seinen Traum hingearbeitet hat? Je weniger anhaltend sich jemand bemüht, desto offensichtlicher ist es, dass es ihm an Motivation mangelt. Die Ironie liegt darin, dass er *motivierter* wäre, wenn er sich mehr *anstrengte*. Es ist unmöglich, die Energie für oder die Hingabe an eine Sache dauerhaft aufrechtzuerhalten, wenn wir nie den ersten Schritt getan haben. Der Triathlet muss ehrgeizig sein, aber er muss auch anfangen zu *trainieren*. Er muss sich zu dem Wettkampf anmelden, seine Laufstrecken allmählich steigern, intensiver trainieren, aus seiner Komfortzone herauskommen, kurz: Er muss auf seinen Traum, die Ziellinie zu überqueren, *hinarbeiten*. All diese Bemühungen halten seine Motivation aufrecht und steigern sie noch. Die Führungskraft kann den Ehrgeiz haben, ihr Unternehmen wachsen zu lassen. Aber sie muss ebenfalls dafür aktiv werden, neue Ziele verfolgen, neue Marketingkampagnen entwerfen, neue Partnerschaften eingehen, die Arbeitsabläufe optimieren …

Wenn die Motivation dahin ist, liegt es nicht daran, dass unsere Träume gestorben sind. Der Grund ist vielmehr, dass wir nie angefangen haben, uns wirklich *reinzuhängen; oder wir haben uns nicht lange genug angestrengt.* Wenn wir die Dinge nicht von uns aus vorantreiben, erleben wir nie, wie gut es sich anfühlt, Fortschritte zu machen; bald schwindet dann die Energie und, dies lässt sich geradezu vorhersehen, wir geben auf.

Wir vergessen oft, dass wir uns erst dann wirklich lebendig fühlen, wenn wir uns für ein sinnvolles Unterfangen so richtig abrackern. Nichts facht die Flamme der Motivation so sehr an wie harte Arbeit und der daraus resultierende Elan und die Erfüllung. Wenn wir an unseren Zielen dranbleiben und unser weiterhin anstrengen, *obwohl* wir erschöpft oder abgelenkt sind und alles mühselig ist, *dann* erweisen wir uns als wirklich motiviert.

Unser Leben und Wirken hängen von unserer Fähigkeit ab, weiterzumarschieren und unseren Willen über lange Strecken hochzuhalten. Wenn wir einen Schritt in Richtung unserer Träume tun, der uns schwerfällt, folgt daraus oft der Wunsch, ihm einen weiteren folgen zu lassen. So ist klar, wie unsere Antwort lautet, wenn andere Leute fragen: »Worin besteht das größte Geheimnis eines lebenslangen Motiviertseins?« *Weitermachen – was auch immer geschehen mag.*

Es ist schmerzhaft festzustellen, dass wir uns bei all unseren Bemühungen um mehr Motivation einfach stärker auf unsere Ziele hätten konzentrieren müssen. Wir würden lieber glauben, dass in jenen wilden Zeiten, als wir herumgewirbelt sind und alles gegeben haben, das Glück oder eine äußere Macht ihre Hand im Spiel hatte. Wir möchten nur zu gern dem Irrglauben anhängen, dass wir aufgrund äußerer Faktoren besonders motiviert waren: Wir standen mit dem Rücken zur Wand, unser Vater war gestorben, unsere Ehefrau brauchte uns, alle Möglichkeiten waren da, Gott berührte uns, das Baby musste gefüttert werden.

Aber die nackte Wahrheit lautet, dass es nur deshalb solch hochmotivierte Zeiten gab, weil wir dazu *bereit* waren und häufiger an unserem Fortkommen *arbeiteten*. Wir waren aufmerksam. Wir haben uns angestrengt. Das passierte täglich, fortwährend, unauslöschlich. Und wir haben uns frei dafür entschieden – wir *beschlossen*, einer Sache, die für uns von Bedeutung war, mehr Aufmerksamkeit und Energie zu schenken. Und da war noch mehr. *Entscheidungen* energetisierten uns; *das* war unsere Rettung, nicht die Gunst irgendwelcher sich verändernder Umstände oder die schiere Notwendigkeit oder gar göttliche Berufung – denn wie viele Menschen haben einen entsprechenden Ruf schon gehört und beschlossen, nicht zu reagieren? Nur wenn wir uns entscheiden, auf die Umstände oder Not oder Gott auf unsere Weise zu reagieren, als freie und antriebsstarke Menschen, treten wir aus dem Dunkeln hervor.

Um es nochmals ganz deutlich zu sagen: Größe wird denen zuteil, die die Fähigkeit erlangt haben, sich unermüdlich auf ihre Ziele zu konzentrieren und entschieden auf sie hinzuarbeiten.

Wie wir unsere Motivation steigern

Wir haben unsere Motivation geweckt und halten sie aufrecht. Nun wollen wir sie mehren und in jeder Faser unseres Seins verankern, mit jedem Aspekt unseres Lebens verschmelzen. Zwei Dinge, die wir beeinflussen können, heben unsere Motivation auf ein anderes Niveau: unsere *Einstellung* und die *Umgebung*.

Die Einstellung ist wichtig. Freie, motivierte Menschen sind *positiv* und *voller Begeisterung* für ihre Ziele und ihr

Leben. Ihnen stehen Millionen von Menschen gegenüber, die im Treibsand des Pessimismus versinken, die angesichts ihrer alltäglichen Erfahrungen verächtlich die Zähne zusammenbeißen. Wut, Hass und Angst in allen Varianten befeuern das Denken der Massen. Warum ist das so? Gibt es einen plötzlichen Grund, weshalb man dem Leben mit tiefem Pessimismus begegnen sollte? Keineswegs. Hier geht es um das Scheitern, die eigene Einstellung bewusst zu *wählen*. Die meisten Menschen denken kaum über ihre Gemütslage nach oder darüber, mit welcher Art von Energie sie der Welt entgegentreten oder sich engagieren. Diesen Mangel an Aufmerksamkeit hinsichtlich der Weise ihres Denkens, Verhaltens und Dienens – *ihre unbewusste Art* – bringt sie um ihre Träume und ihr Vermächtnis. Denken Sie einmal an die Menschen, die Großes vollbracht haben. Sind sie mürrisch oder verbittert? Negativ oder wütend? Nein. Gab es je einen Menschen, der wirklich Großes geleistet und Erfüllung gefunden hat und eine negative Gesamteinstellung hatte?

Motivation bringt die Seele eines Menschen erst dann wirklich zum Leuchten, wenn er aufgeschlossen ist und sich für das Leben begeistern kann. Eine offene und positive Einstellung gegenüber der Welt zieht andere Menschen an, schenkt uns Freude und kann die höchsten Energien des Universums »channeln«. Deshalb wollen wir immer und überall gewahr sein, dass wir die Wahl haben, wie wir auftreten, wie wir uns fühlen und in welchem Verhältnis wir zur Welt stehen. Wir müssen ein Spiel daraus machen, schwierigen Situationen mit einem Lächeln, mit gutmütigen Absichten, Humor und einer fröhlichen Stimme zu begegnen, die das trostlose Gemurmel der ziellosen Menge übertönt. Eine positive Einstellung beizubehalten, insbesondere wenn die Welt sich verschworen zu haben scheint, um uns in den Wahnsinn zu treiben, zählt zu den großen Leistungen im Leben.

Abgesehen von unserem Willen an sich liegt eine weitere Möglichkeit, um vernünftig und positiv eingestellt zu bleiben, darin, uns mit Menschen zu umgeben, die vernünftig und positiv eingestellt sind. *Weniges trägt so sehr zu einer nachhaltigen Steigerung unserer Motivation bei wie ein positives soziales Umfeld.* Mit wem wir Umgang haben, beeinflusst unsere Einstellung und damit auch unsere Motivation.

Leider lassen die meisten Menschen zu, dass das gesellschaftliche Umfeld, mit dem sie sich zufriedengeben, ihre Motivation dämpft. Es ist schwer, wenn auch nicht unmöglich, hochmotiviert zu sein, wenn man von Pessimisten und Kleingeistern umgeben ist oder mit dem Stress und dem Chaos zurechtkommen muss, das Drama-Queens und gedankenlose Menschen verbreiten. Es gibt Ausnahmen, die den ganzen Tag auf der Couch liegen, im Internet surfen, mit angetrunkenen Freunden feiern und irgendwann per Zufall auf den Schlüssel zu Erfolg und Glück stoßen. Doch die Frau, deren Freund sie immerzu herabsetzt, wird selten motiviert sein, ihr bestes Ich an den Tag zu legen, und der Mann, der einen stumpfsinnigen Job, einen gemeinen Chef und abgestumpfte Kollegen hat, spürt selten den Impuls, etwas Großartiges zu leisten.

Wir sollten uns ein für alle Mal von solchen Zeitgenossen mit negativer Einstellung distanzieren, denn ihre Energie ist infektiös und zerstörerisch. Wir sollten uns in Erinnerung rufen, dass unsere persönliche Freiheit auf dem Spiel steht, deshalb darf unser soziales Umfeld uns nicht am Selbstausdruck hindern oder daran, Aufgaben nachzugehen, die für uns eine Bedeutung haben. *Um der Motivation willen müssen wir wachsam sein und uns mit authentischen Menschen guten Willens umgeben, die mit einer positiven Einstellung erstrebenswerte Ziele verfolgen.*

Auch wollen wir mehr Disziplin an den Tag legen, wenn es darum geht, unsere Umgebung zu gestalten, um unseren Gefühlen mehr Raum zu geben. Wir sollten uns an den Orten, an denen wir viel Zeit verbringen, *richtig wohlfühlen*, und wenn das nicht der Fall ist, sollten wir umgehend ein paar Veränderungen vornehmen. Nach Hause zu kommen sollte uns friedlich stimmen und uns die Möglichkeit geben, uns zu erholen. Es sollte viel Licht geben und einen Platz, an dem wir ungestört sind, sodass wir überlegen, nachdenken, Pläne schmieden und künstlerisch tätig sein können. Unser Arbeitsplatz sollte uns inspirieren. Und wir sollten eine Liste mit anderen engagierten Leuten zur Hand haben, die wir anrufen können, wenn wir neue Inspirationen brauchen. Wenn das nicht der Fall ist, müssen wir wiederum sofort etwas unternehmen, damit wir solche Kontakte knüpfen und pflegen. Wenn wir weder einen Ort zum Leben und Arbeiten haben, der uns guttut, noch eine Gruppe von Gleichgesinnten, dann wollen wir es uns zur Aufgabe machen, genau dies in unserem Leben zu manifestieren. Unser Umfeld spielt eine wichtige Rolle, deshalb wollen wir es so gestalten, dass es uns auf die nächste Stufe der Motivation und Freude hebt.

Raus aus der Opferrolle!

Mit diesem neuen Blick auf unsere Motivation lassen wir die Opferrolle hinter uns und bewegen uns geradewegs in Richtung Freiheit. Wir sind nun in der Lage, zu jeder Zeit Motivation zu schöpfen, und können anderen sagen, wie es funktioniert:

> *Wählen Sie ein Ziel und erwarten Sie mit aller Macht, dass dieses Ziel realistisch ist und dass Sie es erreichen können. Richten Sie Ihre Aufmerksamkeit und Ihre Bemühungen kontinuierlich auf Ihre Träume, dann wird Ihre Motivation von allein fortbestehen. Legen Sie eine positive Einstellung an den Tag, während Sie nach Großem streben, und achten Sie darauf, dass Sie sich ein unterstützendes Umfeld schaffen, das Ihre Motivation noch verstärkt.*

Durch diese Vorgehensweise wandelt sich der Umgang mit unserer Motivation und wird von einem zufälligen Glücksgefühl zu einer *bewussten Entscheidung*. Mit der Zeit führen diese Entscheidungen dazu, dass wir das Gefühl bekommen, unser Leben im Griff zu haben, dass wir in der Lage sind, unnötige Ablenkungen beiseitezuschieben, und es uns besser gelingt, die Höhen und Tiefen des Lebens zu meistern. Ohne ein solches Vorgehen fallen wir unseren Impulsen anheim und werden träge und ängstlich. Wir werden eine leichte Beute für andere Menschen oder irgendwelche Umstände, weil wir uns nicht dazu aufraffen können, achtsam zu sein und aus destruktiven Situationen auszubrechen. Bald schon sind wir willenlose Opfer, und nichts ist für die Dynamik einer Seele so tödlich wie die Opferrolle.

Deshalb wollen wir unseren ziellosen und unmotivierten Mitmenschen Folgendes mitgeben:

Sie sagen: »Ich warte darauf, dass ich von jemandem oder etwas motiviert werde.«

Wir sagen: »Motivation lässt sich nur aus dem Inneren heraus entwickeln.«

Sie sagen: »Ich fühle mich nicht motiviert. Ich bin eben ein Mensch ohne Antrieb.«

Wir sagen: »Motivation ist weder ein körperlicher Impuls noch ein Charakterzug; sie ist eine Frage der Intention und des Willens eines freien, bewussten Geistes.«

Sie sagen: »Ich werde motivierter sein und mehr arbeiten, wenn mein Job besser bezahlt wird, wenn ich selbstständiger arbeiten kann oder Verantwortung bekomme.«

Wir sagen: »Weil Sie sich bislang nicht für Motivation entschieden haben, haben Sie momentan nicht mehr Gehalt, Autonomie oder Verantwortung. Anstrengung führt zu Motivation, Motivation führt zu Belohnung.«

Sie sagen: »Die Menschen um mich herum machen immer wieder meine Motivation zunichte.«

Wir sagen: »Zum einen haben Sie sich selbst die Leute in Ihrem Umfeld ausgesucht. Davon abgesehen hängt Motivation allein von Ihrem Willen und Wollen ab – sie ist unvergänglich und kann von anderen weder erteilt noch verringert oder zunichtegemacht werden.

Sie existiert in Ihrem Inneren, weil Sie das wollen. Jeden Tag hängt es von Ihnen ab, inwieweit Motivation entsteht, anhält und abstirbt.«

Sie sagen: »Ich habe nun mal keine besonderen Erlebnisse in meinem Leben gehabt, einen Glücksfall oder irgendein herausragendes Ereignis, die mich motivierten und durch die ich meine Bestimmung gefunden hätte.«

Wir sagen: »Unsere Bestimmung kommt nicht über uns wie ein glücklicher Blitzschlag der Inspiration. Motivation und Bestimmung sind eine Frage der Entscheidung. Das Einzige, was man braucht, um Motivation zu schöpfen, ist die Entscheidung, die eigenen Ziele und Erwartungen höherzuschrauben – und dann muss man sich hinsetzen, überlegen, was man sich wünscht, und fest daran glauben, dass man es bekommen kann. Um Motivation aufrechtzuerhalten, muss man ständig aufmerksam sein und sich Mühe geben.«

Sie sagen: »Manchmal bin ich einfach träge.«

Wir sagen: »Dann beschließen Sie, etwas anderes zu empfinden. Faulheit ist etwas, für das wir uns entschieden haben, genau wie wir uns für jede andere Einstellung entscheiden können. Machen Sie sich bewusst, dass das Leben kurz ist. Wenn Sie sich immer wieder für die Faulheit entscheiden, führt das zu einem triebgesteuerten Leben voller Reue. Nur wenn Sie beschließen, mehr Energie zu schöpfen, werden Sie irgendwann in die Welt hinausgehen, sich selbst entdecken, wachsen, Ihre Träume verwirklichen und frei und großartig werden.«

Das große, glorreiche Leben

Achtsam sein, das gesamte Spektrum unserer geistigen Fähigkeiten ausschöpfen und selbst über unseren Geist und unsere Antriebskräfte bestimmen – *dadurch* erlangen wir persönliche Stärke. Wir wollen dies nie vernachlässigen, und wir wollen jeden Tag unseres Lebens erfolgreich um Motivation ringen. Es lohnt sich wirklich, dem unsere Aufmerksamkeit zu schenken, denn in den Abermillionen kleinen Entscheidungen, die wir in unserem Leben fortwährend treffen, erschaffen wir unser Schicksal. Auf der einen Seite steht dabei ein motivierter Geist, der unsere Entscheidungen in Richtung persönliche Freiheit lenkt, oder aber es regieren die landläufigen unreflektierten Impulse, die eher der Angst zuneigen. Mit anderen Worten: Entweder gewinnt die Angst oder die Freiheit.

Das Leben wird größer und glorreicher, sobald unsere Motivation entfacht ist. So wollen wir in unserer Seele ein anspruchsvolles Feuer entzünden. Wir wollen diese Energie durch intensive Aufmerksamkeit, unablässigen Einsatz und eine positive Einstellung schüren. Wir wollen unser gesellschaftliches Umfeld und unsere Umgebung sorgfältig gestalten. Wenn wir gewissenhaft sind und Erfolg haben, wird sich unsere Lebenskraft um ein Vielfaches erhöhen, unser Leben wird an Größe gewinnen, so als bräche ein göttliches Licht durch und signalisierte der Welt und dem Schicksal, dass wir hier sind, dass unsere Zeit angebrochen ist, dass wir *bereit* sind.

Teil zwei

DIE NEUN VERSPRECHEN

Erstes Versprechen

WIR WOLLEN DAS LEBEN VOLLER PRÄSENZ UND ENERGIE ANGEHEN

Unser wahres Zuhause
ist der gegenwärtige Augenblick.

Thich Nhat Hanh

Ein Leiden raubt den Menschen überall auf der Welt die Freude und vergiftet das, was eigentlich die göttlich inspirierte Erfahrung von Freiheit sein sollte. Es ist der quälende Mangel an Präsenz im gegenwärtigen Augenblick.

Zu viele haben sich aus ihrem Körper und ihrem Leben ausgeklinkt. Sie haben keinen Sinn für die Energie und die Umstände ringsumher und verstehen nicht, dass sie eine Verantwortung gegenüber diesen Dingen in genau diesem Moment haben. Sie empfinden wenig Achtung oder Ehrfurcht vor all den Wohltaten in ihrem Umfeld und benehmen sich, als wären sie lieber woanders, als lebten sie im Geiste in einer fernen Zeitzone, als wären sie den Segnungen der Gegenwart Stunden hinterher oder voraus. So wirkt ihre Lebenskraft distanziert und verschwendet, ihr Leben ungeklärt und ungelebt, ihre Seele endlos weit weg.

Die Mehrheit der Menschen scheint sich in den Abgründen der Unbewusstheit zu verlieren. Die leeren, glasigen

Augen so vieler verraten es: in Finsternis gefangene Gemüter, ein Hinterland von Ablenkung und Gedankenlosigkeit. Sie schlafen nicht, sind aber auch nicht wach, bewusst, entschlossen. Kaffee putscht sie auf, aber ohne achtsames Gewahrsein haben sie kein echtes Energiezentrum, keinen Boden unter den Füßen, kein lebhaftes Gespür für das Jetzt.

Das Leben ist aber nicht als eine lange Kette ungefühlter und ungerichteter Erfahrungen gedacht. Wir sind nicht geschaffen, um als Zombies oder Sklaven herumzulaufen, als unbewusste Wesen, deren Stumpfsinn den Kontakt zur Gegenwart verhindert und die ein geist- und kraftloses Leben führen. Unsere Bestimmung ist es nicht, unaufmerksam gegenüber denen zu sein, die wir lieben, oder unsere grundlegenden Pflichten oder Träume in unserem Herzen zu vernachlässigen.

Falls wir frei und voller Lebendigkeit und Kraft sein möchten, müssen wir unser bewusstes Denken geballt auf die gegenwärtige Erfahrung lenken. Wir müssen uns dazu entschließen, wieder etwas zu *fühlen.* Wir müssen dieses Leben *spüren.*

Denken wir daran, dass wir *zu allem, was wir am Leben lieben, nur im Jetzt Zugang haben.* Alles, wonach wir suchen, ist hier direkt vor unserer Nase und bietet sich uns in diesem Augenblick dar. All die wirklichen Reichtümer – Liebe, Leidenschaft, Freude, Zufriedenheit und Harmonie – stehen jetzt auf der Menükarte unseres Geistes, und wir können sie kosten, falls wir aufwachen und sie bestellen. Auch alles, was wir werden wollen, ist bereits hier; wir können wählen, welche Rolle wir spielen möchten und wie wir die Lebensenergie in jedem Moment nutzen wollen. Wenn wir lernen, unsere Aufmerksamkeit und Kraft bei allem, was wir tun, sinnvoll handzuhaben, dann verschwindet die Unzufriedenheit, und lebenswichtige Energie kehrt zurück. Wir empfinden dann ein Gefühl der Lebendigkeit, das den meisten Männern und Frauen dieser Welt vollkommen unbekannt ist. Deshalb versprechen wir: *Wir wollen das Leben voller Präsenz und Energie angehen.*

Das halb gelebte Leben

Ein Großteil unseres Lebens entzieht sich unserer Wahrnehmung. Wir verpassen die Sonnenauf- und -untergänge. Wir spüren stunden- oder gar tagelang nicht wirklich, wie wir uns fühlen. Wir haben nicht mitbekommen, wie ein freundlicher Mensch dem älteren Herrn über die Straße geholfen hat. Uns ist das Lächeln unseres Partners entgangen. Wir haben nicht gemerkt, wie verzweifelt unsere Kollegin ist, weil wir nie innegehalten haben, um sie direkt anzuschauen oder zu fragen, wie es ihr geht. Immerzu in geschlossenen Räumen und hinter irgendwelchen Maschinen, ist das Jahr einfach so an uns vorbeigezogen – der Winter kam und ging, und wir haben nicht im Schnee gespielt, der Frühling erblühte, und wir haben die Blumen übersehen, Sommer und Herbst gingen so schnell vorbei, dass wir uns noch nicht einmal an die Laubfärbung erinnern können oder uns über die Zeit freuen, die wir an der frischen Luft verbracht haben.

Jeder Tag birgt Abermillionen himmlische Wunder, menschliche Freundlichkeit und wunderschöne Anblicke. Aber wir sind viel zu ausgeklinkt oder zu sehr damit beschäftigt, über gestern oder morgen nachzudenken, um den Zauber auch nur zu bemerken.

Wenn wir abgestumpft oder geistesabwesend sind, ereilt uns das gleiche Schicksal und Elend wie diejenigen, die sich für ein halbinteressiertes, halbaktives Leben entschieden haben. Und das darf nicht sein! Wir dürfen gegenüber den wichtigen Momenten und Situationen unseres Lebens nicht blind sein. Da ist noch mehr für uns drin – mehr Dynamik, mehr Schönheit, mehr Sinn.

Mit der Erleuchtung geht die Erkenntnis einher, dass der natürliche Feind des Lebens nicht ein ferner Tod ist, sondern die Distanzierung vom Leben.

Die Wirklichkeit ist nur hier und jetzt, und wir müssen lernen, uns ihr zu stellen, sie zu spüren und zu gestalten.

Die Gegenwart ist alles, was es gibt. Motivation, auch das Leben an sich, kann unabhängig vom Jetzt nicht erfahren werden. Bevor wir unser Bewusstsein ganz auf den Moment richteten, ließen wir uns von unseren Impulsen und müden Neigungen gängeln, wir hielten uns an unsere niedere Prägung, die eher in Richtung Bequemlichkeit und Angst tendiert als zu Wachstum und Freiheit. Von dieser Art Distanziertheit rührt alles her, was wir ablehnen: der kaum präsente Vater oder die Mutter, der halbherzige Liebhaber, der unkonzentrierte Student, der abwesende Anführer.

Es ist Zeit, wachsamer zu sein und sich mehr in der Welt zu engagieren. Während sich die nächsten Momente unseres Lebens entfalten, haben wir die Wahl. Wir können mehr darauf achten, wie wir uns fühlen, wie es anderen geht, und all die wunderbaren Dinge um uns herum wahrnehmen. Wir können andere voller Zuneigung mit unserer ganzen Aufmerksamkeit bedenken. Wir können unser Herz, unseren Geist und unsere Seele öffnen und hören, was das Universum uns zuflüstert. Wir können uns bewusst dafür entscheiden, im gegenwärtigen Augenblick da zu sein, offen und frei – *lebendig.*

Unser einziger Feind sind wir selbst. Wenn wir mehr Präsenz erlangen wollen, dann müssen wir uns abgewöhnen, fortwährend in der Vergangenheit oder in der Zukunft zu leben. Und wir werden stärker achtgeben müssen, für welche Rollen und Aufgaben wir uns als freie, bewusste und motivierte Menschen in jedem einzelnen Augenblick entscheiden können.

Der Zeit entrissen

Der Grund, weshalb es den meisten von uns an Lebensfreude mangelt, ist, dass wir unbewusst oder zwanghaft unseren Geist auf die Vergangenheit oder die Zukunft richten. Darunter leidet unser Leben im Jetzt. Man kann das Leben nicht einen Tag im Voraus oder einen Tag später erspüren. Wir müssen lernen, unsere eingefahrenen Muster des nostalgischen Zurücksehnens oder der absurden Zukunftsprojektionen aufzugeben, und mit unserem Leben wieder in der Gegenwart ansetzen.

Die Vergangenheit loslassen

Fangen wir mit dem Loslassen der Vergangenheit an. Es bringt ausgesprochen wenig, über gestern oder die Tage davor nachzudenken. Es sei denn, Sie erzählen anderen von den Freuden dieser Tage, oder überlegen, ob es eine Lehre gibt, die Sie daraus für die Gegenwart ziehen können. Ansonsten ist es am besten, die Vergangenheit ganz loszulassen. Alles andere beeinträchtigt unsere Freude und Freiheit in diesem Moment.

Das ist eine schwierige Aufgabe. Die meisten Menschen sind geradezu süchtig danach, sich unablässig mit ihrer Vergangenheit zu beschäftigen. Entweder sie wünschen, jene Zeit kehrte wieder, oder sie sehen dort die Ursache ihrer heutigen Frustration. Der Nachteil davon ist, dass sie nicht mehr spontan sein können – ihr Handeln rührt aus einem Selbstverständnis her, das nichts weiter als eine glorifizierte oder übertrieben negative Vorstellung ist. Spontaneität ist das Kennzeichen eines freien Menschen, und niemand, der in seinem Denken an der Vergangenheit klebt – egal, ob auf positive oder negative Weise –, kann im gegenwärtigen Moment wirklich frei sein.

Einige werden vielleicht entgegnen: »Aber mir *gefiel* das Gestern eben besser als das Heute. Ich beschäftige mich lieber mit der herrlichen Vergangenheit und denke daran, wie ich war, statt mich dem zu stellen, wer ich heute bin.« So spricht jemand, der sich von seiner persönlichen Stärke verabschiedet hat. *So jemand ist zu einem Haufen Erinnerungen auf zwei Beinen geworden, statt ein Mensch zu sein, der eigene Ziele verfolgt.* Sie haben einen schwachen Willen, keinerlei Ehrgeiz und verschwenden ihr Leben mit unablässigem Erinnern, was dazu führt, dass sie im realen Leben nicht vom Fleck kommen. Für sie wird das Dasein immer ein erinnerter Mythos bleiben – es sei denn, sie entdecken, dass der einzige Weg, der sie aus der Vergangenheit holen kann, genau der Tag ist, der vor ihnen liegt. Motivation und Glanz werden in ihr Leben zurückkehren, wenn sie die Disziplin aufbringen, ihre Aufmerksamkeit auf den gegenwärtigen Augenblick zu richten, indem sie heute authentisch und *aktiv* sind. Doch wenn eine solche Absicht und die entsprechende Aufmerksamkeit fehlen, wird wohl nur noch ein negatives Geschehen diese Menschen auf die rechte Spur bringen – vielleicht ereignet sich eine Katastrophe, oder eine Notlage tut sich auf, reißt sie aus der Vergangenheit und hilft ihnen, sich auf das Jetzt zu besinnen. Wir hoffen natürlich, dass ein solcher Weckruf nicht vonnöten ist, sondern sie von sich aus beschließen, sich wieder mit ihrem aktuellen Leben zu beschäftigen, allein deshalb, weil es sie glücklich macht und sie sich dann erneut lebendig fühlen.

Sofern wir uns der Vergangenheit zuwenden, um uns kurz an etwas Schönes zu erinnern, sollten wir uns merken, was genau uns damals glücklich gemacht hat. Wir werden feststellen, dass Glück sich infolge jener Momente einstellte, in denen wir extrem *achtsam* waren. Irgendetwas geschah, und wir bemerkten es mit Ehrfurcht oder Anerkennung – Schönheit, Überraschung, Vergnügen, Leidenschaft, Spaß, Liebe und Frieden, all das war da, vielleicht alles auf einmal, in nur wenigen herrlichen Augenblicken. Für einen Moment war die Welt ganz fokussiert. Unbedeutende Dinge traten in den Hintergrund, Bedeutsames wurde groß und zog unseren Blick auf sich. Es fühlte sich ganz echt und frisch an. Wir waren eins mit dem Moment. Wir wurden wach und fühlten uns mit etwas Positivem verbunden, und das ist der Grund, weshalb wir uns so gut an diesen Moment erinnern können.

Schöne Erinnerungen kann man feiern. Aber lassen Sie uns nicht vergessen, dass selbst im Falle großer Zufriedenheit eine positive Vergangenheit hinderlich sein kann, da sie uns möglicherweise von der Freiheit und den Aktivitäten abhält, die heute anstehen. Selbst wenn wir positive Assoziationen haben, sollten wir uns damit gedanklich nicht zu lange aufhalten, da dies dazu führen würde, dass wir eben die Dinge verpassen, die hier und jetzt für uns erreichbar sind. Was uns damals glücklich machte, war das Gewahrsein der Gegenwart. Das wollen wir nicht vergessen. Sondern wir wollen dieses Wissen praktisch auf unser Leben anwenden und voller Lebensfreude ins Jetzt zurückkehren.

Wieder andere sagen: »Ich *verabscheue* die Vergangenheit. Sie ist schuld an all den Problemen, die ich heute habe.« Sie vergeuden ihre Energie immer wieder damit, voller Ingrimm und Schuldzuweisungen zurückzublicken. Eigentlich würden sie lieber nicht an die Vergangenheit denken, und doch tun sie es, denn in ihrem Geist sind sie durch den Kitt des Ressentiments mit den damaligen Verhältnissen verbunden. Obwohl Zeit ins Land gegangen ist und die Welt sich verändert hat, sind sie immer noch verbittert über einen früheren Streit, ängstigen sich vor einer ehemaligen Bedrohung und fühlen sich als Opfer einer längst vergangenen Situation. Diese Menschen fallen in die Kategorien »Wutmensch«, »klagendes Opfer« oder »Philosoph mit Gewissensbissen«.

Es geschieht nur allzu leicht, dass wir so werden wie sie, denn unsere Vergangenheit hat uns so stark geprägt. Doch das dürfen wir nicht zulassen. Der Unrat und der Schlamassel von gestern haben im Jetzt nichts zu suchen, sondern gehören in den Mülleimer der Geschichte, in dem wir nicht herumzuwühlen brauchen. Wenn wir auf Verletzungen früherer Zeiten herumreiten, macht uns das mutlos, und wir verlieren den Kontakt zur Gegenwart.

Wenn frühere Nöte uns heute die Lebendigkeit rauben, müssen wir versuchen, eine andere Stufe der Bewusstheit zu erlangen. Einige werden sich damit im Rahmen einer

Therapie auseinandersetzen müssen. Für die meisten bedeutet es, dass sie ab sofort und konsequent ihre negativen Gedanken loslassen und sich stattdessen fragen: »Gibt es etwas in meinem Leben, worauf ich in diesem Moment meine Aufmerksamkeit richten kann, um ein wenig Frieden, Wertschätzung und Begeisterung zu empfinden? Welche Art von Mensch und welche Art von Erfahrung(en) möchte ich *jetzt* manifestieren?« Menschen, die zu solcher Geistesgegenwart fähig sind, steht ein geselliges, wirkliches und positives Leben offen.

Die Zukunft vergessen

Viele haben sich aus der Gegenwart regelrecht ausgeklinkt, weil sie ständig über die Zukunft nachdenken.

Einige hegen die geheime Sorge, die Zukunft werde schlimmer sein als die Gegenwart. Sie liegen nachts wach und grübeln über die Schwierigkeiten, die das Morgen bringen könnte. Ihre Ängste hinsichtlich der vor ihnen liegenden Zeit berauben sie der gegenwärtigen Wohltaten.

Andere hingegen sorgen sich, dass es künftig zwar nicht schlechter, aber auch nicht anders sein wird. Sie denken: »Warum ist mein Leben nicht etwas aufregender? Morgen wird einfach ein weiterer Tag sein, immer wieder der alte Trott.« Die traurige Wahrheit lautet, dass sie damit vollkommen recht haben, wenn sie nicht lernen, ihre gegenwärtigen Erlebnisse mit frischem Elan anzupacken.

Wieder andere sind Tagträumer, ihr Blick auf die Zukunft ist wiederum anders. Sie verlieren sich in schwärmerischen Überlegungen darüber, was die Zukunft ihnen bringen könnte. Oft sitzen sie an ihrem Schreibtisch, lassen ihre Gedanken in Zukunftsvisionen abschweifen, und erst ein

Telefonanruf oder ein Klopfen an der Tür holt sie zurück. Tragischerweise landen sie mit ihren Füßen selten im Jetzt. Sie greifen immer nach den Sternen, tun aber nichts hier auf Erden, um ihre Erlebnisse zu genießen oder mit dem Leben voranzukommen.

Eine Reise in die Zukunft ist ebenso wie die in die Vergangenheit an sich nicht verkehrt, wenn sie Freude macht oder lehrreich ist. Aber eine solche Reise muss kurz sein und darf nie vom unmittelbaren Erleben der Gegenwart ablenken. Schmieden Sie Pläne und träumen Sie, wenn es passt oder erforderlich ist, ja, aber lösen Sie sich nicht vom Zauber und den Aufgaben und den Menschen, die nahebei sind. *Man kann sich zeitweilig eine bessere Zukunft vorstellen, aber nur in der Gegenwart kann man eine bessere Zukunft erschaffen.*

Egal, wie es um ihre Erinnerungen oder Zukunftsträume bestellt ist – jene Menschen, die ihr Leben meistern, bringen ihre Aufmerksamkeit immer wieder zum gegenwärtigen Augenblick zurück. Sie leben gelassen im Jetzt, profitieren von der Vergangenheit, ohne sich danach zu sehnen, und sind optimistisch, was die Zukunft betrifft, ohne sich zwanghaft mit ihr zu beschäftigen. Sie passen gut auf, dass sie ihre Aufmerksamkeit und ihre Zuneigung auf die Umstände und Menschen richten, die sie unmittelbar umgeben. Sie stellen sich häufig die Fragen: »Bin ich geistig wach? Registriere ich das, was um mich ist, und nehme ich alles wirklich auf? *Spüre* ich dieses Leben? Richte ich meine gesamte Kraft auf das, was vor mir liegt und was wichtig ist?«

Die Wirklichkeit vermeiden

Einige von uns haben für solche Fragen nicht die Kraft. Sie entziehen sich den Dingen lieber auf jene bequeme Weise, die man als Vermeidung bezeichnet. Sie wenden sich von der Verantwortung oder den Anliegen ab, die direkt vor ihnen liegen. Sie entfernen sich mental, emotional und spirituell aus dem Jetzt, denn die Auseinandersetzung damit würde Ungemach und Selbstprüfung mit sich bringen. Da ist zum Beispiel der Mann, der seiner Frau nicht zuhört, weil er sich dafür vom Sofa erheben müsste; oder die Managerin, die einem Meeting aus dem Weg geht, weil sie der Tatsache ins Gesicht blicken müsste, dass ihre Firma sich auf die Insolvenz zubewegt; der Student, der lieber ausgeht, statt eine schwierige Aufgabe zu lösen; der Kranke, der sich weigert, ins Krankenhaus zu gehen, weil er dort erfahren könnte, dass sein Körper alles andere als gesund ist und der nahe Tod bevorsteht.

Für unreife oder unbewusste Menschen fühlt es sich vernünftig an, den Schwierigkeiten aus dem Weg zu gehen, die das Leben ihnen in den Weg legt. Es erscheint ihnen sinnvoll, sich nicht weiter mit Umständen zu befassen, die Unbequemlichkeiten bergen. Es ist leichter, die Arbeit an der komplexen Aufgabe vor sich zu unterbrechen und sich stattdessen einer Vielzahl leichterer Angelegenheiten zuzuwenden. Es ist verlockend, sich auszuklinken, davonzulaufen, zu verstecken. Aber wenn wir das tun, vermeiden wir das Leben an sich. Die Leidtragenden sind unsere eigene Präsenz und Stärke. Wenn uns der Mut oder die Disziplin fehlen, um das anzugehen, was wir angehen müssen, kultivieren wir nie unsere Gegenwart; dadurch verliert das

Leben alle Empfindung und alles Glück. Vermeidung ist vielleicht die beste Strategie, um Schmerzen oder Konflikten kurzfristig aus dem Weg zu gehen, aber zugleich ist es langfristig die sicherste Prämisse für Leid.

Man muss sich mit den Dingen auseinandersetzen, und *jetzt* ist die Zeit, um damit zu beginnen. Wenn eine schwierige Diskussion mit unserem Lebenspartner ansteht, sollten wir das Gespräch heute führen. Wenn Ihr Geschäft große Probleme hat, dann fahren Sie nicht in die Ferien und verpassen Sie keine wichtige Besprechung; klemmen Sie sich dahinter und lösen Sie das Problem. Wenn Sie einen Bericht schreiben müssen, fangen Sie damit an. Wenn Sie krank sind, gehen Sie zum Arzt. Alles andere ist Vermeidung, und wo immer Vermeidung waltet, kann es keinen Frieden oder Fortschritt geben.

Freie und motivierte Menschen vernachlässigen nicht die Wirklichkeit. Mit Schwierigkeiten gehen sie achtsam um und begreifen sie als Gelegenheit, um ihre Zuversicht, Kraft und Liebe zu testen. Sie wissen, dass das Leben voller Konflikte steckt, aber im Vertrauen auf sich und ihren Weg versuchen sie, direkt und zügig das anzugehen, was auch immer das Leben von ihnen verlangt. Durch Übung lernen sie, Unbequemes für sich zum Guten zu wenden und das Leben wirklich zu meistern. Wir können von ihnen lernen.

Angesichts widriger Umstände wollen wir niemals davonlaufen. Wenn wir das täten, entzögen wir uns der Welt und unserer Zeit; wir gäben unsere Weiterentwicklung und unser Engagement preis. Wir wollen uns immer daran erinnern, dass wir Schmerz und Angst bewältigen, wenn wir uns ihnen stellen. Erfolg tritt ein, sofern wir eine Herausforderung annehmen, statt sie zu vermeiden. Begünstigt wird, wer die Wachstumschancen ergreift, die das Schicksal uns in der Regel wohldosiert in den Weg legt. Und so wollen wir uns nun fragen: »Womit sollte ich mich in meinem Leben eigentlich auseinandersetzen? Welche Wahrheiten oder Umstände verhindern mein Wachstum und Glück? Was könnte ich jetzt tun, um das zu ändern? Wie kann ich mich besser mit diesem Augenblick verbinden, damit ich die anstehenden Anforderungen meistern kann?«

Was geschieht, wenn wir unsere Rollen nicht wahrnehmen

Im Leben ganz präsent zu sein heißt nicht nur, dass wir die jeweiligen Gegebenheiten wahrnehmen und zuverlässig auf sie reagieren, sondern auch, dass wir jeden Tag unsere Rollen und Verhaltensweisen proaktiv *wählen*.

Wir können jederzeit eine beziehungsweise eine Kombination aus den folgend beschriebenen maßgeblichen Rollen einnehmen. Unachtsamkeit gegenüber diesen möglichen Rollen führt zu einem absichtslosen Leben. Doch Aufmerksamkeit hilft uns, in jedem x-beliebigen Moment unser volles Potenzial zu aktivieren. Das gibt unserem Denken und Handeln einen Zweck. Und ein Zweck ist die beste Brücke zum Jetzt.

Der Beobachter

Die erste Rolle, die wir überhaupt in unserem Leben spielen können, ist die des Beobachters respektive des bewussten Betrachters. Diese Rolle und Aufgabe ist uns durch das Geschenk der Eigenwahrnehmung übertragen worden. Als Beobachter können wir über der Wirklichkeit schweben und schauen, wer wir im Leben sind, und Einzelheiten unserer Handlungen und Reaktionen im jeweiligen Moment wahrnehmen. Es handelt sich nicht um eine Loslösung von uns selbst oder von der Gegenwart, sondern eher um dessen sorgfältiges Beobachten.

Wer diese Rolle beherrscht, ist in der Lage, eine Entscheidung zu treffen und fast simultan zu beurteilen, ob es die *richtige* Entscheidung ist. Er spürt sich selbst, während er etwas ausführt, empfindet oder denkt, und weiß, ob all dies authentisch ist. Er merkt, wenn er eine schlechte Entscheidung trifft, anderen gegenüber unhöflich ist oder etwas Wichtiges vergisst. Er ist sich auf eine sehr lebendige Weise seiner selbst bewusst und in der Lage, einen nahenden Konflikt zu erahnen und zu spüren, wie sich Ärger in ihm anbahnt. So kann er beschließen, dieses Gefühl nicht auszuleben. Es ist, als liefe in seinem Inneren etwa folgender Dialog ab: »Oh, ich merke, dass ich mich über diese Situation ärgere. Warum reagiere ich jetzt so? Wird mir das jetzt in irgendeiner Weise nutzen? Wenn ich als mein höchstes Selbst antwortete, was würde ich nun sagen und dann tun?«

Wir können lernen, diese Rolle zu meistern, indem wir einen prüfenden Umgang mit uns selbst kultivieren. Wir können uns im Lauf des Tages mehrmals fragen: »Wenn ich jetzt innehielte und mein Leben von oben betrachtete, was würde ich mich tun sehen, und was wäre meines Erachtens der Grund für mein Handeln? Warum fühle ich, was ich jetzt gerade empfinde? Was ist wohl die Folge meiner gegenwärtigen Handlungen und Absichten? Kann ich spüren, was mein Geist, mein Körper und meine Seele in diesem Moment tatsächlich empfinden, brauchen, wünschen?« Wenn wir dieses Konzept verinnerlichen, uns selbst zu spüren, treten wir stärker mit uns selbst und mit unserem Leben in Verbindung. Und das muss unser Ziel sein.

Der Regisseur

Die zweite Rolle ist die etwas aktivere des Regisseurs, der bewusst und planvoll unser Leben gestaltet. Wenn wir uns das Dasein als einen Film vorstellen, können wir uns selbst als denjenigen sehen, der jede Szene und jede Figur darin anleitet. Der Regisseur gibt den Ton an und entscheidet letztendlich, welche Figur was macht, warum sie es tut und was sie als Nächstes unternimmt. Der Regisseur entscheidet in jeder Sekunde während des Drehs, was der Kamera dargeboten wird. Er trifft wohlüberlegte Entscheidungen hinsichtlich der Darsteller, um eine Story spannend und sinnvoll zu präsentieren.

Aus dieser einfachen Metapher können wir viel lernen. Menschen, die mit der momentanen Story ihres Lebens unzufrieden sind, haben es versäumt, Regie über dessen Szenen und Figuren zu führen. Sie hatten für ihre Geschichte keinen Plan. Sie sind ohne wirkliches Interesse zwischen den Situationen ihres Lebens hin und her gesprungen. Sie haben sich auf die falschen Themen konzentriert, haben oft die negativen Aspekte des Lebens ganz nah herangezoomt und unterdessen Schönes oder Interessantes aus dem Blick verloren. In entscheidenden Szenen haben sie die Falschen auftreten lassen. Sie haben selten von der Detailaufnahme Abstand genommen, um einen Blick auf das große Ganze zu werfen. Sie lassen zu, dass sie auf Anforderungen nicht wie noble, heroische Charaktere reagieren, sondern wie ein quengeliges Kind, das auf der Bühne des Lebens herumkreischt.

Um die Rolle des Regisseurs zu meistern, müssen wir jede Szene unserer Geschichte sorgfältig planen. Wenn wir heute Abend mit unserem Partner ausgehen, wie soll sich dieses Szenario entwickeln? Welche Art von Mensch wollen wir bei Tisch sein? Wie werden wir uns geben, und welchen Ton werden wir anschlagen? Wie werden wir auf seine Erzählung über den Tag reagieren? Welche Überraschungen sorgen dafür, dass die Szene frisch und lebendig bleibt? Wie könnte der Abend in unseren Augen zu einer romantischen Liebesgeschichte werden? Und wo führt die Geschichte mit diesem Menschen hin?

Wenn wir uns zum Regisseur unseres eigenen Films machen, können wir unsere Rolle und den Handlungsbogen unseres Lebens selbst bestimmen. Wird die Figur, die wir spielen, stark oder schwach sein, großzügig oder egoistisch, gestresst oder friedlich, flatterhaft oder geerdet? Wird jeder Tag unseres Lebens etwas darüber aussagen, wer wir sind, und wenn ja, was? Was werden wir in der nächsten Szene unseres Lebens unter Beweis stellen, und wer werden wir dann sein? Das sind wichtige Fragen. Falls wir sie nicht stellen, konzentrieren wir uns nicht auf die Geschichte unseres Lebens, was wiederum dazu führt, dass wir uns in ihr verlieren. Schlimmer noch, wir werden zu Nebendarstellern in den Storys *anderer* Leute. Auf diese Weise fallen wir dem Narrativ der breiten Masse zum Opfer, das bloß eine öde Schmonzette über Konformität und Anpassung ist. Deshalb wollen wir bewusster sein: Wie soll die Geschichte unseres Lebens aussehen, und wie gelingt es uns, unsere Gedanken und Handlungen so zu gestalten, dass diese Vision real wird?

Der Beschützer

Die dritte Rolle, mit der wir uns beschäftigen sollten, ist die des Beschützers unseres Geistes, unseres Körpers und unserer Seele. Wir müssen uns an den Pforten unseres Lebens postieren und uns vor ungewollter Kontaminierung schützen, etwa vor negativen Nachrichten, Menschen oder Angewohnheiten.

Allzu oft scheitern wir an dieser Rolle. Wir gewähren nutzlosen Informationen, Schund und Dummheit Einlass in unser Denken. Wir konsumieren stumpfsinnige Worte, Bilder und Klänge aus fragwürdigen Quellen, die als Alarmsignale daherkommen oder als etwas, was für unser Leben vermeintlich wichtig ist. Dazu zählen etwa die Nachrichtenmedien, die so tun, als würde uns eine ignorante oder extreme Sichtweise erhellen; oder das soziale Netzwerk, das vorgibt, die realen Erlebnisse einiger Gören, die ungefiltert gefilmt werden, könnten uns unterhalten; die Website, die uns glauben machen will, ohne das von ihr angepriesene Produkt gehe es uns schlecht. All das macht uns nicht klüger, sondern dümmer, wir werden nicht unterhalten, sondern eingelullt, nicht reicher, sondern ärmer.

Alles, was wir konsumieren, wird zu einem Teil von uns. All die nutzlosen Halbwahrheiten und Skandale nisten sich bloß in unserer Seele ein und treten später in Form irgendeiner Dummheit oder eines Dramas wieder hervor. Wenn wir millionenfach im Fernsehen anschauen, wie sich Menschen engherzig verhalten, macht uns das selbst engherziger. Als Beschützer unseres eigenen Geistes müssen wir verhindern, dass das Belanglose und Negative allzu leicht eindringt. Wir sollten aufpassen, welche Informationen unser Geist aufnimmt. Wenn wir etwas lernen wollen, sollten wir darauf achten, aus welcher Quelle das Wissen stammt; wir sollten unser Gehirn mit positiven, beflügelnden Informationen füttern, die unser Leben weiterbringen. Wenn wir unterhalten werden wollen, sollten wir eine Form der Unterhaltung wählen, die uns wirklich belebt – die unser Leben durch tieferes Verständnis oder größere Wertschätzung bereichert. In jedem Falle wollen wir als Beschützer eines gesunden und lebendigen Geistes auf unserem Posten bleiben. Was wir sehen und hören und in unser Gehirn einlassen, formt unsere Persönlichkeit und unser Schicksal.

Zudem müssen wir unseren Körper schützen. Für Menschen in Überflussgesellschaften, in denen es an jeder Ecke denaturiertes Essen gibt, liegt das Problem darin, dass Bequemlichkeit den gesunden Menschenverstand überrumpelt. Statt uns Essen auszusuchen, das echt, vollwertig und gut für uns ist, nehmen wir, was schnell geht und süß schmeckt. Unsere Gesellschaft besteht zu einem überwiegenden Teil nicht aus wachsamen Menschen, sondern aus Gierschlunden; wir stopfen uns mit allem Möglichen voll und vergiften damit, ohne es recht zu merken, genau das Gehäuse, das unser Herz und unsere Seele beherbergt.

Die meisten Menschen hätten ein schlechtes Gewissen, wenn sie das Eigentum eines anderen zerstörten. Unterdessen richten sie den Tempel zugrunde, den der Schöpfer ihnen geschenkt hat.

Es ist an der Zeit, dass wir unsere Gesundheit schützen, indem wir mehr darauf achten, was wir uns in den Mund schieben. Es herrscht ja kein Mangel an Informationen darüber, wie man sich gesund ernähren kann oder insgesamt gesünder lebt. Nehmen Sie kleinere Portionen zu sich. Richten Sie auf dem Teller vor allem vollwertige und frische

Lebensmittel an. Schränken Sie den Verzehr von industriell verarbeiteten Nahrungsmitteln ein sowie von allem, worin sich Zutaten befinden, die Sie nicht aussprechen können. Hören Sie auf, so viel Zucker zu konsumieren. Bewegen Sie sich mehr, trainieren Sie mehrmals pro Woche, damit Ihr Körper gesund und fit bleibt. Trinken Sie mehr gutes Wasser und schlafen Sie länger. All das ist nicht neu. Was Sie brauchen, ist eine neue *Selbstverpflichtung*, sich um Ihren Körper zu kümmern. Wenn wir zulassen, dass unsere körperliche Energie schwindet, wird unsere Motivation ihr bald folgen.

Zudem wollen wir genauso darauf achten, welche Menschen wir in unser Leben hineinlassen. Das sollten wir uns gut überlegen. Gestatten wir herrschsüchtigen Menschen, Egoisten und Idioten, dass sie unser Umfeld verpesten? Wer sind die negativen Leute, die unser Potenzial infrage stellen, und warum sind sie überhaupt in unserer Nähe? Lassen wir zu, dass man uns fortwährend verletzt? Umgeben wir uns mit Miesepetern und Menschen voller Hass? Ein für alle Mal: *Diese Leute müssen woandershin gehen.* Und wir dürfen nicht bloß hoffen, dass sie von sich aus verschwinden – denn sie werden so lange bei uns herumlungern, wie wir es zulassen. Wir müssen selbst dafür sorgen, dass Glück und Menschlichkeit in unserem Leben Platz haben. Das verlangt oftmals ganz klare Botschaften. Wir müssen anderen sagen, dass sie gehen sollen, dass sie ihre Einstellung ändern müssen, dass sie freundlicher sein oder uns stärker unterstützen müssen. Es bedeutet, dass wir selbstbewusster auftreten und mehr fordern. So etwas tut niemand gern. Aber wir müssen uns vor mürrischen Menschen schützen. Auf der anderen Seite müssen wir uns bewusst mit positiven, freundlichen und inspirierenden Leuten umgeben. Wenn wir wollen, können wir in Kontakt treten mit Menschen, die vielleicht bislang eher am Rande unseres Lebens standen. Wir können sie in unseren Kreis oder unser Zuhause einladen und sie bitten, ihre Gedanken und ihr Leben mit uns zu teilen.

Der Krieger

Die nächste Rolle ist die des Kriegers. Falls wir zu Hause sitzen und unser Leben etwas dürftig finden, müssen wir aufstehen und nach draußen gehen, um zielgerichtet für etwas Größeres zu kämpfen. Wir müssen unsere Träume forsch, leidenschaftlich und konsequent verfolgen. Wir müssen unsere Ängste beherrschen, voller Überzeugung kämpfen und alle Hindernisse überwinden. Wir müssen wirklich gewinnen *wollen* und alles tun, um das Schöne und Ruhmreiche zu uns zurückzubringen, und auf den Schlachtfeldern des Lebens nichts zurücklassen als das Vermächtnis unseres Muts und unserer Stärke.

Wenn wir uns nicht jetzt für den langen, harten Weg hin zur Meisterschaft wappnen, werden wir nichts aus unserem Leben gemacht und nichts von Bedeutung geleistet haben. Welche Fähigkeiten brauchen wir, um unsere nächsten Herausforderungen zu bewältigen? Eignen wir sie uns jetzt an. Welche Werkzeuge und Ressourcen werden wir brauchen? Bereiten wir sie jetzt vor. Wer muss mit uns kommen, um den nächsten Berg zu besteigen? Suchen wir jetzt nach diesen Menschen, und gewinnen wir sie für unser Vorhaben. Welches Opfer müssen wir erbringen, um noch höher aufzusteigen? Bieten wir jetzt dieses Opfer dar, bevor es unseren Weg beschwert.

Die Rolle des Kriegers verlangt von uns, dass wir genau überlegen, was uns im Leben wirklich wichtig ist. Der Krieger fragt: »Wofür stehe ich im Leben? Wie bringe ich den Menschen, die ich liebe, Ehre und Reichtum? Durch welche Abenteuer werde ich mich lebendig fühlen? Was will ich, und wie hart werde ich dafür kämpfen?«

Letzteres, die Frage der intensiven Bemühung, zeigt, ob wir zu den Feiglingen oder den Kriegern gehören. Vielleicht ist es an der Zeit, dass wir etwas Abstand von all unseren Projekten und Vorhaben nehmen und über unsere eigentlichen Träume und Ziele nachdenken. Dabei wollen wir ganz ehrlich sein und unser Leben tapfer in Augenschein nehmen: »Wie sehr arbeite ich tatsächlich auf meine Träume hin? Lasse ich mich durch kleine Hindernisse am Fortschritt hindern, oder setze ich mich konstant durch? Tu ich alles, was ich tun muss, um meinen Geist, meinen Körper und meine Seele auf den Erfolg vorzubereiten? Handle ich aus echter Überzeugung und echtem Engagement, oder trotte ich einfach des Wegs dahin? Gab es je einen Bereich meines Lebens, in dem ich mich schwertat, weil ich nicht bereit war, ein Opfer zu bringen oder mich wirklich zu engagieren?«

Wenn wir echte Träume haben, müssen wir für sie kämpfen. Um unserer Seele und unserer Familien willen müssen wir hungrig, ehrgeizig und mutig sein wie ein Krieger.

Das Wesen des Kriegers liegt in der *Bereitschaft* – der natürlichen Neigung zum Handeln. Krieger treffen ihre Entscheidungen zügig, da gibt es wenig Zaudern, Zögern oder irgendwelche Ausweichmanöver. Krieger warten nicht auf die perfekten Umstände, um ihren langen Marsch in Richtung Sieg zu starten; sie halten nicht an, wenn sie müde oder erschrocken sind; sie drücken sich nicht vor einer Auseinandersetzung, die notwendig ist; sie entschuldigen sich nicht für Kühnheit und Stärke.

Nein, wenn es etwas zu erobern gilt, wenn ihnen das Land am Horizont verheißungsvoll erscheint, machen sie sich auf den Weg und marschieren unermüdlich weiter. Sie sind umweht von Feierlichkeit und Ernst, sind fest entschlossen, haben eine starke Mitte. Sie sind standfest, egal, wie viel Aufruhr oder Ungewissheit sich unter der Oberfläche verbergen mag. Ihr Feuer, ihre Willenskraft und Disziplin sind ungewöhnlich. Das führt zuweilen dazu, dass andere ihren Ehrgeiz fürchten, und dennoch wird ihr Mut stets respektiert. »Da sind sie wieder«, sagen die Beobachter, die am Rande des Lebens stehen. »Der dort drüben ist ein echter Kämpfer, der gibt nicht auf.«

Wofür also kämpfen wir? Für echte Krieger ist das eine dringende Frage, etwas, worüber sie viel nachdenken. Krieger ziehen ihren Stolz und ihre Würde aus dem, was sie auf derlei Fragen antworten. Ihre Aufgaben und Verpflichtungen sind ihnen wichtig, und jeder kleine Sieg, der sie ihrem Ziel näher bringt, wird registriert, gefeiert, zu einem Teil der eigenen Persönlichkeit und freudig mit anderen Kriegern geteilt. Sie sind sich absolut bewusst, dass sie Krieger sind und ein Kriegerethos schaffen; es geht um den Ruhm als Kämpfer für Dinge, die sowohl ihnen selbst wichtig sind als auch an Größe und Bedeutung über sie hinausweisen. *Sie stellen ihr Leben in den Dienst einer bedeutungsvollen Sache.*

Um als Krieger stärker zu werden, müssen wir aufhören, immerfort zu zögern und uns zu entschuldigen. Wir müssen uns selbst das Versprechen geben, noch mehr für unsere Träume zu kämpfen und noch länger durchzuhalten.

Schreiben wir also all die Dinge auf, die wir schon immer mal tun wollten, und auch all unsere Entschuldigungen dafür, dass wir sie noch nicht getan haben. Wir wollen darüber nachdenken, in welchen Bereichen unseres Lebens wir schwach sind oder zu langsam vorankommen. Dann wollen wir erneut einen Entschluss fassen und beschließen, dass wir morgen mutig auf unsere Träume zugehen, egal, was passieren mag, und unabhängig von den Hindernissen, die sich uns möglicherweise in den Weg stellen. Wir wollen uns intensivst mit unserem Vorankommen beschäftigen und alles dafür tun. Krieger sind dickköpfig und eisern, ihnen ist ganz klar, wofür sie kämpfen, und sie meistern jede Disziplin, die ihnen hilft, die nächste Schlacht zu gewinnen. Möge unser Charakter standfest sein – das dient dem Schicksal unserer Träume und der Sicherheit und dem Wohlstand unserer Familien.

Der Liebende

Auf unserem Weg zu Höherem dürfen wir nie vergessen, *für wen* wir kämpfen. Es gibt Menschen, die uns etwas bedeuten und die uns brauchen. Ein Sieg ist schal und das Leben leer, wenn wir nicht jemanden haben, mit dem wir feiern können und der uns wichtig ist. Deshalb wollen wir lernen, wie wir unserer Rolle als *Liebender* gerecht werden können.

Liebende haben eine unglaubliche Fähigkeit, andere Menschen mit Aufmerksamkeit und Bewunderung zu überschütten. Sie interessieren sich sehr stark für andere, damit sie sie verstehen können, sich um sie kümmern und etwas Sinnvolles zu ihrem Leben beitragen können. Sie kommunizieren mit dem Herzen und sie versuchen, die

Herzen der Menschen in ihrem Umfeld zur Entfaltung zu inspirieren, indem sie ihnen Respekt und Empathie entgegenbringen.

Möglicherweise ist dies die Rolle beziehungsweise die Art von Verantwortung, die uns am schwersten fällt. Unsere Beziehungen fordern *mehr* Präsenz, *mehr* Aufmerksamkeit und *mehr* zielgerichtete Pflege als jeder andere Bereich unseres Lebens, und doch sorgen wir immer wieder selbst für Enttäuschung, Liebeskummer und Trennung. Denken Sie an all die gescheiterten Beziehungen, die man mit nur ein bisschen mehr Zeit, Aufmerksamkeit und Zuneigung hätte retten können. Oder an den Vater, der seine Tochter anbrüllt und sich nicht um ihre Gefühle oder Bedürfnisse kümmert. Die Ehefrau, die bei Tisch auf ihr Smartphone starrt, statt sich mit ihrem Partner zu unterhalten. Oder denken wir an jenen Moment, in dem sich ein geliebter Mensch nach einem freundlichen Wort sehnte, doch wir waren zu beschäftigt. Die Düsternis und Trauer, die solche Situationen hervorrufen, ließen sich vermeiden, wenn wir der Liebe mehr Raum gäben.

Wenn wir in der heutigen Welt, die voller Ablenkung ist, zu besseren Liebenden werden wollen, besteht unsere größte Aufgabe darin, dass wir uns wieder mit denen verbinden, die uns bereits ihr Herz geschenkt haben. Wir müssen endlich aufhören, immerzu nach anderen Ausschau zu halten, und erneut dem Menschen, den wir anbeten, tief in die Augen blicken. Wir müssen ihm mehr Fragen stellen: »Wie war sein Tag *wirklich*? Womit kämpft er gerade? Wodurch würde er sich lebendiger und glücklicher fühlen? Wie können wir uns mit ihm verbinden, und wie können wir uns besser um ihn kümmern? *Gibt es eine Möglichkeit, wie wir unsere Zuneigung und Wertschätzung für ihn noch besser zum Ausdruck bringen können?«*

Wir müssen lernen, uns jeden Tag hinzusetzen und über die Gesundheit und das Wachstum der Menschen, die wir lieben, nachzudenken – wir sollten uns dafür genauso viel Zeit nehmen wie für die Beschäftigung mit unserer beruflichen Entwicklung. Gibt es Rituale, die wir einführen können und durch die wir einander näherkommen? Die das Feuer und die Leidenschaft erneut entzünden? Die unser beider Leben nach vorn bringen, und zwar gemeinsam?

Jeder von uns ist der Liebe entsprungen. Liebe ist unsere Natur, unsere Herzen schlagen in ihrem Takt, unseren Geist beflügelt sie. So wollen wir uns erneut mit unserem eigenen Herzen und mit den Herzen anderer verbinden. Wir wollen diese Rolle mit einer solchen Lebendigkeit und Energie verkörpern, dass die Menschen um uns durch die Strahlen unserer Liebe überwältigt und beglückt sind, sich geehrt und voll neu belebt fühlen.

Der Anführer

Es gibt Menschen, die sich auf uns verlassen und sich uns als Beispiel nehmen. Sie warten auf unsere Anleitung und unsere Tatkraft. Ihnen sind wir es schuldig, dass wir unsere Rolle als Anführer auf herausragende Weise ausfüllen.

Die Welt braucht dringend Anführer. Weil sie fehlen, stolpern so viele Menschen im Dunkeln umher, sind so viele Institutionen führungslos. Charakterstärke und Dienst am Gemeinwohl sind nicht mehr das Fundament der Gesellschaft. Und so vergiften Gier, irrwitzige Leidenschaft und Intoleranz die Welt. Wenn es keine verantwortungsvollen Führungspersönlichkeiten an der Spitze der Menschheit gibt, ist das, was eigentlich für alle ein gemeinsamer, freudiger Ritt in Richtung Hoffnung, Freiheit und Überfluss sein sollte, eine furchtbare, richtungslose Fahrt mit verzogenen Gören, die zu einfältig und zu stolz sind, um nach dem Weg zu fragen, ein umherschlingerndes Gefährt, das auf die Katastrophe zusteuert.

Wir müssen der Menschheit wieder Mut machen. Unsere Zeit braucht Visionen und disziplinierte Zusammenarbeit, damit sich tatsächlich etwas verändert. Gute Anführer stoßen diese Dinge an und halten sie am Laufen. Deswegen wollen wir uns selbst fragen: »Welchen Beitrag kann ich leisten, damit die Welt besser wird? Wie kann ich anderen dabei helfen, Probleme zu lösen und ihre Träume zu erfüllen? Wen kann ich heranziehen und mit Kompetenzen ausstatten, damit ihm etwas Außergewöhnliches gelingt? Wie kann ich in den Menschen in meinem Umfeld das Potenzial freisetzen, mehr Gutes zu tun?«

Wenn sich mehr Menschen solche Fragen stellten, könnten wir die Gesellschaft davor bewahren, sich kopfüber ins Verderben zu stürzen. Dennoch haben einige von uns Angst davor, eine Führungsrolle zu übernehmen. Doch was ist unsere Ausrede? Wenn wir am Ende unserer Tage Rechenschaft ablegen, sollen wir dann unserem Schöpfer sagen, er habe uns nicht gut genug auf die Aufgabe vorbereitet? Nein. Vergessen wir die Entschuldigungen, und rufen wir uns lieber ins Bewusstsein, dass wir die Pflicht haben, einer Sache zu dienen, die größer ist als wir.

Werfen Sie einen Blick zurück in die Vergangenheit. Wann immer an einem maßgeblichen Scheideweg richtige Entscheidungen getroffen und Fortschritte erzielt wurden, gab es kühne und motivierte Menschen mit klaren Visionen und fester Stimme. *Das* wollen wir für unsere Generation sein. Der Ruf nach Führung ist überall zu hören. Stellen wir uns also nicht taub gegenüber dem, was die Welt in diesem Augenblick der Krise braucht. Es gibt in unserer Nachbarschaft und in unseren Gemeinden genug Dinge, für die Freiwillige gesucht werden, wo jemand die Führung übernehmen soll. Es gibt in unseren Unternehmen viele ungenutzte Quellen für Potenzial und Stärke. Deshalb wollen wir jetzt beschließen, alles zu geben, um die Bereiche zu finden, in denen Hilfe nötig ist; wir wollen den Menschen um uns herum Auftrieb geben und sie erneut in Auseinandersetzungen, Leistungen und Aufgaben zusammenbringen, die von Bedeutung sind. Wir müssen jetzt die Dinge in die Hand nehmen, damit die Welt zu einem besseren Ort wird.

Der jetzige Augenblick

Alle diese Rollen – die des Beobachters, Regisseurs, Beschützers, Kriegers, Liebenden und des Anführers – stehen uns jederzeit offen. Wenn wir sie tatsächlich wahrnehmen, machen wir uns die Gegenwart in einer Weise zu eigen, wie wir es uns nie hätten träumen lassen. Dann entsteht Motivation. Das Leben kehrt zurück. Und leuchtende Lebendigkeit durchströmt uns von Kopf bis Fuß.

Keinem von uns wird es gelingen, all diese Rollen gleichzeitig auszuüben. Aber daraus folgt nicht, dass wir uns nicht um sie zu kümmern brauchen. So wollen wir uns heute vornehmen, uns mit diesen Rollen auseinanderzusetzen, und alles geben, um sie mit mehr Präsenz und Kraft auszufüllen.

Die Strahlen der Erleuchtung erreichen jene, die begreifen, dass wir die Augenblicke unseres Lebens nicht unbemerkt und ungelebt verstreichen lassen dürfen. Wir spüren diese warmen Strahlen der Hoffnung, wenn wir den Entschluss fassen, dass wir uns nicht aus unserem eigenen Leben ausklinken werden. Wir dürfen nicht dem heutigen Tag aus dem Weg gehen und einen besseren herbeisehnen. Wir müssen lernen, den Moment zu ehren sowie all das, was uns durch ihn zuteilwird und was wir an ihn zurückgeben wollen. Wir haben die Wahl, welche Rollen wir einnehmen und wie wir auf die Welt reagieren möchten, auf dass sich unser Charakter und unser Schicksal im Laufe der Zeit auf sinnvolle Weise formen. Durch all das werden wir erneut entdecken, was für ein Geschenk und welche Unermesslichkeit und Freiheit in jedem göttlichen Augenblick liegen, in dem wir leben.

Zweites Versprechen

WIR WOLLEN WIEDER SELBST ÜBER UNSER LEBEN BESTIMMEN

Die Welt gehört dem, der in ihr mit Heiterkeit und nach hohen Zielen wandert.

Ralph Waldo Emerson

Unsere menschliche Natur lenkt uns in Richtung Selbstvertrauen und Freiheit. Nichts brennt in unserer Seele stärker als das Verlangen, wir selbst zu sein und unseren Träumen nachzugehen. Freude erfahren wir somit im Leben, wenn wir uns jeden Tag spontan und authentisch mit Dingen beschäftigen, die uns wichtig sind. Wohingegen großes Leid entsteht, wenn wir uns zu lange anpassen und so tun, »als ob«, und Beschäftigungen nachgehen, die uns nicht wirklich berühren.

Diese Wahrheiten bieten uns einen Maßstab dafür, inwieweit wir unsere Freiheit ausleben oder nicht: jeden einzelnen Tag. Waren wir heute wir selbst, haben wir unsere wahre Stimme, aufrichtige Gefühle und unsere innere Kraft zum Ausdruck gebracht? Haben wir den Großteil des Tages mit sinnvollen Aktivitäten verbracht, oder waren wir abgelenkt und haben die ganze Zeit mit Nutzlosem verstreichen lassen?

Das Leben hat die Neigung, sich uns jeden Tag aufs Neue zu entwinden. Wir vergessen, was wir wollen, und lassen uns ablenken. Wir tun, was andere uns auftragen. Wir sagen zu so vielen Dingen Ja, dass uns am Ende keine Zeit mehr bleibt, um das zu tun, was uns wichtig ist. So sieht die Realität der breiten Masse aus.

Doch Freiheit und Größe gehören denen, die ihren Tag meistern. Sie haben eine vollkommen andere Kontrolle über ihre Absichten und die Ausrichtung ihres Lebens. Ihre Tage bedeuten ihnen etwas, da sie wissen, dass jeder Tag ein Mosaikstein ihres ureigenen Schicksals ist. Es ist, als stellten sie sich vor, wie sie an ihrem Lebensende vor dem Schöpfer stehen und auf seine Fragen antworten:

> »Hast du die Zeit, die ich dir jeden Tag geschenkt habe, genutzt, um ein Wesen mit einem Plan und einem Ziel zu sein?«
>
> »Bist du deinem eigenen Weg gefolgt und hast du deine Zeit sinnvoll genutzt?«
>
> »Wie gewissenhaft hast du dich um den Traum gekümmert, den ich deiner Seele eingepflanzt habe?«

Jeden Tag scheinen sie in dem Wissen aufzuwachen, dass diese Fragen eines Tages kommen. Sie schleudern bildlich gesprochen am Morgen einen glänzenden Speer als Symbol für »Sinn und Zweck« in die Gefilde der Zukunft und machen es sich dann zur Aufgabe, ihn aufzuheben und erneut nach vorn zu werfen. In ihrem täglichen Einsatz auf ihr Ziel hin sind sie konzentriert, unnachgiebig und fleißig. Drohen sie in die Irre zu gehen, sind sie so geistesgegenwärtig, sich zu fragen: »Bin ich auf dem richtigen Weg? Bewege ich mich auf das zu, wonach ich mich sehne?« Wenn sie merken, dass sie sich ablenken lassen oder verzweifelt sind, gelingt es ihnen, den Kopf hochzuhalten, einen höhergelegenen Platz zu erklimmen, um zu sehen, wohin ihr Weg sie führt und ob er sie dorthin bringt, wo sie hinwollen. Sie halten nach jenem glänzenden Speer Ausschau und orientieren sich an ihm, bis sie am Horizont erneut ihre eigentliche Bestimmung erblicken. Dieses beeindruckende Engagement halten sie durch. Sie haben ihr ganz eigenes Ziel im Leben und bleiben ihm Tag für Tag treu, voller Leidenschaft dafür. Trotz aller Schwierigkeiten geben sie nie auf, richten stets ihre Entschlusskraft in die Ferne, streben ihr Ziel an, finden immer einen Weg über jedes Hindernis hinweg, bis sie entweder in das Land ihrer Träume gelangen oder bei den Engeln Ruhe finden, weil sie ihrem Streben bis zu ihrem Tod treu geblieben sind.

Sie vergeuden ihre Zeit nicht *damit, sich treiben zu lassen oder sich den Zielen anderer Menschen zu unterwerfen.*

Vergleichen Sie ihre Lebensgestaltung mit der jener zerstreuten Menschen, die sich immerzu beschweren, die ziellos sind, keine Leidenschaften haben und sich vor der Arbeit drücken. Diese Menschen versäumen es, ihre Absichten zu äußern, und wenn sie es dennoch tun, lassen sie sich von anderen ablenken, statt ihre eigenen Vorhaben durchzuziehen. Sie blicken nicht über die unmittelbar vor ihnen liegenden Aufgaben hinaus, um zu schauen, wo die Reise hingeht, sondern ziehen es vor zu glauben, sie machten Fortschritte, nur weil sie irgendeine bedeutungslose Aufgabe abhaken konnten. Sie sind zu ängstlich oder zu träge oder lassen sich zu sehr von dem Geklapper anderer

Leute gefangen nehmen, um ihren eigenen Traum zu verfolgen. Sie sind nicht mit wirklichem Wollen und echter Disziplin dabei. Sie liefern eine Entschuldigung nach der anderen, erzählen immer wieder neue Geschichten darüber, weshalb sie nicht vorankommen oder den Berg nicht besteigen können. Sie fühlen sich nicht dafür verantwortlich, in vollem Ausmaß ihre latenten Fähigkeiten zu aktivieren. Unbewusst, auf stille Weise, verweigern sie sich dem Leben. Sie sind nicht in der Lage, der Wahrheit ins Auge zu blicken, dass sie keinen Plan für ihr Leben haben beziehungsweise dass dieser Plan extrem dürftig ist. Und so wird nie ein Funken von Größe in ihre Seele Einzug halten, denn sie sind weder sich selbst noch ihrer Mission treu geblieben.

Wir sind entweder das eine oder das andere: der Entschlossene mit dem zweckgerichteten Speer oder der Mäandernde, der sich ablenken lässt und immerzu Entschuldigungen findet.

Was wird für unser Leben gelten? Sollen wir zulassen, dass wir richtungslos dahintreiben, uns durch die Anforderungen, die andere an uns richten, und alle möglichen Ablenkungen von unseren eigenen Zielen fortreißen lassen? Oder sollen wir endlich die Tatsache anerkennen, dass aus unseren Tagen Wochen werden, aus Wochen Monate, aus Monaten Jahre und Jahrzehnte und ein ganzes Leben; dass wir all diese Zeit entweder gut nutzen oder verplempern können, mit Freude oder Bedauern füllen, sinnvoll gestalten oder ungenutzt verstreichen lassen können?

Machen wir den heutigen Tag zu dem Tag, an dem wir die Gestaltung unseres Lebens dem Konformismus und der Ablenkung entwinden und uns erneut aneignen. Geben wir unserem Leben ein Ziel, und schreiten wir zügig und mit

Eifer darauf zu. Und vergessen wir nicht, dass kleine Bemühungen und tägliche Triumphe immer wichtiger werden können, bis sie zu einer unaufhaltbaren Kraft anwachsen, die zu einem fokussierten und freien Leben drängt.

Wir können das Leben so gestalten, dass unser Kalender uns nicht etwa stresst, sondern etwas Schönes ist: ein beeindruckendes Dokument unserer Lebensfreude und unserer Fortschritte in Richtung Freiheit und Transzendenz. Wir können uns von unbedeutenden Aufgaben befreien und unterdessen mehr Freude empfinden und zielgerichteter werden. Wenn wir sorgfältig planen und gut auf unsere Zeit und unsere Vorhaben achten, können wir erneut Macht über unser Schicksal erlangen und jeden Tag zu einen kleinen Kunstwerk gestalten, das uns erfüllt.

Aber dafür müssen wir zunächst gründlich und absolut ehrlich analysieren, inwiefern wir unser Leben und unsere Ziele anderen überlassen haben oder unsere Zeit mit Banalitäten füllen. Wir müssen öfter Nein sagen. Wir müssen uns stärker fokussieren. Wir müssen mehr darum kämpfen, dass unsere Zeit, unsere Träume und unser Innenleben wirklich uns gehören.

Wir wollen Ernst machen mit unserer Tagesgestaltung und schauen, zu welchem Menschen wir dadurch werden. Wir wollen definitiv ein sinnvolles Leben anstreben und genießen. Es ist an der Zeit, dass wir unsere Zeit schätzen und uns weigern, unser Leben durch Zerstreuung und Unsinn zu verschwenden. Es ist Zeit, dass wir unseren eigenen Weg gehen und uns jeden Tag zu eigen machen. Somit versprechen wir: *Wir wollen wieder selbst über unser Leben bestimmen.*

Aus der Bahn geworfen

Wenige Menschen sind sich bewusst, geschweige denn würden es zugeben, wenn sie nicht die Kontrolle über die Gestaltung ihres Lebens haben. Woran bemerken wir so etwas? Welche Zeichen würden uns signalisieren, dass wir von unserem ureigenen Lebensweg abgekommen sind? Es gibt deutliche Fakten und subtile Hinweise.

Wenn wir keinen echten Selbstausdruck finden und in unserem Leben wenig nachhaltige Freude, Lebendigkeit und Befriedigung spüren, dann stimmt ganz eindeutig etwas nicht mit unserer Lebensführung. Denn wer würde sich ernsthaft ein Leben aussuchen, das aus Anpassung, Langeweile, Anstrengung und Unzufriedenheit besteht?

Wenn wir aus Angst vor Versagen immer wieder vor unseren Träumen zurückschrecken, dauerhaft traurig sind oder unserem eigenen Lebensweg nicht näherkommen, haben wir offensichtlich keine Kontrolle über unsere Gefühle und den eingeschlagenen Weg.

Des Weiteren können wir fragen: »Habe ich mich bei der Arbeit den anderen so sehr angepasst, dass ich nicht mehr ich selbst bin? Benehme ich mich wie jemand anders, nur um meinen Eltern, meinen Freunden oder meinem Partner zu gefallen? Glaube ich an Dinge oder verhalte ich mich in einer Weise, für die es eigentlich keinen Grund gibt, die mir Probleme bereiten oder die nicht wirklich zu meinem Wesen passen? Habe ich das Gefühl, dass die Menschen in meinem Umfeld keine Ahnung haben, wer ich bin oder was ich will? Bin ich anderen gefolgt, die nicht wirklich wussten, was ich wollte, und ist das der Grund, weswegen ich diesen Job habe, dieses Fach studiere, diesem Hobby nachgehe oder mich in dieser Art von Leben gefangen fühle?«

Das ist der entscheidende Hinweis: das Gefühl des *Gefangenseins*. Wenn sich jemand in irgendeinem Bereich seines Lebens eingesperrt fühlt, ist es ein offensichtliches Zeichen dafür, dass er in der Vergangenheit nicht selbst über sein Leben bestimmt hat, sondern sich angepasst hat. Menschen wie diese haben sich immer um die anderen gekümmert, sich den gängigen Ideen und Erwartungen unterworfen und ein Spiel gespielt, bei dem sie nie mitmachen wollten.

Ein subtilerer Hinweis liegt darin, wie sich unser Leben insgesamt *anfühlt*. Wenn wir alles erreichen, was wir unseres Erachtens erreichen sollten, und alles dafür spricht, dass unser Leben uns zufriedenstellen *sollte*, und sich für uns dennoch etwas »verkehrt« anfühlt, dann wissen wir, dass irgendetwas nicht stimmt.

Wenn uns jemand fragt: »Wie geht es dir?«, und wir nicht automatisch etwas Positives antworten, was sagt uns das? Das bedeutet, dass wir von unserem eigentlichen Pfad abgekommen sind.

Das gilt umso mehr, wenn wir ernsthaft über die Frage nachdenken und merken, wie wir mit einer banalen Lüge wie »Ach ja … doch … mir geht's *ganz gut*« antworten.

Ganz gut ist das sichere Anzeichen für Konformismus.

Alles ist lediglich *ganz gut*, wenn die Leidenschaft langsam, aber sicher aus unseren Venen gesickert ist. Alles ist *ganz gut*, wenn wir zu Tode gelangweilt sind. Alles ist *ganz gut*, wenn wir getan haben, was man uns gesagt hat, aber wir es gründlich satthaben. Alles ist *ganz gut*, wenn wir viel zu lange nach dem Takt eines anderen marschiert sind.

Alles ist *ganz gut*, wenn wir uns nach mehr Abenteuer, Leidenschaft, Nähe, mehr kreativem Selbstausdruck, mehr Engagement, mehr Antriebskraft, mehr Unabhängigkeit, mehr Freiheit und überhaupt mehr Leben sehnen. Wenn alles für uns bloß *ganz gut* ist, sind wir nicht wirklich lebendig. Sollten wir nicht *begeistert* und *weitaus mehr als dankbar* sein und uns *erstaunlich*, *fantastisch*, *phänomenal* fühlen?

Ein weiteres subtiles Indiz dafür, dass etwas nicht stimmt, ist, dass wir bei Angelegenheiten *stillhalten*, die uns wichtig sind. Wenn wir etwas möchten, aber nicht danach fragen, dann werden wir mit großer Wahrscheinlichkeit hinnehmen, was man uns aufträgt oder was uns sonst so zustößt.

Wir müssen fragen: »Hat mein Umfeld überhaupt ein Gespür dafür, wer ich bin? Wissen meine Familie und meine Freunde, wer ich bin und was ich mir vom Leben wirklich wünsche? Wissen meine Kollegen und meine Vorgesetzten, was ich eigentlich lernen, worauf ich hinarbeiten, welchen Beitrag ich leisten möchte?« Wenn die Antwort »Nein« lautet, sind wir offensichtlich nicht wir selbst und stehen nicht für uns ein. Solches Schweigen deutet auf Angst vor Zurückweisung hin oder auf ein ungesundes Bedürfnis, sich anzupassen und zu tun, was »sie« von uns wollen. Die Stille der Anpassung enthält nichts – keinen lebendigen Ton, kein Pulsieren, Knarzen oder Donnern – als Ausdruck der eigenen Persönlichkeit. In einer solchen Stille nistet sich das Leiden ein. Vergessen wir nie, für uns selbst einzustehen. Der Welt mitzuteilen, was wir wollen und wünschen, ist elementar für ein freies Leben.

Das letzte klare Indiz, dass jemand nicht selbst über sein Leben bestimmt, ist das Fehlen einer gezielten Ausrichtung, und zwar dauerhaft. All die vielen Ablenkungen der heutigen Welt rauben unserem Leben den Sinn und Zweck und hindern uns daran, uns weiterzuentwickeln. Die Menschheit steht an einem Scheideweg. Entweder wir gewinnen wieder die Kontrolle über unsere Aufmerksamkeit, oder wir laufen Gefahr, emotional abhängig zu werden von der Technologie, von Geräten, die – obwohl sie keine Seele und keine Absichten haben – mehr Macht über uns ausüben als wir über sie. Die Menschheit ist dabei, in Windeseile zu Sklaven ihrer eigenen Werkzeuge zu werden. Mehrere Stunden pro Tag gehen dafür drauf, dass wir uns irgendwo anmelden, updaten, hin und her wischen – aber wozu? Es ist, als trieben wir dahin in einem digitalen Strom, in den wir nie absichtlich hineingegangen sind. Und allmählich gehen wir unter. Wann immer wir uns an eine *sinnvolle* Aufgabe setzen, spüren wir den Drang, uns etwas Unwichtiges anzuschauen. Wir halten kaum einen Tag ohne Browser-Blackout und App-Amnesie aus – jene langen Phasen während des Tages, in denen wir uns in endlosen Klicks und Swipes verlieren, die uns den Schwung nehmen und weder ein Ziel noch ein Ergebnis haben.

Und doch wirken so viele Menschen so tüchtig, so beschäftigt mit so vielen Aufgaben, sie verfolgen die unwichtigsten Dinge bis ins kleinste Detail. In dieser Zeit des quantifizierten Selbst messen wir, wie viele Stunden wir geschlafen haben, wie viele Schritte wir gegangen sind, wie viele Kalorien wir verbraucht und wie viele Webseiten wir uns angesehen haben. Wir dokumentieren all unser Tun mittels Fotos und Videos. Und doch wissen wir nichts über uns selbst. Wir verbringen mehr Zeit damit, unseren Status zu checken, als in unser Inneres hineinzuhorchen. Wir durchforsten die Erfahrungen unseres Lebens nach Daten, aber nicht nach Tiefe. Wir haben all diese Zahlen und Angaben, um uns zu optimieren, aber wir haben keine Ahnung, wie wir dieses taube Gefühl wieder loswerden. In dem Maße, in dem wir uns irgendwo anmelden, melden wir uns aus unserem Leben ab. Wir werden zu Voyeuren, starren mit offenem Mund die Einzelheiten aus dem Leben anderer Leute an, um uns *connected* zu fühlen oder uns zu amüsieren.

Wenn es überhaupt etwas gibt, was wir messen, beobachten oder optimieren, dann sollte es unsere eigene Geschichte sein, unsere Persönlichkeit und unser Verhalten – wir sollten achtgeben, wer wir sind und wie wir die Welt erfahren und in welchem Austausch wir mit ihr stehen. Wenn wir wieder selbst über unser Leben bestimmen wollen, müssen wir uns fragen: »Bin ich stolz, so zu sein, wie ich bin, und stolz auf den Menschen, zu dem ich werde? Bin ich glücklich mit dem, was ich tue, und mit dem Beitrag, den ich in der Welt leiste? Bin ich für diesen Tag und seine Möglichkeiten dankbar? Plane ich meinen Weg so, dass ich meine höchste Wahrheit leben und meinem höchsten Ziel dienen kann?« Auf diese Weise wollen wir uns selbst prüfen, denn letztendlich sind das die einzigen Angaben, die zählen.

Im entscheidenden Moment geht es darum, ob wir weiter in das Vergessen des tiefen digitalen Stroms hinabgleiten, ob wir hier und da klicken und wischen und in der Ablenkung ertrinken oder ob wir eine andere Perspektive einnehmen, von der aus wir auf all den Lärm hinabblicken können und schließlich, nach langer, langer Zeit, uns bewusst auf das konzentrieren, worauf es im Leben wirklich ankommt.

Fragen wir uns ganz direkt, was es über uns aussagt, wenn wir von unserer Sucht nach digitalen Ablenkungen nicht lassen können. Denn es ist eine Sucht; uns ergeht es nicht besser als dem Alkoholiker, der nicht von der Kneipe lassen kann, oder dem Spieler, den es immer ins Kasino zieht. Bei Menschen, die sich zwanghaft einloggen müssen, sieht der Alltag in etwa so aus: Sie wachen morgens auf und schauen als Erstes nach, welche Nachrichten andere Leute geschrieben haben, immer in der Sorge, dass sie etwas verpasst haben könnten; etwas, was jemand anders aus einer Laune heraus vor ein paar Minuten oder Stunden gewollt haben könnte. Als Nächstes planen sie ihren Tag, wobei sie nicht danach gehen, was sie erledigen müssten, um ihren Träumen näherzukommen, sondern ausschlaggebend ist, wie viel Zeit sie brauchen, um den Bedürfnissen und Bitten anderer nachzukommen. Ekstatisch und voller Hingabe antworten sie auf alle und jeden, sowohl auf Leute, die etwas zu sagen haben, als auch auf irgendwelche Idioten; in ihrer Sucht, es anderen recht zu machen, treffen sie keinerlei Unterscheidungen, nichts hat Vorrang. Den ganzen Tag sind sie nur damit beschäftigt, auf alles zu antworten. Es gibt keinerlei Vision, nur Reaktion – eine selbstauferlegte Panik, dass sie etwas verpassen könnten. Ihr Ziel, wenn man es überhaupt so nennen kann, besteht darin, irgendwie »durchzukommen« und im großen Wettlauf des Lebens, bei dem sie nie hätten mitmachen sollen und nie gewinnen werden, irgendwie »mitzuhalten«.

Das muss nicht unser Schicksal sein, sofern wir den Mut aufbringen und wieder Verantwortung für unser eigenes Leben übernehmen. Dann können wir jeden Tag aufs Neue sinnvollere Ziele ansteuern, egal, was passiert. Immer wieder müssen wir die Entscheidung treffen, dass es an diesem Tag darum geht, was wir wollen und was unserer goldenen Aufmerksamkeit wert ist.

Wie wir Klarheit über das gewinnen, was Bedeutung hat

Woran merken wir, dass wir unser Leben wieder selbst in der Hand haben? An *Klarheit, Richtung, Fortschritt.*

Klarheit über unsere Lebensgestaltung entwickeln wir, indem wir erkennen, dass alle menschlichen Erfahrungen in eine von zwei Kategorien fallen: Unternehmungen mit Bedeutung und Unternehmungen ohne Bedeutung. Die Beurteilung unserer Tage erfordert somit eine klare Unterscheidung. »Ist das, was ich Tag für Tag tue, für mich von Bedeutung? Passt diese Geschäftigkeit zu dem, was ich für meine Lebensaufgabe halte?« Diese Fragen stellen sich selbstbestimmte Menschen. Sie sorgen dafür, dass wir alles einer Prüfung unterziehen – jede Tätigkeit, jede Aufgabe und jede Chance, mit der die Welt uns konfrontiert, muss daraufhin geprüft werden, ob sie zu unseren Zielen passt, ob sie dazu führt, dass wir uns lebendiger fühlen, ob sie für mehr Erfüllung sorgt. Gegenüber Anliegen, die kurzfristig auftauchen, müssen wir standfest bleiben und ein für alle Mal den Gedanken verabschieden, dass wir sie übernehmen müssten.

Einige werden sich darüber beschweren. Sie werden sagen: »Aber mir gefallen meine Antworten nicht. Sie verstehen das nicht. Ich muss diese fürchterliche Arbeit machen. Ich kann mir meinen Arbeitstag nicht aussuchen.« Wer das glaubt, dem werden nur die Zeit und zunehmende Reife die

Augen öffnen: Genau wie unsere Emotionen ist auch unsere Arbeit letztendlich eine Frage der Entscheidung. Es liegt an uns, ob wir diese Macht ausüben. Wenn uns unsere Arbeit nicht gefällt, haben wir drei Möglichkeiten:

- Wir machen weiter und verabscheuen das, was wir tun.
- Wir ändern unsere Sicht auf die Dinge und finden Sinn und Freude in unserer jetzigen Tätigkeit.
- Wir kündigen die Stellung, für die wir nie Leidenschaft empfunden haben, und suchen uns etwas, was unser Herz vor Freude hüpfen lässt.

Man hofft, dass jeder irgendwann – am besten so bald, wie es sich verantworten lässt – die letzte Option wählt.

Müssen wir jeden Job kündigen, den wir nicht mögen? Nein. Man kann in jedem Job bleiben und dort Erfolg haben – Größe lässt sich auf jedem Erfahrungsgrund kultivieren. Aber wir alle wissen, dass Großes schneller in den Herzen jener heranreift, die tun, was ihnen Freude macht, als in den verbitterten Herzen von Menschen, die von Tätigkeiten gegängelt werden, die ihnen zuwider sind.

Manche verschwenden ihr gesamtes Leben an eine Arbeit, die sie nicht mögen, aus dem Grund, weil sei nicht den Mut aufbringen, sich zu fragen: »Was, wenn ich frei und stark genug wäre, um etwas zu finden, was mich stärker fordert und mir mehr Befriedigung verschafft? Vielleicht gibt mir die Welt ja nicht das, was ich gern hätte, weil ich mich von viel zu vielen Dingen ablenken lasse und nicht die Disziplin habe, auf ein Ziel hinzuarbeiten, sodass nicht klar ist, was ich mir überhaupt wünsche?« Durch forsche Fragen wie diese rütteln wir uns selbst auf und sorgen innerlich für neue Wünsche und neue Kraft.

Sich selbst eine Richtung geben: Ein schriftliches Manifest

Wir müssen noch weiter gehen. Wir müssen mehr tun, als unseren momentanen Erfahrungshorizont zu begutachten und uns darüber klarzuwerden, ob unsere täglichen Aufgaben uns etwas bedeuten. Wir müssen unserem Leben eine neue, proaktive Ausrichtung geben.

»Wie lautet ab jetzt unsere Mission? Wie sieht unser Schlachtplan aus? Welche konkreten Schritte sind dafür notwendig?« Diese Fragen sind keineswegs nur theoretisch gemeint. Nein, wir sollten uns jetzt mit Stift und Zettel hinsetzen und aufschreiben, welchen Fokus und welche Zielrichtung unser Leben von nun an haben soll. Wenn wir unserem Leben keine eigenen Zielsetzungen geben – die wir aufschreiben, immer wieder prüfen, auf den neuesten Stand bringen und nach denen wir leben –, werden wir automatisch zu Mitläufern. Wir landen dort, wo »die« uns hinpflanzen, wo sie uns haben wollen, wo auch immer es gerade passt, unabhängig von unseren Hoffnungen und Absichten. Solch ein Leben wollen wir nicht!

Deshalb wollen wir diese Momente unseres Lebens, die voller Magie, Feuer und Entscheidungsfülle sind, nutzen, um uns hinzusetzen und die Dinge zu notieren. Machen wir uns den morgigen Tag zu eigen, indem wir heute Abend unsere Träume aufschreiben. Wir wollen im Einzelnen fragen:

»Was will ich *wirklich* im Leben?«

»Was will ich *tatsächlich* erschaffen, welchen Beitrag möchte ich leisten?«

»Als was für ein Mensch möchte ich der Welt tagtäglich gegenübertreten?«

»Welche Menschen soll ich lieben, mit wem soll ich mein Leben teilen?«

»Welches wunderbare Vorhaben wird mir Mut machen, wenn ich mich schwach und verwirrt fühle?«

»Was will ich letzten Endes hinterlassen?«

»Was muss ich konkret tun, um aktiv zu werden und mein Engagement aufrechtzuerhalten?«

»Was will ich in dieser Woche schaffen? In diesem Monat? In diesem Jahr?«

Ja, wir müssen diese Dinge aufschreiben. Das wird unser ganz persönliches Manifest sein, unsere schriftliche Erklärung dessen, worum es in unserem Leben gehen soll.

Jene, die kein solches schriftliches Dokument haben, müssen aufhören, sich selbst etwas vorzumachen und zu glauben, *sie* hätten die Kontrolle über ihr Leben. Denn ohne eine selbstgesetzte Richtschnur sind wir lediglich bedauernswerte Vasallen des Konformismus. Bloße Absichten und gelegentliches Sinnieren über das Leben halten niemanden davon ab, sich anzupassen oder seine Tage mit Ablenkungen zu vergeuden. Es gibt einen guten Grund, weshalb Staaten ihre Erklärungen, Verfassungen und Gesetze ausformulieren, aufschreiben und befolgen. Egal, wie stark eine Gesellschaft ist, wie ihre Absichten, ihre Kultur oder der Wille der

Allgemeinheit aussehen, ohne schriftliche Vorgaben geht alles in der Willkür menschlichen Verhaltens unter. Deshalb müssen wir es aufschreiben, und deshalb müssen wir unsere Manifeste immer wieder lesen, und deshalb müssen wir so handeln, wie es dem Plan entspricht, den wir selbst für uns aufgestellt haben.

Und wenn wir mit dem Aufschreiben fertig sind, wollen wir morgen früh aufstehen und den Tag und die Woche nutzen, um voranzukommen und diese Ziele zu erreichen. Wir wollen für diese Dinge kämpfen! Wir wollen uns am Morgen daran erinnern, worauf wir aus sind, und konkrete Ziele für den Tag aufschreiben; nutzen wir jene erste goldene Stunde, um unseren Tagesablauf gut zu planen. Auf keinen Fall dürfen wir jene erste kostbare Stunde ungenutzt verstreichen lassen, denn die Träume vom Vorabend geraten bei Tage leicht in Vergessenheit. Wir müssen den jungfräulichen Morgen nutzen, um unseren eigenen Plan aufzustellen, bevor die Welt mit ihren korrumpierenden Vorhaben auf uns einstürmt. Ja, schreiben Sie morgens noch mehr auf: »Wer werde ich heute sein? Welchen Träumen werde ich nachgehen? Was werde ich erreichen, egal, was passiert? Wem werde ich Wertschätzung, Liebe oder Anerkennung schenken? Was werde ich tun oder erleben, das dazu führt, dass ich mich heute Abend, wenn ich mich schlafen lege, erfüllt oder dankbar fühle?«

So etwas nennt man bewusst und unabhängig leben. So leben motivierte Menschen. So manifestiert man ein freieres Leben. Alles andere ist bloß Wünschen und Hoffen, ein stetiger Abstieg ins Mittelmaß, der todlangweilige Trommelschlag eines passiven und reaktiven Lebens.

Verpflichtungen hindern uns nicht am Fortschritt

Manche werden denken, dass diese erneute Aneignung unseres eigenen Lebens für sie nicht infrage kommt. Nicht, weil sie an ihrem Potenzial zweifeln, sondern weil sie sich verpflichtet fühlen, ihr Leben in den Dienst anderer zu stellen. Sie sagen: »Sie verstehen das nicht; ich bin für die anderen zuständig. Ich kann über meinen Tag nicht frei verfügen, denn ich muss mich um sie kümmern. Ich opfere meine Träume und Dinge, die ich sinnvoll finde, auf dem Altar der Liebe und der Verpflichtung. Ich muss die anderen zufriedenstellen, deshalb komme ich nicht voran und bin nicht frei zu tun, was mir Freude bereitet.« Auch solche Menschen brauchen Zeit, Reife und jene großartige Entdeckung namens Entscheidungsfreiheit.

Niemand in unserem Umfeld kann uns davon abhalten, auf unsere Träume hinzuleben. Wer etwas anderes glaubt, akzeptiert die Opferrolle. Letztendlich entscheiden wir selbst, was wir mit unserer Zeit anfangen.

Was können wir also tun? Müssen wir alle, die uns brauchen, verlassen, um das Leben zu leben, das wir uns wünschen? Vielleicht ist es erwachsener zu lernen, wie wir unsere Wünsche und Träume auf andere Weise schützen können, während wir die Rollen ausüben, für die wir uns entschieden haben. Wir können eine gute Mutter sein und zugleich jeden Tag entschlossen auf unsere Träume hinarbeiten. Wir können gute Führungspersönlichkeiten sein, die andere darin unterstützen, mehr zu erreichen, und zugleich entschlossen auf unser Tagesziel hinarbeiten.

Bei dem Balanceakt, uns um die Bedürfnisse anderer zu

kümmern, während wir an unseren eigenen Plänen festhalten, müssen wir lernen, Nein zu sagen. Dieses Wort hat eine enorme Kraft. Nirgendwo steht geschrieben, dass wir zu jeder Forderung, die über unseren Schreibtisch wandert oder uns Löcher in die Ohren brennt, weil jemand uns etwas vorheult, Ja sagen müssen.

Das schließt nicht aus, dass wir liebevoll und verantwortlich mit den Menschen umgehen, die uns brauchen, wenn uns dies Freude macht. Wenn andere zu lieben und uns um bestimmte Menschen zu kümmern das ist, was für uns Bedeutung hat, dann sollten wir genau dies tun. Die Mädchen zum Fußballtraining zu fahren zählt nicht als Ablenkung, wenn es unserem Tag Sinn schenkt. Doch wir dürfen nicht zulassen, dass alle möglichen Ablenkungen, sorglose Müßiggänger oder zufällige Gelegenheiten uns fortwährend von unserem Tageswerk abhalten.

Die meisten wissen nicht, wie sie Nein sagen sollen, und deshalb sind sie immerzu gestresst und unzufrieden. Man erkennt diese Menschen leicht, denn immer sind sie in der Opferrolle. Ihr Leben scheint eine einzige Schinderei zu sein, ständig haken sie Aufgaben ab, die andere ihnen aufgebürdet haben. Manchmal scheinen sie verzweifelt und mit den Nerven am Ende zu sein, vollkommen erdrückt von näherrückenden Fristen, die sie sich nicht ausgesucht oder eingeplant haben. Oft wirkt es so, als warteten sie auf Anleitung oder Anweisung, sodass ihr Terminkalender eher einer Warteschleife als einem Handlungsplan gleicht. Sie treten im Leben auf der Stelle, weil sie nie über ihren ängstlichen Wunsch hinauswachsen, es allen anderen recht zu machen. Das Einzige, worum sie sich kümmern, ist, sich den Bedürfnissen und Zeitvorgaben der Menschen in ihrem Umfeld anzupassen; und somit kennt ihre Woche, ihr Jahr, Jahrzehnt, ja, ihr Leben, weder Ziel noch Handlungsbogen. Sie fristen ein trauriges Dasein und leiden unter der Last von anderer Leute Vorgaben und Erwartungen.

Dieses Dilemma betrifft uns alle: Wie müssen unsere persönlichen Bedürfnisse und Ziele in Einklang bringen mit den Bedürfnissen und Zielen von Menschen, die wir lieben, die wir führen oder denen wir dienen. Aber wir dürfen nicht die Opferrolle annehmen. Andere werden immer Zeit und Aufmerksamkeit von uns fordern, auch Menschen, die wir lieben und die uns wichtig sind. Unsere Eltern wollen, dass wir ihnen öfter oder länger zuhören, als wir dies möchten. Unsere Freunde und Nachbarn laden uns zu Partys oder Verabredungen ein. Wir haben Verpflichtungen gegenüber der Kirche, unserer Partei oder Freiwilligenorganisation. Es gibt Chefs, die erwarten, dass wir rund um die Uhr erreichbar sind und auf Anfragen sofort reagieren.

Wie sollen wir mit all diesen Anforderungen umgehen? Wenn wir zu allen Ja sagen, gehen wir unter. Das Einzige, was wir tun können, ist, Nein zu sagen, und zwar oft Nein zu sagen, öfter, als es uns oder den anderen lieb ist. Ausnahmen sind nur dann erlaubt, wenn Ja zu sagen uns persönlich oder in gesellschaftlicher Hinsicht etwas bedeutet und dazu beiträgt, dass wir unserem idealen Leben etwas näher kommen.

Wir müssen diesbezüglich wachsam sein, denn es wird immer ein paar Bedürftige geben, die unseren Wunsch zu gefallen geradezu riechen. Sie werden wie schwarze Raben vom Himmel auf uns herabstoßen, uns immer wieder angreifen und unser Leben Stück für Stück verschlingen. Da ist der Typ im Büro, der ständig um irgendeinen Gefallen bittet, die Exfreundin, die immer wieder aus einem dramatischen Grund anruft und gerettet werden muss, der Angestellte, dem wir einmal geholfen haben und der sich nun weigert, tatsächlich etwas zu leisten. Solche Leute werden sich immer wieder auf uns stürzen, und ihnen ist es egal, welche Pläne wir für unser Leben, unser Schicksal haben. Ihr Opportunismus wird uns immer zu schaffen machen, sofern wir uns nicht bewusst vornehmen, Nein und nochmals Nein zu sagen. Wir müssen lernen, geschickt und mit Nachdruck auf Menschen zu reagieren, die immer wieder sagen: »Es tut mir leid, dass ich dich schon wieder um einen kleinen Gefallen bitten muss.« Ihnen wollen wir schlichtweg antworten: »Ich kann dir jetzt nicht helfen. Ich habe eigene Pläne, die ich nicht aufschieben kann, um mich um deine Angelegenheiten zu kümmern.«

Dabei müssen wir uns genauso wenig entschuldigen wie gegenüber dem Menschen, der unser Auto angefahren hat, während wir die Vorfahrt hatten. Wenn nötig, können wir auch Diplomatie anwenden: »Ich wünschte, ich könnte dir helfen, aber leider kann ich auf deine Last-Minute-Anfrage nicht eingehen, da ich bereits vollkommen mit Aufgaben ausgelastet bin, die schon lange geplant sind und die ich versprochen habe.«

Wie wir mit Menschen umgehen, die unseren eigenen Fortschritt behindern, sagt etwas über unseren Charakter und unsere Unabhängigkeit aus. Wenn wir unsere eigenen Pläne jedes Mal umwerfen, um ihren Bitten oder Problemen gerecht zu werden, sind wir verloren. Immer dann, wenn wir auf ihre Notlagen eingehen – die in der Regel vorgeschobene Fristen oder Dringlichkeiten infolge mangelhafter Vorbereitung oder fehlender Verantwortung sind –, verlieren wir unwiederbringlich Stunden unseres Lebens, die unsere eigenen Anliegen hätte voranbringen können. Deshalb müssen wir unsere Lebensgestaltung wieder fest in die Hand nehmen. Wir müssen achtgeben auf Menschen, die immer irgendwie drängeln, auf die vielen Hilfsbedürftigen und diejenigen, die nicht auf unserer Liste von Menschen stehen, die wir lieben, um die wir uns kümmern und die wir pflegen wollen. Man kann es nicht oft genug wiederholen. Wir dürfen keine Angst haben zu sagen: »*Nein*, ich kann dir jetzt nicht helfen!«

Nehmen wir uns also fest vor, nicht zuzulassen, dass andere Leute ständig Alarm schlagen und wir aufgrund von Rettungsmanövern unsere eigenen Träume vernachlässigen. Die Probleme der ewig Hilfsbedürftigen oder der schlecht Vorbereiteten gehen uns nichts an. Für ihr Leben sind wir nicht verantwortlich.

Diese Lebenswahrheit – wenn wir sie uns wirklich zu eigen machen – hat etwas Befreiendes: *Ich bin nicht verantwortlich für die Zerstörung, die andere Menschen in ihrem Leben angerichtet haben, und ich muss auch nicht jeden retten.*

Was erwartet uns, wenn wir standfest unsere Pläne für unser eigenes Leben verteidigen? Was passiert, wenn wir Nein sagen? Die meisten werden Verständnis haben, und mit der Zeit werden sie das respektieren und uns in Ruhe lassen.

Aber machen wir uns nichts vor: Eine kleine Gruppe unserer Zeitgenossen wird wütend werden. Ihnen wird unser freier Wille und unsere Unabhängigkeit nicht passen. Sie werden versuchen, uns lächerlich zu machen oder Schuldgefühle einzuflößen. Möglicherweise fragen sie: »Für wen hältst du dich eigentlich?« Oder sie fühlen sich betrogen und starten erbitterte Kampagnen, um uns wieder zu ihrem Spielball zu machen und uns mit Gewalt oder aber ganz sanft in ihre Einflusssphäre zurückzubugsieren, auf dass wir wieder so werden, wie wir ihrer Ansicht nach sein sollten. Viele werden behaupten, wir stünden dauerhaft in ihrer Schuld, weil sie uns doch so geliebt und sich so für uns aufgeopfert hätten. »Wie kannst du es wagen, mir das abzuschlagen? Wie kannst du mich so hängenlassen? Nach all dem, was ich für dich getan habe – wieso tust du mir jetzt nicht diesen kleinen Gefallen?« Falls man so auf uns einredet, dürfen wir auf keinen Fall klein beigeben, sonst laufen wir Gefahr, in ein größer werdendes, klebriges Netz an Forderungen zu geraten. Je häufiger wir Nein sagen, desto wahrscheinlicher ist es, dass diese Menschen sich jemand anders suchen, den sie behelligen, oder aber sie werden selbstständiger, da wir ihnen nun nicht mehr fortwährend zur Verfügung stehen.

Ja, wir werden Feindseligkeit hervorrufen, das Wohlwollen einiger Menschen verlieren, Loyalitäten zerstören und unsere Beliebtheit aufs Spiel setzen. Das wird immer mehr geschehen, und zwar in dem Maße, in dem unsere eigene Willenskraft wächst und unsere Freiheit zunimmt. Dann ist es eben so. Keine Persönlichkeit der Vergangenheit hat Geschichte geschrieben, ohne dass ihr schlimme Vorwürfe gemacht wurden oder sie Gegenreaktionen bei Menschen hervorrief, denen ihre Unabhängigkeit, ihre Disziplin oder ihre Zielstrebigkeit nicht passte.

Sollen die Kleingeister sich ruhig beschweren. Sollen sie aus alberner Angst heraus oder vor Ärger zittern. Wenn wir über Tage, Wochen, Monate hinweg unser Revier verteidigen und weder Schuldgefühlen noch äußerem Druck nachgeben, sondern voller Überzeugung klarmachen, dass wir unsere eigenen Träume verfolgen möchten, werden wir feststellen, dass die herrschsüchtigen Menschen und unachtsamen Kleingeister uns endlich in Ruhe lassen. Und dann – entlastet von dem sozialen Druck, der nichts weiter ist als die Anforderungen anderer, die uns ablenken – sind wir frei. In dem erhellten Raum der Zeit, der sich neu geöffnet hat, sind wir frei, unser eigenes Leben zu gestalten. Je mehr wir Nein sagen zu Menschen, die Forderungen stellen, desto mehr öffnet sich das Leben, so können wir unseren Leidenschaften und unserem Glück nachgehen und Zeit mit Menschen verbringen, die uns am Herzen liegen.

Aber was ist, wenn es unsere Liebsten sind, die uns beständig von unserem eigenen Weg fortzerren? Wir wollen ihnen mit Geduld begegnen, aber auch realistisch sein. Wir müssen geschickt mit jedem umgehen, der uns von unserem Tageswerk abbringt, auch mit unserer Familie. Meistens müssen wir bloß darum bitten, dass wir zu gewissen Zeiten am Tag ein wenig Zeit für uns haben. Wir sagen etwa zu unserem kleinen Sohn: »Deine Mutter muss sich die nächsten zwei Stunden um ein Projekt kümmern, das ihr sehr wichtig ist. Geh solange bitte nicht in ihr Büro.« Wenn dies einmal gesagt ist, muss man auch als Eltern reif und standhaft bleiben. Wir können unsere Kinder oder unsere Arbeitskollegen dahin gehend erziehen, dass sie, wenn unsere Tür geschlossen ist, nur eintreten, sofern wirklich Not am Mann ist. Wir können auf liebevolle Weise darum bitten, dass unser Partner uns jeden Abend eine Stunde Zeit lässt, in der wir lesen, meditieren oder künstlerisch tätig sein können. Wir können Partys, Verabredungen und formelle Anlässe, zu denen wir uns immer angehalten fühlen, einfach absagen. Anfangs beschwert sich vielleicht jemand oder zieht ein langes Gesicht, aber mit der Zeit werden die Menschen begreifen, dass wir ein Ziel haben, und sie werden uns Raum geben. Denn sie wissen: Je mehr sie unsere Pläne respektieren, desto eher werden wir es einrichten, Zeit mit ihnen zu verbringen.

Es geht uns nicht darum, uns kühl zu verhalten oder für andere unnahbar zu sein. Nein, es geht darum, unsere Gesundheit, unseren Fortschritt und unsere Freiheit zu schützen. Um es nochmals zu wiederholen: Wir können und sollten denen, die wir lieben oder gegenüber denen wir eine Führungsrolle innehaben, Zeit und Aufmerksamkeit widmen – *wenn wir dies tun möchten*. Es ist richtig und verantwortungsvoll, gut zu den Menschen in unserem Umfeld zu sein, aber nur, wenn es nicht auf Kosten unserer eigenen langfristigen Gesundheit oder unserer Träume geht. Hinzu kommt: Je häufiger wir zu unangemessenen Anforderungen Nein sagen, desto mehr Zeit bleibt uns für die Menschen, die uns nahestehen.

Manche fragen: »Sollten wir nicht Kompromisse eingehen? Gibt es denn keinen Mittelweg zwischen unseren Wünschen und den Bedürfnissen unserer Mitmenschen?« Vielleicht. Aber es macht einen Unterschied, ob wir ein paar Dinge in unser Tagesprogramm aufnehmen, um anderen zu helfen, oder ob wir *unsere gesamte Lebensplanung fortwährend opfern*. Hinsichtlich der Frage, ob wir unsere eigenen Leidenschaften und unsere Aufgabe hintanstellen sollen, um anderen gefällig zu sein, dürfen wir niemals Kompromisse eingehen. Kompromisse bedeuten, dass wir etwas geben, damit im Gegenzug jemand anders auch bereit ist, etwas zu geben. Aber wir dürfen weder einen Teil unseres Traums noch Jahre unseres Lebens einfach jemand anderem überlassen. Ja, wir können andere auf unserem Weg hin zu persönlicher Freiheit lieben und ihnen helfen. Aber wir dürfen nicht so viel von unserer Zeit verschenken, dass unsere Freiheit gefährdet wird. Wir können unseren Aufgaben im Alltag nachkommen und für die uns nahestehenden Menschen sorgen, aber unsere eigene Weiterentwicklung darf nie ins Wanken geraten oder zum Stillstand kommen, sonst unterwerfen wir uns den anderen. Wenn wir anderen helfen und dabei unsere eigenen Träume aufgeben, liegt das an unserem Ego, das versucht, uns zu falschen Märtyrern zu machen.

Wir müssen das große Ganze im Blick behalten. Millionen von Träumen sind verpufft, weil Menschen Kompromisse eingegangen sind und sich an die Unwahrheit der Schwachen gehalten haben: »Es macht mir nichts aus, meine Bedürfnisse und Träume noch ein paar Jahre zurückzustellen, denn andere Menschen brauchen mich.« Sollen wir denn den ganzen Tag nichts anderes tun, als auf die Bedürfnisse anderer zu reagieren, bis wir spätabends erschöpft ins Bett fallen und dem, was wir im Leben wollen, keinen Schritt näher gekommen sind, sodass wir unruhig schlafen und am nächsten Morgen wieder in einer Welt aufwachen, in der andere Menschen das Sagen haben und nicht wir selbst? Nein, wir wollen weder unsere Träume zur Disposition stellen noch Stunde für Stunde um unser Schicksal schachern. *Falls wir in der Ferne ein Ziel erkennen können, wollen wir kraftvoll, entschlossen und beharrlich darauf zuschreiten.* Alles andere hieße, unseren Traum schwächer werden zu lassen, bis er stirbt. Eine Zeitlang können wir die Menschen, die wir lieben, durchaus unterstützen oder für sie einspringen – aber das heißt nicht, dass wir unsere eigenen Ziele vollkommen auf Eis legen müssen. Jeden Tag können wir *etwas* tun, um unsere eigenen Pläne voranzubringen.

Möglicherweise ist es auch an der Zeit, dass wir aufhören zu denken, andere Menschen behinderten uns bei der Verwirklichung unserer Träume; wir können in ihnen vielmehr Mitstreiter sehen. Haben wir uns je mit unseren Liebsten zusammengesetzt und ihnen erzählt, was wir uns in Wahrheit vom Leben wünschen und weshalb? Beziehen wir andere genügend mit ein, damit sie uns unterstützen und an unseren Zielen Anteil nehmen können? Echter Fortschritt stellt sich oft dann ein, wenn wir andere zu Komplizen unserer Vorhaben machen.

Zurückfordern und zurückgewinnen

Jeden Tag haben wir die Wahl, ob wir uns den Launen dieser Welt fügen oder ob wir unseren eigenen Weg planen. Wenn wir auf Selbstbestimmung verzichten, treiben wir in unruhiger See dahin, und am Horizont sind bloß Wellen der Langeweile oder des Leidens. Deshalb müssen wir jeden Morgen überzeugt sein, dass *dieser* Tag uns gehört, egal, was passiert. Wenn wir mit dieser Absicht in den Tag starten, wenn wir Klarheit entwickeln, unser eigenes Manifest schreiben, unsere eigenen Pläne aufstellen und sie voller Überzeugung und Disziplin ausführen, wenn wir dranbleiben, uns durchsetzen und Verantwortung übernehmen, dann haben wir eines Tages wieder das Ruder in der Hand – glücklich, motiviert und *lebendig*.

Drittes Versprechen

WIR WOLLEN UNSERE INNEREN DÄMONEN BESIEGEN

Wer an sich selber zweifelt, ist wie jemand,
der sich bei einer gegnerischen Armee anwerben lässt,
um gegen sich selbst zu kämpfen.

Alexandre Dumas

Während wir in unserem Leben immer mehr Präsenz und Zielgerichtetheit entwickeln, stimmen wir uns zunehmend auf unsere Lebensfreude und Kraft ein. Auch spüren wir immer deutlicher, wie stark wir uns selbst limitieren. Wir erkennen, dass es vielmehr unsere Gedanken als die äußeren Umstände sind, die unsere Freiheit und unseren Erfolg beeinträchtigen. Wir sind es, die zulassen, dass unsere Unsicherheiten und Sorgen zu Wogen der Angst anschwellen, die unsere Träume fortspülen. Wir sind es, die unseren eigenen Fortschritt hemmen, indem wir genau dann aufgeben, wenn mutiges Handeln gefordert wäre. Wir sind es, die uns von anderen absondern, um wahre Nähe zu vermeiden oder um uns über andere zu erheben.

Keiner von uns möchte beim Blick in den Spiegel feststellen, dass der Mensch, der daraus zurückblickt, der Grund für unsere Enttäuschung ist. Es wäre uns lieber, wenn wir unser Spiegelbild anlächelten und auf seinen Mut stolz sein könnten. Wir wollen von uns selbst die Vorstellung haben, dass wir frei und motiviert sind und unser eigenes Leben meistern. Und doch wissen wir beim schnellen Blick in unsere müden Augen oft, dass wir uns selbst im Weg stehen. Zu oft murmeln wir beim Anblick unseres Spiegelbildes im Geiste: »Du schon wieder? Warum schaffst du es nicht, dich zusammenzureißen und die Dinge anzupacken, die du dir wirklich wünschst? Warum gehst du nicht mehr Risiken ein, äußerst öfter mal deine Meinung, bist konsequenter, gehst mehr auf andere Menschen zu?« Das sind schwierige Fragen, wenn wir merken, dass unsere inneren Dämonen uns plagen. Mit solchen Tagen muss Schluss sein. Und zwar jetzt.

Größe zeichnet jene aus, die ihre innere Welt gemeistert haben. Jeder von uns wird von Zweifeln geplagt, aber großartigen Menschen gelingt es trotzdem, Mut zu fassen und anzufangen. Wir alle würden am liebsten gewisse Handlungen aufschieben, aber großartige Menschen machen weiter. Wir alle möchten Verletzlichkeit vermeiden oder uns hin und wieder anderen überlegen fühlen, aber großartige Menschen verhalten sich fortwährend offen, bescheiden und liebevoll. Diese Ausnahmemenschen haben keineswegs bloß Glück; sie gehen schlichtweg planvoller vor und haben mehr Erfahrung darin, ihre inneren Dämonen zu besiegen. Deshalb sind sie so vital, so motiviert, so zuversichtlich. – Erleuchtung kommt zu jenen, die sich von der Selbstunterdrückung befreien.

Wir wollen uns bewusst dafür entscheiden, dass dies unser Ziel sein möge, und ein für alle Mal die Dinge aus unserem Leben ausmerzen, die uns immer behindern. Wir verdienen, frei zu sein von all jenen inneren Regungen, die unsere Großartigkeit beeinträchtigen. Somit versprechen wir: *Wir wollen unsere inneren Dämonen besiegen.*

Der innere Feind

Einen Gegner, den man nicht kennt, kann man nicht bekämpfen. Daher wollen wir unserem Problem als Erstes einen Namen geben. Da es unserem Willen, uns im Leben weiterzuentwickeln, im Weg steht, werden wir es *Widerspenstigkeit* nennen.

Um das Ausmaß seiner Auswirkungen sowie unseres Kampfes dagegen überdeutlich zu charakterisieren, werden wir ihm auch eine Form geben, die wir visualisieren können, um sie dann zu zerstören. Stellen Sie sich die Widerspenstigkeit als eine hässliche Schlange mit drei Köpfen vor, die sich tief in uns regt, wann immer wir etwas riskieren wollen. Wenn dieses Biest sich windet, spüren wir in unserer Bauchregion ein Gefühl der Angst, jenes schreckliche Gefühl, dass wir nicht gut genug sind oder dass alles ganz fürchterlich endet. Wann immer es sich regt, quälen wir uns. Wir fühlen uns dadurch so schwach und verzagt, dass wir gar nichts mehr tun und auch die Verbindung zu anderen kappen. Es ist ein eigener Organismus in uns drinnen, den unser niederster Impuls, der Drang nach Selbstschutz, steuert.

Jeder von uns ringt im Laufe seines Lebens mit dieser Bestie. Die Frau, die nie ihr eigenes Unternehmen gründet, weil sie sich immer vor etwas fürchtet, steht in ihrem Bann. Der arme Kerl, der ständig etwas anfängt und bald wieder damit aufhört und seinen Zielen nie wirklich näher kommt, geht daran zugrunde. Und auch der egoistische Geschäftsmann, der seine Teamkollegen als Idioten oder als Konkurrenten betrachtet, lässt sich von der Bestie verführen.

Wann immer wir uns selbst ein höhergeordnetes Ziel stecken, beginnt dieses Untier innerlich an uns zu nagen, unser Selbstvertrauen zu beeinträchtigen und uns von innen nach außen aufzufressen, bis wir ängstlich und vollkommen mutlos sind.

Wo kommt die Widerspenstigkeit überhaupt her, und wie konnte sie so viel Macht über uns gewinnen?

Sie wuchs aus den Samen der Angst, die uns die Bösewichter der Welt eingepflanzt haben: die ewigen Warner, die uns beigebracht haben, den Zweifel über den Glauben zu stellen; die apathischen Mitläufer, die uns vorgemacht haben, wie man zu Erledigendes lieber aufschiebt, statt zu handeln; der Gefühllose, der uns dahin gebracht hat, dass wir das Künstliche und den sozialen Rückzug wählen statt das Echte und den Wunsch, auf andere Menschen zuzugehen. Letztendlich waren sie alle gleich – Sorgenkrämer oder herrschsüchtige Gestalten, die bereits in jungen Jahren die Samen der Furchtsamkeit tief in uns gesät haben. Negative Gedanken, die sie uns eingegeben haben, füttern die Bestie in uns, und ihre Macht nimmt zu, sobald wir Glaubenssätze repetieren wie: »Ich bin nicht gut genug. Ich höre wohl besser auf mit dem, was mir Spaß macht, weil ich Angst habe. Ich verdiene weder Vertrauen noch Respekt – und die anderen auch nicht.« Die Fieslinge dieser Welt mögen uns diese Gedanken eingegeben haben. Doch unser Fehler war es, sie immer weiter zu denken, deshalb ringen wir heute mit diesen inneren Herausforderungen. Nur weil wir schwach und unaufmerksam waren, haben wir der Widerspenstigkeit überhaupt Macht verliehen.

Wenn wir mehr Achtsamkeit entwickeln, beginnen wir zu spüren, dass diese Bestie etwas von unserer wahren Natur Getrenntes ist. Wir merken es, wenn sie sich in uns regt, dann nämlich spüren wir, wie plötzlich eine Welle von Stress und Anspannung unseren Körper erfasst. Wir können hören, wie ihr Gejammer und Gebrüll aus der Tiefe unseres Körpers aufsteigt und in Gedanken Ausdruck findet, die angstgesteuert sind: »Ich bin nicht *sicher*!«, »Vielleicht ist es nicht der richtige *Zeitpunkt*!«, »*Die anderen* werden mich nicht verstehen oder mich nicht gewinnen lassen!« und so weiter. Wir können uns bewusst machen, dass diese Gefühle in unserem Körper und diese Geräusche in unserem Kopf nicht unserem besten Selbst entsprechen, sondern der inneren Stimme der Widerspenstigkeit gehören, die wir nicht weiter füttern müssen. *Die Widerspenstigkeit kann so viel herumbrüllen, wie sie will, wir aber können uns bewusst dazu entscheiden, sie zu ignorieren, so wie wir einen lästigen kläffenden Hund nicht beachten würden.* Manchmal wandelt sie sich und führt zu plötzlichen Anwandlungen von Angst oder Hass, aber wir können uns selbst beruhigen, indem wir unsere eigenen Gedanken und Handlungen steuern. Mit etwas Übung können wir sie endgültig zum Schweigen bringen. Wenn uns das gelingt, dann beginnen wir, unsere persönliche Kraft voll auszuschöpfen.

Zweifel können wir durch Vertrauen transformieren

Widerspenstigkeit ist ein starker Gegner. Bevor wir uns ihr entgegenstellen, wollen wir sie kennenlernen; wir wollen das Wesen ihrer drei scheußlichen Köpfe verstehen.

Den ersten Kopf der Widerspenstigkeit können wir uns wie den Kopf eines blassen, kränklichen Aals vorstellen. Wir spüren ihn als *Gefühl der Unsicherheit* in unserer Magengrube, das so weit ansteigt, bis wir eine Kette unentschiedener Gedanken in unserem Kopf vernehmen. Dort klingt es wie ein hohes, vertrautes Jammern, wie die Stimme eines alten, geduldeten Freundes, dem wir Gehör schenken und der dies ausnutzt, um uns mit seinen Sorgen und Unsicherheiten zu belagern. Obwohl er lächerlich klingen oder aussehen mag, dürfen wir diesen Kopf der Schlange nicht unterschätzen. Seine einzige – zersetzende – Funktion besteht darin, uns dermaßen zu beunruhigen, dass wir auf ebenjene Anstrengung verzichten, die ihn vernichten würde. Aus diesem Grund wollen wir ihn als *Zweifel* bezeichnen.

Zweifel regt sich, wann immer wir etwas Neues oder Besseres anstreben. Er weiß, dass in den Momenten, in denen sich unser Ehrgeiz rührt, seine eigene Existenz in Gefahr ist. Denn falls wir so weit kämen, dass wir voller Vertrauen unsere Ziele erreichen, könnte er vernichtet werden. Das Einzige, was der Zweifel tun kann, um zu überleben, ist, uns durch Jammern von unserer Stärke abzulenken und pessimistisch zu wiederholen: »Ich bin mir nicht sicher, ich bin mir nicht sicher, ich bin mir nicht sicher …«

Seine Klagen verunsichern die meisten Menschen. Sie können mit den fortwährenden Sorgen des Zweifels nicht umgehen, und bald schon sind sie in einem Kreislauf negativer Gedanken gefangen: »Ich bin mir nicht sicher, ob es der richtige Moment ist, um zu kündigen«, »Vielleicht ist jetzt nicht der richtige Zeitpunkt, um an einen Ort zu ziehen, der mir gut gefallen würde«, »Wahrscheinlich sagt sie Nein, wenn ich sie frage, ob sie mit mir ausgehen will«, »Ich glaube nicht, dass es eine gute Idee ist, wenn ich jetzt tue, wozu ich Lust habe, oder auf eigene Faust losziehe« …

Wann genau der Zweifel in unserem Leben die Oberhand gewinnt, lässt sich jeweils voraussagen. Es sind die Momente, in denen unsere zweifelnden Gedanken zu realen Worten werden – wenn wir eine Frage mit »Was, wenn …« beginnen und sie in eine negative Formulierung übergehen lassen:

»Was, wenn es am Ende nicht funktioniert?«

»Was, wenn ich damit nicht zurechtkomme?«

»Was, wenn ich nicht gut genug bin?«

»Was, wenn die anderen mich nicht mögen?«

»Was, wenn ich verliere?«

»Was, wenn ich nicht mehr zurückkann?«

»Was, wenn sie mich ausnutzen?«

Das sind die Fragen eines vom Zweifel vergifteten Geistes, nicht die Fragen unseres höchsten Selbst.

Diese zweifelnden Fragen *zuzulassen* und sie zu *wiederholen*, das ist es, was die meisten Menschen davon abhält, ein freies und erfülltes Leben zu führen.

Wir können keine echten Fortschritte machen, wenn wir unablässig unseren eigenen Weg und unsere Fähigkeiten in Zweifel ziehen. Dabei liegt der größte Schaden, den der Zweifel anrichtet, nicht in dem, was wir zu *tun*, sondern in dem, wer wir zu *werden* versäumen. Unser Charakter entwickelt sich nur weiter, wenn wir uns anstrengen, mit etwas ringen oder lernen, und all diesen Herausforderungen setzen wir uns nicht aus, wenn wir auf den Zweifel hören. Der Zweifel bringt bloß kleine Männer und Frauen hervor, die sich vor ihrem eigenen Schatten fürchten – eine Welt voller ängstlicher Bedenkenträger, die nie einen Sprung wagen oder anderen dienen.

Was also sollen wir tun? Wie kommt man dem Zweifel bei?

Die großen Weisen lehren uns: Wenn der Zweifel uns im Griff hat, kann nur Vertrauen uns aus seinen Fängen befreien.

Vertrauen ist eine tiefe Überzeugung, umfassende Zuversicht sowie Zutrauen in unsere Glaubensvorstellungen hinsichtlich dessen, was wahr ist. Die Überzeugung ist eine Folge dessen, dass wir uns für sie entschieden haben – wir beschließen, etwas für richtig zu erachten, und halten an dieser Überzeugung fest, unabhängig davon, dass es vieles gibt, was wir nicht wissen können. Vertrauen stützt uns, wenn wir traurig sind, leiden oder einen Verlust bewältigen müssen, und wir behalten einen klaren Kopf, denn wir wissen, dass all das irgendwann wieder vorbei ist und Gutes zu uns zurückkehrt. Wir haben Vertrauen, wenn wir daran glauben, dass wir erfolgreich sein werden.

Das heißt nicht, dass wir aufgrund dieses Glaubens unsere momentanen Fähigkeiten oder unsere Kraft überschätzen. Vielmehr ist der stärkste Glaube der Welt besonders demütig: »Ich glaube an meine Fähigkeit, etwas zu *lernen* und zu ergründen. Wenn ich mich richtig konzentriere, genug Zeit und Mühe investiere und entschlossen bin, glaube ich, dass ich lernen kann, das zu tun, was ich tun muss, und zu dem zu werden, der ich werden muss, damit ich meine Träume verwirklichen kann.« Wenn wir uns an diese Art von Glaube und Vertrauen halten, wenn wir lernen und unser Potenzial immer mehr entfalten, dann pfeift der Zweifel bald auf dem letzten Loch und kann uns nichts mehr anhaben.

So wollen wir heute Abend, wenn der Tag in die stillen Stunden voller Magie übergeht, unser Tagebuch in die Hand nehmen und aufschreiben, weshalb wir Grund haben, erneut an uns selbst und an diese Welt zu glauben. Was haben wir bereits in unserem Leben geleistet, wovon wir nicht ahnten, dass wir dazu in der Lage wären? Welche Gründe fallen uns ein, die die Überzeugung stützen, dass es uns morgen besser geht und die Welt sich uns öffnet? Warum werden wir weiterhin an uns und an unsere Träume glauben, auch wenn es zwischendurch schwierige Tage gibt? All diese Dinge wollen wir aufschreiben. Wir wollen uns *jetzt* zu dieser vordergründig simplen Übung zwingen. Denn indem wir unsere Überzeugungen aufschreiben, festigt sich unser Vertrauen. Und wenn der Zweifel das nächste Mal seine hässliche Fratze zeigt, erinnern wir uns an die Dinge, die wir notiert haben. Wir erinnern uns an das, woran wir glauben. Wir ersetzen das Gejammer des Zweifels durch positive Gedanken, die uns stärken. So machen es Menschen, die ihren Geist bemeistert haben.

Und wenn wir uns im Laufe unseres Lebens immer wieder für das Vertrauen entscheiden, entwickeln wir eine geistige Standfestigkeit, mit der wir den Zweifel in die Flucht schlagen. Es ist, als würden wir jedes Mal, wenn wir unsere Überzeugungen aktivieren, eine Waffe schmieden, die immer schlagkräftiger wird und die in der Lage ist, jegliche negative Gedanken zu durchbohren. Wenn wir diese Art von Macht ausüben, wird sie zu etwas, was wir packen und in Zeiten der Not oder Verzagtheit nutzen können. Bald schon wird Vertrauen zu unserer Lieblingswaffe, die uns vor der Finsternis schützt. Wir werden zu Kriegern des Lichts mit einem unerschütterlichen Gefühl für uns selbst, voller Gelassenheit, und stellen uns selbst oder das Schicksal selten infrage; wir werden zu Kriegern, die bei allem, was sie tun, Glück und Fülle anziehen, weil sie fest daran glauben, dass das Universum die Hochherzigen begünstigt und dass sich alle Dinge gemäß ihrer Bestimmung entwickeln.

Aufschub können wir durch Handeln transformieren

Durch Vertrauen können wir unglaublich vieles in unserem Leben zum Positiven wenden. Denn wenn wir die zersetzenden Gedanken, die der Zweifel sät, nicht bändigen, wecken wir noch größeres Übel. Der zweite Schlangenkopf der Widerspenstigkeit zielt darauf ab, unseren Fortschritt auszubremsen, indem er uns durch träge, resignierte Gedanken vergiftet. Er ist nach dem unseligen Ziel, das er verfolgt, benannt: Aufschub.

Von der Erscheinung her können wir uns den Aufschub wie einen orangebraunen Aal mit strengem Gesicht und donnernder Stimme vorstellen, die uns von Kopf bis Fuß erzittern lässt.

Wo sein Bruder, der Zweifel, durch seine winselnden Sorgen Unsicherheit weckt, löst der Aufschub echten Schrecken aus. Wenn er uns befällt, fühlt es sich an, als rammte etwas seinen Kopf in unsere Brust. Der Aufschub schlägt auf uns ein und schreit uns an, und seine Schreie finden noch in unseren Zellen Widerhall. »*Warte*«, donnert er.

»Stopp!«, ruft er. *»Nicht! Bitte! Halt!* Du wirst dir wehtun! Du bist noch nicht bereit! Hör auf meinen Bruder, den Zweifel – der Weg ist nicht gesichert! Hör auf! Unternimm nichts! Du wirst dir wehtun, das sag ich dir! Wirst traurig sein! Dich schämen! Zunichtegemacht! Setz dich hin. Sitz es einfach aus, oder du bist verloren! Jetzt ist nicht die richtige Zeit dafür!« Die Stimme des Aufschubs wird immer lauter, je näher wir dem Handeln kommen.

Der Aufschub macht keinerlei Anstalten, uns zu becircen oder zu verführen; er diktiert die Bedingungen: »Hör auf, oder du tust dir weh; wart ab, oder du riskierst deinen Untergang.« Angesichts solch düsterer Alternativen erhebt unser Geist selten Einwände. Wenn wir innerlich fürchten, uns zu verletzen, abgewiesen zu werden oder alles zu verlieren, warum sollten wir dann nicht innehalten? Weiterzugehen klingt plötzlich wie Selbstmord, und so ersinnt unser Geist meisterhafte Argumente, um die *Untätigkeit* zu rechtfertigen. Wir vertrauen fest auf diese innere Negativität, um uns selbst zu schützen, und sagen Sätze wie: »Ach, die Umstände sind noch nicht wirklich geeignet, ich fange später an. Du kannst doch die Dinge nicht so überstürzt angehen.«

Sobald wir finden, dass es mit dem Leben nicht schnell genug vorangeht, dann lauert bereits der Aufschub. Wenn wir immer weiter auf den richtigen Moment warten, um etwas auf eigene Faust zu wagen, um einen möglichen Partner anzusprechen, um nach einer Beförderung zu fragen, ein neues Projekt zu starten oder um das zu kämpfen, was wir wirklich wollen, steht der Aufschub bereit. Der Aufschub ist es, der aus tatkräftigen Menschen Leute macht, die in Apathie und Bedeutungslosigkeit sinken. Nichts sorgt so wie der Aufschub dafür, dass Männer und Frauen, die das Potenzial zu wahrer Größe hätten, ihre Chance verpassen.

Zu wissen, dass wir geschwiegen haben, wenn wir hätten sprechen sollen, untätig waren, wenn wir hätten arbeiten sollen, nicht gekämpft haben, wenn wir hätten kämpfen sollen, nicht geliebt haben, wenn wir hätten lieben sollen, nicht gelebt haben, wenn wir hätten leben sollen – das ist das Elend des untätigen Menschen und der Triumph des Aufschubs über unsere Seele.

Der Aufschub ist somit das größere der zwei Übel – er hat mehr Träume zerstört, als der Zweifel je zerstören könnte. Denn selbst wenn der Zweifel erwacht ist und unsere Seele belastet, können wir, wenn wir in Hochform sind, immer noch beherzt und zügig handeln. Aber wir können und werden nicht handeln, wenn der Aufschub unser Bewusstsein dominiert.

Doch es gibt Hoffnung. Es gibt immer Hoffnung. Wie der Zweifel hat auch der Aufschub ein Gegengift. Die vom Aufschub verbreitete Angst, Apathie und Trägheit lassen sich durch entschiedenes Handeln beseitigen. Wenn wir die Initiative ergreifen, obwohl wir vermeintlich den Wunsch haben, eine Angelegenheit lieber ängstlich auszusitzen, wenn wir zum Telefon greifen, um jenen wichtigen Anruf zu tätigen, zum anderen Tisch hinübergehen, um den attraktiven Unbekannten anzusprechen, uns zu einem Kurs anmelden oder ein bestimmtes Risiko eingehen – all diese Aktivitäten lösen in uns eine enorme Kraft aus, die unsere kleinmütigen Impulse überwindet. Durch entschlossenes Handeln befreien wir uns vom Aufschub.

Das Schicksal begünstigt die Handelnden und belohnt sie im Leben mit Erfolg und heldenhafter Anerkennung.

Denn stimmt es nicht, dass es keine Helden gäbe, wenn sie sich im entscheidenden Augenblick entschlossen hätten, doch lieber zu warten? Größe hängt immer davon ab, ob ein Held seine innere Furcht überwindet und *trotzdem voranschreit*et. Der Sportler bei der Olympiade, der während des Wettrennens stolpert, aber wieder aufsteht und die anderen einholt; der Passant, der Angst vorm Wasser hat, aber sich in die Fluten stürzt, um das Mädchen zu retten, das beinahe ertrunken wäre; der Whistleblower, der weiß, dass er gefeuert wird, wenn er einen Missstand aufzeigt, aber dennoch den Mund aufmacht. *Heldentum heißt, dass wir die Initiative ergreifen, um etwas Wichtiges zu tun, obwohl wir Angst haben.* Feigheit heißt, uns im Handeln von unseren Ängsten leiten zu lassen, auch wenn unser Herz wünscht, dass wir uns nobler und mutiger verhielten.

Die Hoffnung für die Menschheit hängt davon ab, ob sich das Handeln gegen Angst und Antriebslosigkeit durchsetzt. Hören wir also mit all den Ausweichmanövern auf: etwa darauf zu warten, dass alles absolut stimmt, oder Entschuldigungen zu finden, weshalb wir unsere Träume noch weiter aufschieben müssen. Lassen wir das unsinnige Gerede darüber, weshalb wir etwas jetzt noch nicht verdient haben. Möge Aktivität unsere Bedenken und unser Zögern gründlich durchpflügen.

Wir müssen die Dinge tun, die wir aufgeschoben haben und vor denen wir uns am meisten fürchten, und wir müssen sie jetzt tun. Setzen wir uns noch heute Abend hin und erstellen wir eine Liste mit all den Maßnahmen, die wir in unserem Leben bislang aufgeschoben haben: »Womit sollten wir jetzt anfangen? An welchem Punkt hat der Aufschub uns dazu verleitet, von unserem nächsten Schritt abzulassen, und was müssen wir tun, um den Fortschritt erneut voranzutreiben?« Wenn wir diese Fragen ernst nehmen, werden wir zu stärkeren Männern und Frauen. Und wenn wir einen Plan haben, um unser Leben voranzutreiben, und wir ihn dem inneren Schrecken zum Trotz umsetzen, werden wir Legende.

Spaltung können wir durch Liebe verwandeln

Als ob Zweifel und Aufschub noch nicht genug des Elends wären, sorgt der dritte Schlangenkopf der Widerspenstigkeit dafür, dass wir *allein* leiden. Dieser Kopf vergiftet uns durch Vereinzelung und Abschottung, er lässt uns das Blut in den Adern gefrieren und unsere Bewegungen erstarren. Er sorgt dafür, dass wir uns anderen gegenüber distanziert, intolerant und gehässig verhalten. Er beeinflusst unser Ego dahin gehend, dass wir glauben, wir seien anders als andere Menschen – besonders, stärker oder schwächer. Dieser Dämon ist sehr selbstgewiss und noch unheilvoller als seine Brüder. Wir wollen ihn uns als einen tiefschwarzen Schlangenkopf vorstellen, dem die Augen fehlen. Sein Ziel ist es, unsere Menschlichkeit zu zerstören, indem er uns blind macht für das Gute in anderen Menschen. Wir werden ihn *Spaltung* nennen.

Spaltung greift unsere Herzen an und ist die Ursache einer kranken Gesellschaft. Wann immer wir uns weigern, anderen gegenüber verletzlich zu sein oder ihnen liebevoll zu begegnen, ist die Spaltung am Werk. Und wann immer wir das Gefühl haben, dass alle anderen sich wie Idioten benehmen, unzulänglich sind und kein Vertrauen oder

Respekt verdienen, hat abermals die Spaltung ihre Hand im Spiel. Jegliche gesellschaftliche Angst und Intoleranz rühren von ihr her – Einsamkeit, mangelnde Verbundenheit, Angst oder Wut auf andere kommen allesamt daher, dass das Gift der Spaltung unseren Geist und unsere Menschlichkeit korrumpiert.

Da die Spaltung keine Empathie oder Sympathie für andere kennt, ist ihr größter Triumph der Augenblick, wenn wir in anderen nicht mehr das Menschliche erkennen – wenn wir sie verdinglichen, sie ausblenden oder ihren Wert und ihre Rechte missachten. In ihrer schlimmsten Ausprägung ist die Spaltung für die Kriege, Vergewaltigungen, Grausamkeiten und die dunkelsten Episoden der Menschheitsgeschichte verantwortlich.

Im Alltag zeigt sich dieser Dämon am deutlichsten, wenn er dafür sorgt, dass wir ungeduldig und verächtlich auftreten oder uns zurückziehen. Sein Gift löst Überheblichkeit und Aufgeblasenheit aus, als wären wir dazu bestimmt, fernab und über anderen Menschen zu leben; als wären wir, anders als unsere Brüder, Schwestern, Freunde und Bekannten, etwas Besonderes. Kritik, Pingeligkeit, Herabsetzung und Zorn bestimmen unseren Umgang mit anderen, die wir für stärker oder schwächer als uns selbst halten.

Auch können wir ihn spüren, wenn wir rechthaberisch werden, einen anderen Menschen nicht wirklich lieben können oder keine Verbindung zu unserem Umfeld spüren. Da ist etwa die Mutter einer außergewöhnlichen Tochter, die nur deren Schwächen sehen kann; der ungeduldige Chef, der alle anderen für dumm und langsam hält; der Mann, der nicht lieben kann, weil er denkt, er sei irgendwie komisch und weiche zu sehr von der Norm ab.

Das Gift der Spaltung ist somit ein »antisoziales« Gift, das uns durchströmt und die uns angeborene emotionale, soziale und spirituelle Intelligenz überschattet, die uns Verbundenheit mit anderen und Liebe schenken würde. Spaltung ist also die große Zerstörerin unserer Beziehungen, die Brutstätte aller sozialen Übel und die Ursache unserer Gleichgültigkeit und Unnahbarkeit.

Selbst wenn wir die innere Kraft aufbringen und beschließen, den Zweifel und den Aufschub aus unserem Leben zu verbannen, wird sich unser Schicksal nicht entfalten, sofern wir der Spaltung nachgeben. Wenn wir uns nicht um Verbundenheit bemühen und sie pflegen, korrumpiert das möglicherweise sogar unser Vertrauen und Handeln, oder wir verhalten uns unangemessen. Da ist zum Beispiel der zuversichtliche, erfolgreiche Mann, der letztendlich allein dasitzt, voller Bedauern. Er hat zwar viel erreicht, aber seine Ehen sind gescheitert, und Freundschaften sind in die Brüche gegangen. Oder aber die Frau, die sich nicht mit anderen Frauen schwesterlich verbündet, sondern ihnen gegenüber Eifersucht und Verbitterung empfindet. Das Kind, das sich verschließt, gewalttätig wird und später irgendwann ins Gefängnis kommt, weil es keinen Zugang zu anderen und kein Mitgefühl für sie empfinden konnte.

Was kann man da tun?

Wir müssen unserem Leben das stärkste Antidot der Menschheit einimpfen, das Heilmittel für alles Unheil und Leid; es ist jener göttliche Weg, der die Genesung beschleunigt und die Hoffnung und die Kraft und die Freude aller Menschen befeuert: *Liebe.*

Liebe ist *das* Gegenmittel gegen Spaltung. Ihre warmherzige Absicht durchströmt unsere Adern und flutet die

Abgründe zwischen uns, wobei sie die Trümmer des Bewertens, der Wut und des Hasses fortspült. Je weiter wir die Schleusen öffnen, desto mehr Kraft haben wir. Wenn wir uns für die Liebe öffnen, werden all die Giftstoffe von Niedertracht und Streit ebenso wie die innere Schlange der Einsamkeit fortgespült.

»Mit wem haben wir aufgrund der Spaltung den Kontakt vermieden, wen haben wir schlecht behandelt? Welche Bereiche in unserem Inneren haben wir zugemacht, weil wir fürchteten, man würde uns zu andersartig finden, unwürdig, nicht liebenswert?« Wir müssen die nötige Aufmerksamkeit aufbringen, um solche Fragen zu beantworten, und wir müssen die nötige Reife besitzen, um nach einer Lösung zu suchen. Glücklicherweise liegt die Liebe in unserer Natur und ist dasjenige Gut, das im Universum am üppigsten vorhanden ist. Denn die Liebe hat alle Dinge erschaffen und lebt in ihnen allen. Wir müssen lediglich zulassen, dass sie in unser Leben zurückkehrt, und wir müssen anderen Menschen mit Liebe begegnen.

Anders als das Vertrauen und das Handeln – die wir durch unseren Willen und unsere Entscheidungen wachrufen – lebt die Liebe sowohl *in* uns als auch *außerhalb* von uns. Liebe ist überall. Sie ist der göttliche kosmische Faden, der alles durchwebt, was wir sehen und spüren. Während wir lernen, diesem allgegenwärtigen Faden zu folgen und aus ihm Kraft zu schöpfen, erkennen wir, dass wir letztendlich alle Teil eines großen Ganzen sind. Wir erkennen, dass wir alle aus der gleichen Reinheit entstammen, dass wir alle mit den gleichen Dämonen ringen, dass wir alle in unserer Weise auf unsere Freiheit zuschreiten und wir alle den Weg zurück zur Liebe finden.

Die Liebe macht unsere Heilung ganz. Denn auch wenn wir alles Vertrauen der Welt haben oder so aktiv wie irgend möglich sind – ohne Liebe ist da keine Kraft. Die Liebe verleiht dem Vertrauen seine ungeschliffene, göttliche Macht, die Liebe sorgt dafür, dass wir mutig sind und Vorhaben in Angriff nehmen, die wir uns allein nie getraut hätten. Wenn die Liebe unmittelbar unserem Herzen entströmt, dann sind auch die letzten Regungen der Spaltung überwunden.

Liebe ist stets die ultimative und umfassendste Heilung von unseren inneren Dämonen.

Das Schwert des Mutes

Nun kennen wir die Widerspenstigkeit und ihre drei Schlangenköpfe: Der Zweifel stellt unseren Wert und unsere Handlungen infrage. Der Aufschub führt zu Trägheit. Die Spaltung verschließt den Geist und das Herz.

So finden wir in einer Kreatur die Ursache fast aller menschlichen Leiden; denn es ist der Mangel an Gewissheit, an Aktivität und an Menschlichkeit, der unser Schicksal aus der Bahn wirft.

Es wäre naiv zu glauben, wir könnten die Widerspenstigkeit endgültig besiegen. Selbst wenn wir sie in den wichtigsten Momenten unseres Lebens zurückschlagen – *und das müssen wir tun* –, so wird sie wiederkommen. Sie ist ein schädliches Unkraut, das eine notorisch ungesunde Gesellschaft in uns eingepflanzt hat, wobei es oft aus unserer eigenen Unsicherheit und Nachlässigkeit erwächst. Es wächst schnell und kehrt immer wieder, und seine Dornen und Triebe überwuchern unser Leben. Gründlich ausmerzen können wir es nur, wenn wir immer wieder seine

Wurzeln ausreißen. Dazu müssen wir uns entschließen, doch wir müssen unseren Entschluss täglich erneuern. Zum Glück wissen wir, dass wir die Widerspenstigkeit durch Vertrauen, Handeln und Liebe immer wieder in die Flucht schlagen können.

So wie wir der Widerspenstigkeit eine Gestalt gegeben haben, können wir uns auch ein Bild von unseren Waffen gegen sie machen. Eine Waffe gibt es, die wir gegen unsere innere Angst brauchen, und diese wollen wir uns als »Schwert des Mutes« vorstellen. Es ist aus unnachgiebigem Stahl geschmiedet, mit einem außergewöhnlichen Dreigestirn: Der stabile Griff besteht aus Vertrauen, eine Kante seiner unzerstörbaren Klinge ist das Handeln, die andere die Liebe. Das nächste Mal, wenn die Widerspenstigkeit unseren Fortschritt behindert, wollen wir diese Vorstellung des Mutes in uns wachrufen und sie nutzen, um den Feind zu besiegen. Jene Momente, in denen es uns gelingt, das Schwert des Mutes zu schwingen, sind die Momente, die unser Leben am meisten prägen.

Alle großen Persönlichkeiten der Geschichte, all die Helden, Wegbereiter und Anführer, die der Menschheit den Weg aus Dunkelheit und Unwissenheit gewiesen haben, brachten den Mut auf, um in den Momenten, auf die es ankam, ihre inneren Konflikte zu überwinden.

In vielerlei Hinsicht waren sie genau wie wir: Sie machten sich Sorgen. Sie schoben Dinge auf. Manchmal hatten sie eine nicht so hohe Meinung von ihren Mitmenschen. Doch was die Gesellschaft voranbrachte und was den Nachruhm dieser Menschen formte, war ihr schierer Wille, solche Impulse zu überwinden und *voller Vertrauen*, *aktiv* und *liebevoll* für ein besseres Leben zu kämpfen – für sich wie für andere. Wir wollen von ihnen lernen, wollen uns selbst bemeistern und dem Schatz der Menschheit etwas Eigenes hinzufügen.

Viertes Versprechen

WIR WOLLEN UNBEKÜMMERT VORANSCHREITEN

Feiglinge sterben viele Male vor ihrem Tod.
Der Held schmeckt den Geschmack
des Todes nur einmal.

William Shakespeare, *Julius Cäsar*

Während wir allmählich unsere Angst überwinden und unsere inneren Dämonen bezwingen, müssen wir unsere Geisteshaltung insgesamt neu justieren, und zwar in Richtung Weiterentwicklung. Unser Leben muss bestimmt sein von mutigem Handeln und unablässigem Fortschritt.

Die meisten Menschen schreiten nicht so schnell voran, wie sie könnten. Sie haben sich nicht um Selbstbeherrschung bemüht, und somit fehlt ihnen die persönliche Stärke, um ihre Energien zu lenken. Falsches Denken und ein schwacher Wille halten sie davon ab, wirklich nach ihren Träumen zu greifen. Es ist so, als beobachtete man eine Raubkatze dabei, wie sie ihr gesamtes Leben träge umherstreift und sich nie wirklich streckt oder mit jener atemberaubenden Schnelligkeit springt, zu der sie fähig wäre.

Um unsere Macht wiederzuerlangen, müssen wir ab sofort eine andere Einstellung gegenüber der Frage entwickeln, wie viel Einfluss wir auf die Gestaltung unserer Wirklichkeit haben. Wir müssen begreifen, dass nichts im Leben – auch nicht die Umstände, in denen wir leben, oder unser Potenzial – unveränderlich ist. Vielmehr müssen wir überzeugt davon sein, dass wir die Wirklichkeit so verändern können, dass sie unseren eigenen Vorlieben entspricht, und dass wir durch diszipliniertes Lernen und Eigeninitiative uns das Leben erschaffen werden, das wir uns wünschen. Wir dürfen nicht länger auf den richtigen Moment warten oder darauf, dass uns jemand die Erlaubnis erteilt. Sondern wir müssen mutig und selbstbewusst sein und uns von jetzt auf gleich in Bewegung setzen. Konflikte müssen wir als etwas Positives ansehen, das notwendig ist für unser Wachstum und unsere Fähigkeit, Neues zu schaffen oder anderen zu dienen.

Und uns muss klar sein, dass uns alles, was wir brauchen, *jetzt* offensteht – die Welt ist ein Ort der Fülle, und alles, was wir für unsere große Reise hin zu einem freien und erfüllten Leben brauchen, steckt bereits in uns. Wenn wir uns diese Überzeugungen zu eigen machen, werden wir ein Maß an Motivation und Glück erreichen, von dem die breite Masse noch nicht einmal träumt.

Die Herausforderung liegt für uns darin, dass wir erzogen wurden, genau das Gegenteil zu glauben: Unerschrockenes Handeln oder zügiger Fortschritt seien irgendwie gefährlich oder verwegen. Doch ein gewisses Maß an Wahnwitz oder Verwegenheit ist *notwendig*, um voranzukommen, irgendetwas zu erneuern, um einen neuen, besonderen oder bedeutsamen Beitrag zu leisten. Welche große Errungenschaft wurde jemals ohne einen Hauch Verwegenheit erreicht? Sogenannte Verwegenheit war nötig, damit das Außergewöhnliche geschehen konnte: die Überquerung der Weltmeere, die Abschaffung der Sklaverei, die bemannte Raumfahrt, die Errichtung von Hochhäusern, die Entzifferung des Genoms, die Gründung neuer Unternehmen sowie der Umbau ganzer Industrien. Es ist *tatsächlich* verwegen, etwas auszuprobieren, was zuvor noch nie getan wurde, sich gegen die Konvention zu stellen, anzufangen, bevor die Umstände optimal sind und alles perfekt vorbereitet ist. Doch die Wagemutigen wissen, dass, wer gewinnen will, zunächst einmal *anfangen* muss. Auch ist ihnen zutiefst bewusst, dass ein gewisses Risiko unvermeidlich und erforderlich ist, wenn es denn um echten Erfolg und Belohnung geht. Ja, jeder Sprung ins Ungewisse ist verwegen – aber genau dort ist der Schatz zu bergen.

Leider werden heutzutage selbst vernünftige Gespräche über Erfolg durch Ratschläge, die zu Vorsicht gemahnen, in Watte gehüllt. Wie viele haben jeglichen Drang nach Veränderung und Großartigkeit verloren, weil sie sich an die Ratschläge der »Realisten« und der Befürworter des Status quo halten, die sagen, wir sollten uns sichere und »kluge« Ziele setzen? Aber kluge Ziele sind am Ende fast immer kleine Vorhaben, absolut vorhersehbare und absurd niedrig gesteckte Ziele für kleine Menschen, die so dringend Gewissheit und Sicherheit brauchen, dass sie sich nicht in die Weite des Unbekannten trauen, wo echte Visionen und echter Fortschritt zu Hause sind. Keine der großen Erfindungen und kein Menschheitssprung waren vorhersehbar oder die Folge einer Idee, die sich sofort »verwirklichen« ließ oder »realistisch« war. Diese Art Ziele wecken so gut wie nie die Vorstellungskraft, noch befeuern sie den menschlichen Ehrgeiz.

Wir leben in einer Kultur voller Aufgabenstellungen, Tabellen und Arbeitsplänen, die uns kaltlassen und in keinerlei Hinsicht animieren. Falls wir uns echte Veränderungen und ein selbstbestimmtes Leben wünschen, dürfen wir uns unter keinen Umständen mit einer Vision oder Veränderung in irgendeinem Bereich zufriedengeben, bei denen die Vorstellungen der Allgemeinheit den Sieg über unser eigenes Herz davontragen. Ein wirklich freier Mensch scheut sich nicht, ein Begehren zu äußern, das grenzenlos ist und ihn selbst sogar etwas einschüchtert, das ihm Höchstes abverlangt und ihn vielleicht aus seiner eigenen Umlaufbahn in die Stratosphäre des Außergewöhnlichen katapultiert.

Unser Schicksal hängt von einer Geisteshaltung ab, die wagemutiges Handeln befürwortet. Wir ziehen immer mehr Kraft daraus, wenn wir uns für jene Art von Verwegenheit entscheiden, durch die wir auf verletzliche, authentische und tapfere Art und Weise unsere Träume verfolgen. Wenn sich unser Herz nach Aktion und Wachstum sehnt, sollten wir nicht auf das hören, was »die Gesellschaft« für möglich oder vernünftig hält. Wir wollen uns ein eigenes Urteil darüber bilden, was das Risiko lohnt und was nicht. Wir wollen selbst bestimmen, was Fortschritt im Leben tatsächlich bedeutet, da es mit Sicherheit mehr ist, als sich im Schneckentempo Zentimeter für Zentimeter voranzuschieben. Entscheiden wir uns dafür, unsere ersten Schritte zu tun, ohne zu wissen, wie die Reise enden wird. Wenn wir deshalb verwegen und verrückt sind, dann wollen wir dieses Schicksal akzeptieren und den Umstand feiern, dass wir keine Feiglinge sind. Somit versprechen wir: *Wir wollen unbekümmert voranschreiten.*

Die Wirklichkeit lässt sich formen

Als Erstes müssen wir einen *Sinn* für echten Schwung und Dynamik entwickeln. Wichtiges Kennzeichnen einer solchen Einstellung ist die Überzeugung, dass sich *die Wirklichkeit nach unseren Vorstellungen formen lässt.* Wem diese Überzeugung fehlt, wird keine effektiven, anhaltenden Fortschritte machen.

Freie und mutige Menschen weichen ihren momentanen Umständen nicht aus, sondern betrachten sie als vorübergehend. Für Menschen mit Selbstvertrauen ist die Wirklichkeit nicht fixiert, sondern etwas Unbeständiges und Formbares. Sie betrachten ihre Existenz insgesamt als etwas, was sich gestalten lässt, womit man spielen und was man enorm verbessern kann. Nichts von dem, was heute existiert, muss für immer bestehenbleiben. Neue Ideen und neue Welten können alles ersetzen, was wir heute kennen. Das Einzige, woran sie festhalten, ist, die Zukunft für sich und ihre Nächsten nach ihren eigenen Vorstellungen zu gestalten.

Große Menschen sagen: »Die Wirklichkeit lässt sich durch meine Handlungen gestalten und verändern, und so werde ich beharrlich auf mein ideales Leben hinarbeiten.« Ihre *Vision* ist für sie wichtiger als die Realität; ihre Träume wiegen schwerer als die »Sachzwänge«, denn sie wissen, dass sich die Umstände mit genug Schweiß, Mühe und Hingabe verändern lassen.

Opfernaturen und Zeitgenossen, die leicht aufgeben, haben eine andere Einstellung. Sie denken oft, ihre Wirklichkeit sei unveränderlich und würde von anderen Menschen bestimmt. Für sie ist die Wirklichkeit alles, was es gibt. Sie sagen sich: »Morgen wird zwangsläufig genauso sein wie heute und die Tage davor. Ich kann nichts tun; dies ist meine Wirklichkeit. So ist es eben, und so wird es immer sein. Ich muss mich durch den heutigen Tag einfach hindurchkämpfen.« Sie konzentrieren sich darauf, bloß zu überleben, statt ihr Leben zu gestalten.

Überzeugt davon, dass sich nichts ändert, gibt es für diese Menschen keinerlei Grund, zu handeln oder sich weiterzuentwickeln. Auch haben sie keine eigenen großen Visionen. Wozu auch? Sie denken: »Nun, da ich sowieso nichts verändern kann, werde ich mich eben mit dem begnügen, was mir zufälligerweise zuteilwird.«

Menschen mit dieser Einstellung scheinen das große Schild übersehen zu haben, an dem wir alle auf dem Weg zum Erwachsenwerden vorbeigekommen sind und auf dem steht:

> »Sie sind für Ihre eigene Wirklichkeit verantwortlich. Entscheiden Sie, was Sie von der Welt wollen, und dann sorgen Sie dafür, dass es eintritt. Ohne Klarheit gibt es keine Veränderung und ohne Ziele kein Wachstum.«

Die armen Seelen, die glauben, dass man die Wirklichkeit nicht gestalten könne, tun letzten Endes sehr wenig in ihrem Leben. So hält man sie leider für schwach, unverantwortlich oder nicht weiter beachtenswert.

Wenn die Höherentwicklung der Natur und der Menschheit etwas bewiesen hat, dann ist es der Umstand, dass echte Veränderung möglich und unvermeidlich ist; und wir können diesen Wandel so steuern, dass er zu einer Verbesserung unseres Lebens oder der Menschheit insgesamt führt – das ist dann unser Heil.

Lassen Sie uns diese Wahrheit verinnerlichen und fragen: »Welche Aspekte meiner Realität mag ich, und welche mag ich nicht? In welchen Bereichen meines Lebens habe ich mich bislang eher zurückgehalten und gehofft, dass sie irgendwie besser würden, und nichts zur Veränderung meiner eigenen Wirklichkeit beigetragen? Was müsste sich ändern – nein, was müsste *ich* ändern –, um mein eigenes Leben interessanter und befriedigender zu finden?« Diese einfachen Fragen haben die Macht, uns wieder mit unserem Leben zu verbinden und letztendlich auch mit unserer Kraft.

Handeln ist der Gradmesser für Charakterstärke

Viele Menschen tauchen nie in das Meer ihrer Träume ein, weil sie denken, sie müssten bereits alle erdenklichen Antworten kennen, bevor sie den Sprung wagen. Sie fragen: »Aus welcher Richtung weht der Wind? Wie viele Sekunden dauert es bis zum Wasser? Wie oft muss ich atmen, bevor ich eintauche? Welches ist der absolut korrekte Winkel für den Kopfsprung? Springt noch jemand außer mir? Wie viele Menschen sind bereits gesprungen? Wie viele Schwimmzüge sind es bis zum Ufer?«

Das sind durchaus vernünftige Fragen, aber einige werden nie springen, egal, wie die Antworten lauten. Selbst wenn es hinlänglich Beweise dafür gibt, dass der Sprung sicher ist und dass unzählige Schwimmer diesen aufregenden Sprung bereits vor ihnen getan haben – die Ängstlichen werden immer *irgendetwas* finden, was nicht stimmt, ein klares Indiz dafür, dass dieser Sprung das sichere Verderben bedeutet. Das sind Menschen, die immer einen Grund dafür nennen werden, weshalb sich ihre Träume nicht verwirklichen lassen, egal, wie viele andere Leute um sie herum sich ihre Träume erfüllt haben.

Absurd viele Leute vollziehen nie den Schritt vom Sammeln der Informationen zum Aktivwerden. Ihr Leben ist ein einziges Überlegen und Warten auf das absolute Wissen oder die perfekte Situation, wobei nichts davon je eintritt. Und so sind sie ewiglich dazu verdammt, bloß zuzuschauen, statt die Fäden in die Hand zu nehmen.

Wenn man sich nicht wirklich bemüht, etwas ausprobiert und sich damit auseinandersetzt, kann es weder echtes Wissen noch Fortschritt, weder bedeutende Leistungen noch ein Vermächtnis geben.

Menschen, die vorankommen, tun dies, weil sie das Handeln an sich wertschätzen. Sie spüren, dass eine Art positiver Vorwärtsdrall – Fortschritt – ihrem eigenen *Charakter* entspricht. Deshalb beziehen sie Stolz und Befriedigung aus Handlungen, die genau darauf abzielen. Sie denken: »Wenn ich nicht etwas Sinnvolles in Angriff nehme, um im Leben voranzukommen, dann bin ich nicht glücklich, fühle mich nicht lebendig, erfolgreich oder großzügig.« Psychologisch hängt viel von ihrem Sinn für Aktivität, Wachstum und Weiterentwicklung ab. Das heißt nicht, dass Misserfolge oder die ruhigeren Phasen des Lebens sie in die Knie zwängen – es heißt einfach, dass sie eine natürliche Neigung haben, voranzuschreiten und zu wachsen.

Machen wir uns nochmals bewusst, dass man die Menschen nur nach ihren Taten beurteilen sollte, nicht nach ihren Absichten. *Was wir beabsichtigen, spielt bei der Beurteilung unseres Charakters oder der Einschätzung unserer Zufriedenheit kaum eine Rolle. Das Handeln allein enthüllt unser wahres Selbst.* Nur Taten führen zur Selbstbemeisterung. Nur Handeln ermöglicht uns, zu gestalten, zu wachsen, uns zu verbinden, einen Beitrag zu leisten, unser höchstes Selbst zu erreichen und in die leuchtenden Gefilde echter Größe emporzusteigen. Alles andere sind bloß Gedanken, und es gibt einen Unterschied zwischen Intention und Initiative, Absicht und Aktivwerden. Wir können durchaus die *Absicht* haben, andere Menschen zu lieben, aber wenn wir nicht aktiv werden und uns nicht tatsächlich respektvoll, fürsorglich oder liebevoll gegenüber anderen verhalten, hat die Intention allein keinen Nutzen und keine Seele. *Denken* ist noch keine Liebe – *zu geben* ist Liebe.

Wer wir sind, können wir nur ermessen, wenn wir unsere Handlungen anschauen. Wir wissen noch nicht einmal, was uns wirklich wichtig ist, wenn wir nicht handeln, denn unsere Werte sind mehr als Gedanken – Werte sind unsere Ideale in Aktion und zeigen sich an unserem Umgang mit unseren Mitmenschen.

Alle Empfindungen und Zustände, nach denen wir uns im Leben sehnen – Glück, Freude, Frieden, Erfolg, Liebe –, erfahren wir lediglich, weil wir etwas tun. Wir können das Glücklichsein nicht einfach herbeidenken. Stellen Sie sich Glück vor: Wir empfinden es nur, wenn wir etwas getan haben, von dem wir spüren, dass es uns glücklich macht – selbst wenn das bedeutet, dass wir uns bloß mit geschlossenen Augen hingesetzt und uns mit dem Gefühl der Dankbarkeit verbunden haben. Sich innerlich mit Dankbarkeit zu beschäftigen ist eine Handlung, die Glücksgefühle hervorbringt. Wir sind nur dann fröhlich, wenn wir etwas tun, was uns fröhlich macht. Wir sind nur dann zufrieden, wenn wir etwas getan haben, was uns zufrieden macht. Wir sind nur dann erfolgreich, wenn wir etwas getan haben, was nötig ist, damit wir den Erfolg ernten. Wir lieben uns selbst nur dann, wenn wir das Gefühl haben, so wie wir mit uns selbst und mit anderen umgehen, haben wir Liebe verdient. Einige übertreiben es hier vielleicht ein wenig und machen das Handeln zum Maß aller Dinge. Doch zweifelsohne gibt es mehr Menschen, die nichts tun, und das ist der Grund, weshalb sie unglücklich sind. Ja, wir können uns einfach darauf konzentrieren zu sein, aber ist *Sein* nicht auch eine Handlung? Sich zu entspannen ist eine Handlung. Meditieren ist eine Handlung. Träumen ist eine Handlung. Diese Dinge vermitteln uns die Emotionen, nach denen wir uns sehnen.

Handlungen sind auch in sozialer Hinsicht ein verlässlicher Gradmesser für Charakterstärke. Wie sich jemand uns und anderen gegenüber regelmäßig verhält, gibt uns genügend Aufschluss über seine Werte oder Ziele sowie darüber, ob es sich lohnt, ihm Vertrauen und Aufmerksamkeit zu schenken. Wenn wir versuchen, den Charakter eines Menschen auf andere Weise abzuschätzen, ohne dabei seine Handlungen zu berücksichtigen, ist es so, als wollte man erraten, was sich in seinem Herzen und Denken tut, und Raten führt nur zu irgendwelchen Annahmen und Dramen. Handlungen hingegen sagen uns das, was wir wissen müssen. Einem Mann, der von sich selbst sagt, er sei gütig, sich aber einem anderen Menschen gegenüber noch nie gütig verhalten hat, müssen wir kein Vertrauen entgegenbringen. Der Frau, die sagt: »Ich liebe dich«, und sich danach grausam und vollkommen lieblos verhält, müssen wir nicht glauben. Wenn eine Situation *Handeln* erfordert und jemand nichts tut, wissen wir, dass er im besten Falle faul und im schlimmsten Falle feige ist. Wer sich grausam verhält, gilt als grausam; wer sich idiotisch verhält, gilt als Dummkopf. Und so verallgemeinern wir und schließen von der jeweiligen Tendenz zur Weiterentwicklung auf den Charakter – Menschen, die im Leben nicht voranschreiten, gelten als langsam, gehemmt, faul, als Verlierertypen. Unabhängig davon, ob Urteilen nun gut oder schlecht ist und ob wir recht haben oder uns irren, Weiterentwicklung ist der Maßstab, nach dem wir andere Menschen beurteilen.

In kultureller Hinsicht ist Fortschritt die Frucht einer willensstarken und handlungsfreudigen Gesellschaft. Wir haben heute Freiheiten, weil es vor uns Menschen gab, die etwas tun wollten, was über sie hinausreichte. Heute wird Entwicklung als Gradmesser genutzt, um abzuschätzen, wie gesund eine Gesellschaft oder ein Land ist. Länder, die in den Bereichen Gesundheit, Wirtschaft, Technologie und Freiheit nicht weit fortgeschritten sind, gelten als rückständig, archaisch, unbedeutend; es sind sterbende Regime, die auf dem Rücken der Tradition so lange dahintreiben, bis ein kräftiger Windstoß des Fortschritts sie stürzt.

Wenn *positives Handeln* das ist, wonach wir im Endeffekt unser Leben, andere Menschen und unsere Welt beurteilen, dann wollen wir es wieder in unserem täglichen Gewahrsein und in unseren Zielen verankern. Denken wir daran: *Wenn wir aktiv werden, sammelt sich eine unsichtbare Kraft in unserem Umfeld, die Chancen anzieht, welche zu unserem Ziel passen, und uns schwungvoll in Richtung Freiheit anstößt.* So wollen wir den Mut aufbringen, uns selbst ins Gesicht zu blicken und ehrlich zu fragen: »Wage ich genug, und sind meine Handlungen tatsächlich sinnvoll, auf dass ich auf meinem Weg voranschreite und mein Potenzial ausschöpfe? Wenn ich keine Angst hätte und als mein höchstes Selbst handelte, was würde ich dann tun, um in meinem Leben weiterzukommen? Welche Schritte muss ich *heute* und *in dieser Woche* tun, um hinsichtlich meiner Gesundheit, meiner Karriere, meiner Familie und meiner Vorhaben *deutlich* weiterzukommen?«

Wir brauchen keine Erlaubnis

Menschen, die im Leben nicht weiterkommen, sind oftmals unreif. Sie verlassen sich zu sehr darauf, dass andere sich um sie, ihr Wohlbefinden oder ihren Erfolg kümmern. Sie glauben, dass andere ihnen bei ihren Entscheidungen helfen oder ihre Pläne und Handlungen für gut befinden sollten. Sie wollen immer noch, dass Mutter oder Vater ihnen den Weg weisen und bei jedem zögerlichen Schritt zustimmend nicken. Sie wollen, dass die Lehrer ihnen Smileys und Sternchen geben. Sie wollen, dass ihre Partner und Freunde, ihre Vorgesetzten und Kollegen, die Kirche und die Gesellschaft ihre Handlungen befürworten und ihnen immerfort zujubeln. Und sobald sie keine ermutigende Unterstützung mehr erhalten, die sie weiter anspornt, hören sie auf. Wenn sie nicht in irgendeiner Form die Erlaubnis erhalten, sie selbst zu sein oder ihre Träume zu verfolgen, dann tun sie nichts dergleichen. Die Angst vor Kritik oder Ablehnung hält sie gefangen. Wirft man einen Blick auf ihr Leben, so sieht man die Neigung, immerfort auf die Erlaubnis oder Zustimmung anderer zu warten, wie ein Teenager, der darum bittet, abends ausgehen zu dürfen. Das ist der Dauerzustand ihres Lebens: *auf das zustimmende Nicken anderer zu warten.*

Vielen großen Männern und Frauen ist es vollkommen schnuppe, ob irgendjemand gut findet, was sie tun. *Selten bitten sie jemanden um Erlaubnis, denn sie wissen, dass die breite Masse, die in Mittelmäßigkeit verharrt, niemals etwas befürwortet, was gegen die Gepflogenheiten verstößt oder dem ein Hauch des Verwegenen, des Magischen anhaftet.* Sie wissen, dass die Gesellschaft den Außenseitern zutiefst misstraut – natürlich nur so lange, bis der Außenseiter zu Wohlstand, Macht und Ansehen gelangt ist.

Großartige Menschen sagen anderen Leuten ganz klar, was sie wollen und weshalb, und wenn andere ihre Pläne kritisieren oder beurteilen, nehmen sie nützliche Reaktionen in sich auf, ignorieren den Rest und machen weiter. Wenn andere sich aufregen und fragen: »Was glauben Sie eigentlich, wer Sie sind?«, antworten die Wagemutigen mit Überzeugung und sind bereit, ihre Träume zu verteidigen und für sie zu kämpfen. Ihre Vision machen sie nicht davon abhängig, dass möglichst viele Menschen zustimmend nicken. Die Überzeugung, dass andere ihnen keinerlei Erlaubnis erteilen müssen, durchzieht ihr gesamtes Leben. Immer wieder haben sie Projekte, Aufgaben und etwas Neues in Angriff genommen, ohne dass jemand anders es abgezeichnet hätte. Sie brauchten weder eine Urkunde noch ein Zeugnis oder das Lächeln eines zufriedenen Elternteils. Sie *machten es einfach.*

Rufen wir uns noch einmal die traurige, aber unumstößliche Wahrheit in Erinnerung: Die einzige Erlaubnis, die die Gesellschaft jemals erteilt hat, ist die, sich an ihre

Normen und Traditionen zu halten. Kein Mensch wird uns die Erlaubnis geben, schnell voranzuschreiten, aus Angst, er könnte selbst zurückbleiben oder wie ein Dummkopf wirken, der die Zeichen der Zeit nicht verstanden hat. Das bedeutet: Sobald wir eine Idee haben, wie wir weiterkommen könnten, müssen wir offen mit anderen darüber sprechen und kluge Menschen oder andere Quellen anzapfen, die möglicherweise zum Gelingen unseres Vorhabens etwas beitragen können. Wir dürfen nicht zu lange auf Zustimmung warten – sammeln Sie Ihre Informationen und brechen Sie dann auf. Und zwar bald.

Was uns in der Regel am meisten behindert, ist der Umstand, dass jeder von uns sich die Erlaubnis von den Menschen wünscht, die er liebt und denen er vertraut. Was ist etwa mit der Frau, die aus Karrieregründen in eine andere Stadt ziehen möchte, aber deren Partner sie nicht unterstützt? Wie bei allen Beziehungsfragen gibt es keine einfache Lösung. Wir können nur hoffen, dass sie – selbst wenn sie eine Zeitlang einen Kompromiss eingeht – ihre Träume letztendlich in irgendeiner Form verfolgt. Sie muss eine Möglichkeit finden, um sowohl ihrem Bedürfnis nach Liebe als auch dem nach Wachstum gerecht zu werden.

Wir müssen uns darauf einstellen, dass es zu Konflikten kommt, wenn wir etwas tun, womit andere nicht einverstanden sind. Die Leute werden unsere forsche Art nicht mögen. Sie werden unsere Bemühungen als verrückt bezeichnen. Einige werden traurig oder mit Widerstand reagieren, weil sie den Eindruck haben, wir gingen ohne ihre Erlaubnis weiter beziehungsweise ohne *sie*. Dieser Wahrheit muss jeder von uns ins Gesicht blicken, der seine eigenen Träume und Möglichkeiten verwirklichen möchte.

»Werde ich die Meinungen, Vorlieben und die Zustimmung anderer für wichtiger halten als mein Wachstum und meine Herzenswünsche und sie diesen vorziehen?« Die Antwort auf diese Frage sagt viel darüber aus, wie viel Freude und Zufriedenheit wir im Leben empfinden.

Vielleicht ist es an der Zeit, uns ins Gedächtnis zu rufen, dass eine höhere Macht uns die Erlaubnis gegeben hat, unserem Herzen zu folgen. Das Universum, die Natur, Gott: Sie haben uns dazu ermächtigt. Und wir sollten diese Macht nicht verschenken, indem wir zulassen, dass andere unsere Entscheidungen steuern.

Wir sind von der Fülle umgeben

»Ich habe nicht genug Zeit«, »Das Geld reicht nicht«, »Die Wirtschaftslage ist schlecht«, »Keiner schafft es mehr«, »Es reicht nicht für alle«: So lauten die Rufe jener, die für die Fülle des Universums blind sind.

Alle, die im Leben bedeutende Siege errungen haben, stellten fest, dass *jegliche Ressourcen, die sie zum Siegen brauchten, in ihnen steckten*, und dass man den Großteil des Wissens, das einen zum Erfolg führt, erst erlangt, *nachdem* man aktiv geworden ist.

So wollen wir uns ihnen anschließen und folgende Wahrheiten beherzigen: Wir brauchen nicht mehr Zeit; wir brauchen einen stärkeren Grund, um zu handeln, damit wir unsere Zeit effektiver nutzen. Wir brauchen nicht auf weitere Mittel und Ressourcen zu warten; wir müssen handeln, und dann werden wir Fülle erhalten. Wir brauchen nicht auf die perfekte Gegebenheit zu warten; wir werden merken, dass Perfektion etwas ist, was sich entwickelt. Wir brauchen nicht zu bitten, um etwas zu erhalten; wir müssen selbst *geben*, um zu empfangen, denn wer gibt, dem wird gegeben. Wir sollten nicht ängstlich darauf warten, dass uns alles von allein in den Schoß fällt; wir erhalten nur dann etwas, wenn wir aufstehen und losmarschieren, denn das Schicksal wendet sich den Furchtlosen zu. Diese Wahrheiten schaffen jene Geisteshaltung der Bereitschaft und Fülle, die wir brauchen, um im Leben voranzukommen.

In unserer Welt sind oft die besonders erfolgreich, die mit nichts angefangen haben. Obwohl ihnen kaum Mittel zur Verfügung standen, haben sie trotzdem begonnen. Sie haben Unternehmen gegründet und Karriere gemacht, und zwar nicht, weil sie Glück hatten, sondern weil sie fest davon überzeugt waren, dass sich alles, was sie zum Erfolg brauchten, letztendlich mit ihren Handlungen überschneiden würde. Sie wussten, dass, wer vorwärtsschreitet, Aufmerksamkeit, Belohnungen und Investitionen anzieht. Sie glaubten an die Fülle.

Betrachten wir demgegenüber die Haltung von Menschen, die von Mangel und Knappheit überzeugt sind. Sie glauben, dass nie genug da ist, und deshalb werden sie nie aktiv: Der Unternehmer, der sich nicht vorstellen kann, eines Tages reich zu werden, entscheidet sich, seine Ideen erst gar nicht in die Tat umzusetzen. Der Topmanager, der denkt, der Kuchen werde immer zu klein sein, lehnt es ab, anderen ein Mentor zu sein, weil er glaubt, im Falle des Erfolgs würden diese seine eigene Stellung bedrohen. Die Regierungschefin, die Angst hat, andere könnten mehr nehmen, als sie selbst geben, riegelt ihre Grenzen ab oder schränkt die Handelspolitik ein. Da Knappheit ihre Geisteshaltung dominiert, zielen die Entscheidungen dieser

Menschen immer wieder darauf ab, sich selbst zu schützen, etwas zu verzögern, zu begrenzen, zu stehlen, zu stoppen.

Deshalb wollen wir die Vorstellung von Knappheit ganz loslassen. Alles, was wir brauchen, gibt es in uns in Hülle und Fülle, und wenn wir im Einklang mit unseren Träumen handeln, ziehen wir alle guten Dinge an. Wir brauchen nur unsere eigene Vision, Willenskraft, Einfallsreichtum und Disziplin, um einen Anfang zu machen – und an diesen Qualitäten wird es uns nie mangeln, es sei denn, wir beschließen, sie preiszugeben.

Erfolg ist positiv und notwendig

Die Menschen, die im Leben unbekümmert voranschreiten, tun dies, weil sie Fortschritt – und alles, was daraus an Erfolg, Leistung, Einfluss und Macht erwächst – als etwas Positives und *Notwendiges* betrachten. Jene wiederum, die sich zum Zuschauen verdammt haben, glauben oft irrigerweise, dass Erfolg und die daraus resultierende Macht die Menschen mit Sicherheit korrumpieren.

Man kann es nicht oft genug sagen, deshalb wollen wir uns mit diesem Punkt nochmals näher beschäftigen: Die zum Scheitern Verurteilten gehen davon aus, dass Vorankommen notwendigerweise zu etwas *Negativem* führt, sogar wenn ihnen eine solche Erwartungshaltung selbst nicht bewusst ist. Insgeheim glauben sie, dass all das Ringen um Leistung und Erfolg mit Sicherheit zur Hölle auf Erden führt, die Tugenden dem Laster das Feld räumen und sie sich verkaufen oder Kompromisse schließen müssen. Sie glauben, dass Erfolg und Macht uns verderben; dass Freunde und die Familie links liegengelassen werden, je mehr man aufsteigt; dass die Liebe zum Geld die Bedeutung des Sinns ersetzt; dass Erfolg Egoismus hervorbringt; dass Erfüllung sich niemals einstellt, sondern ständige Gier nach mehr herrscht; dass man einsamer und unglücklicher wird, desto höher man aufsteigt. Es gibt unzählige falsche Gründe, weshalb sie traurigerweise glauben, Erfolg richte zwangsläufig Schaden an.

Woher kommen solche Vorstellungen?

Zunächst gilt es festzuhalten, dass diese Annahmen einem Denken entspringen, das nicht aufgeklärt ist, sondern von Knappheit und Eifersucht beherrscht wird. Es ist traurig, aber wahr: Unter uns sind engstirnige Menschen, die den Erfolgreichen mit Ablehnung, Misstrauen oder Hass begegnen, da sie fälschlicherweise glauben, dass ein anderer zwangsläufig verliert, wenn einer gewinnt. Auch gibt es neidische Menschen, die jenen, die Erfolg haben, Böses wünschen, nur weil sie nicht abgehängt oder vergessen werden wollen, während ihr Umfeld sich weiterentwickelt, wohlhabender wird oder mehr Einfluss erlangt. Zu sehen, wie andere erfolgreicher sind als sie selbst, löst bei ihnen irrsinniges Unbehagen und Wut aus. Es zwingt sie, in den Spiegel zu blicken und zu erkennen, dass sie möglicherweise weniger Glück, Chancen oder weniger angeborene Talente haben als andere. Vielleicht regen sich Schuldgefühle, wenn sie zu dem Schluss kommen, dass sie weniger Antrieb, Disziplin und Einfallsreichtum haben. Nun kommen Schuldzuweisungen und Entschuldigungen zuhauf, Wut kocht hoch, und all das führt zur Opferrolle und Abneigung gegenüber denen, die glücklich und erfolgreich zu sein scheinen.

Aus solcher Armseligkeit und Unsicherheit kommen die strengen und irregeleiteten Überzeugungen, dass Menschen mit Macht notwendigerweise böse und korrupt sind, dass irgendwie all »jene« Leute, die erfolgreicher sind als sie selbst, vermutlich unter einer Decke stecken, um sie selbst kleinzuhalten. Menschen, die von diesen Gedankenmustern eingenommen sind, können nicht erkennen, dass sie für ihre Wirklichkeit selbst verantwortlich sind, noch nehmen sie jene Möglichkeiten wahr, die allen Menschen offenstehen.

Das soll keineswegs heißen, dass es auf der Welt nicht tatsächlich Kräfte gibt, die machtvoll und repressiv sind – wie politische Gewaltherrschaft, Wirtschaftskorruption und verantwortungslose Machtausübung. Doch auch in solchen Extremfällen müssen wir die Verantwortung für unsere Reaktion auf derlei Ungerechtigkeit übernehmen ebenso wie für unsere Ambitionen und Handlungen, die über diese Zustände hinausreichen.

Doch egal, welche Formen von Unterdrückung es auch geben mag – sollten wir uns nicht dennoch unser Leben zu eigen machen, uns wirklich anstrengen, kämpfen und ohne weiteren Aufschub nach unserer persönlichen Freiheit streben? Gibt es nicht Abermillionen Geschichten von Männern und Frauen, die aus dem Nichts kamen, über ihre Umstände hinauswuchsen, Decken durchstießen, ihr Schicksal selbst in die Hand nahmen und trotz aller Hindernisse das Unmögliche meisterten? Tyrannei und Unheil sind keine Entschuldigung dafür, dass wir unsere eigenen Träume einschränken.

Wir müssen gut achtgeben. Wenn wir in irgendeiner Form glauben, dass all jene, die Erfolg und Macht erlangt haben, böse, nicht vertrauenswürdig und hassenswert sind – und wir selbst Schaden nähmen, sofern wir den gleichen

Erfolg und die gleiche Macht hätten –, dann ist das verzweifelt, dumm und gefährlich. Diese Gedanken machen unsere Motivation und unseren Fortschritt zunichte.

Jene, die erfolgreiche Menschen pauschal *hassen*, haben dafür in der Regel keinen Grund, sondern tun es aus Bosheit, *denn für Hass gibt es nie einen Grund.* Die meisten, die jemanden verabscheuen, tun es aufgrund dummer Vorurteile, die wiederum die Folge von angstgeprägten Überzeugungen sind statt von realen Erfahrungen mit denen, die sie anfeinden. *Es ist eine eigentümliche Tatsache, dass diejenigen, die erfolgreiche Menschen hassen, nicht viele erfolgreiche Menschen kennen.*

Unsere Überzeugungen hinsichtlich Erfolg und Reichtum entscheiden darüber, welche Ziele wir im Leben verfolgen, daher müssen wir gut aufpassen. Wenn wir der Ansicht sind, dass Erfolg und Macht den Menschen korrumpieren, wird unser Geist nicht zulassen, dass wir etwas unternehmen, was genau darauf hinwirkt; und bald finden wir uns in einem apathischen, gleichgültigen Leben wieder. Denn wie sollten wir je Erfolg haben, wenn wir den Erfolg an sich ablehnen? *Wer glaubt, das Heim, das er sich baut, könnte eines Tages den Teufel beherbergen, wird schon bald sein Werkzeug beiseitelegen.*

Die Erwartung, dass wir schlecht werden, sobald wir erfolgreich sind, und Hass auf Menschen, die bereits Erfolg haben, entspricht einer heimtückischen Form von Selbstunterdrückung, denn das bindet den Hassenden an das Elend. Doch was ist mit den tatsächlichen Tyrannen und Unterdrückern, die uns ausbremsen, mit jenen, die uns Schmerz zufügen, wenn wir versuchen voranzuschreiten, und mit jenen, die wegen unserer Rasse, Religion, unseres

Geschlechts, Lebensstils oder unserer Herkunft Vorurteile gegen uns haben? *Diesen Mistkerlen schulden wir nichts.* Wir können uns bloß in noch mehr Aktivität flüchten, die uns unserer persönlichen Freiheit näherbringt, was auch immer sie sagen, denken oder tun mögen. Ignorieren Sie solche Menschen, machen Sie einen Bogen um sie, schlagen Sie ihnen ein Schnippchen, vergessen Sie sie – aber halten Sie nicht an. Sind wir an ihnen vorbeigezogen, feiern wir, indem wir beschließen, unseren eigenen Erfolg und Einfluss auf großzügigere und bewusstere Weise handzuhaben.

Lassen wir uns nicht von diesen Leuten in die Irre führen. Die erfolgreichen Menschen auf der ganzen Welt sind in der Regel gütiger und großzügiger, als die meisten denken. Je höher wir im Leben aufsteigen, desto deutlicher wird uns bewusst, wie *hart* die anderen gearbeitet haben, um etwas zu erreichen.

Wir alle könnten davon profitieren, uns bewusst zu machen, dass die Mehrzahl der Erfolgreichen zuvor unter Verzweiflung, Kummer und Armut litt. Abgesehen von der verschwindend kleinen Gruppe von Menschen, die im Leben vorangekommen sind, ohne sich wirklich anzustrengen, haben sich die meisten einflussreichen Menschen ihren Aufstieg durch Disziplin, Kampf und Dienst an anderen verdient. Sie haben sich von den Fesseln ihres Ressentiments gegenüber anderen befreit und ihre Träume verfolgt, denn sie wussten, dass der einzige Mensch, der sie von etwas abhalten kann, nur sie selbst sind. Sie erkannten, dass mangelnde Intelligenz, Moral und Mut sie mehr behindern würde, als mangelnder Wohlstand dies jemals könnte, und so festigten sie ihren Geist und ihren Charakter durch harte Arbeit und noble Ziele.

Was haben die großartigen Menschen mit der Macht angestellt, die sie sich durch das Streben nach Freiheit und bedeutende Leistungen erarbeitet haben? Mehr Gutes als Schlechtes. Sie haben über Generationen hinweg ihre Familien versorgt. Sie haben Schiffe und Schulen gebaut. Sie haben Straßen und Schienen gelegt. Sie haben Menschen eingestellt und ihnen dadurch ermöglicht, ihre Kinder zu ernähren und auf die Schule zu schicken sowie ihre Hypotheken abzubezahlen. Sie haben eigene Kinder großgezogen und ihre Gemeinden bereichert. Sie spendeten an andere und gründeten wohltätige Organisationen, von denen Heerscharen weltweit tagtäglich profitieren. Sie gaben uns etwas, woran wir glauben, wonach wir streben, dem wir nacheifern können. Einigen gelang dies durch die schiere Kraft ihres Wollens und Glaubens. Andere begannen mit einem gewissen Wohlstand. Alle, die diesen aufrechterhielten, lebten getreu den Werten von Arbeit, Fortschritt, Leistung und Freiheit.

Vielleicht ist es an der Zeit, dass wir unsere Ängste und Egos, unsere Unsicherheiten und Urteile ganz überwinden und lernen, die zu *feiern*, die die Charakterstärke und den Mut hatten, der nötig ist, um aufzusteigen, Fülle zu erlangen und Großes zu leisten.

Denken wir daran, dass mit dem Fortschritt die Macht kommt, und mit der Macht kommen mehr Möglichkeiten, das Leben zu genießen und Menschen zu helfen, die weniger begünstigt sind. *Wir können den Entschluss fassen, dass wir unseren Erfolg nutzen wollen, um die Welt positiv zu verändern.*

Es stimmt natürlich, dass bösartige Menschen noch mehr Böses anrichten, je mehr Macht sie erlangen. Aber wir müssen auch wissen, dass tugendhafte Menschen noch mehr Tugend und Güte verbreiten, je mehr ihr Einfluss zunimmt. Deshalb wollen wir hart arbeiten und die Früchte unserer Anstrengungen ohne Reue oder Kleinlichkeit genießen.

Wir wollen auf der rechten, großzügigen Seite der Macht stehen und unseren Reichtum und unseren Einfluss mit denen teilen, die ihrerseits nach einem großartigen Leben streben und einen großartigen Beitrag leisten wollen. Wir wollen nie das Gefühl haben, uns für die Macht entschuldigen zu müssen, die wir durch Schweiß und Disziplin erlangt haben. Stattdessen wollen wir sie nutzen, um gegen Schlechtigkeit vorzugehen, und sie in den Dienst jener stellen, die genau wie wir an die Großartigkeit von Wachstum und Generosität glauben, die der Erfolg uns ermöglicht. Das soll unsere innere Haltung sein, dann werden wir Fülle und Bedeutung erleben.

Wir müssen mit Konflikten rechnen und sie würdigen

Um unser Leben radikal voranzutreiben, werden wir auf jeden Fall wirkliche Kämpfe ausstehen müssen. Wir dürfen uns darüber nicht beschweren oder versäumen, uns darauf einzustellen.

Es gab einmal eine Zeit, als das Bestehen einer Probe als »Tugend« galt. Kämpfen ging auf natürliche Weise mit einem höheren Ziel einher und wurde als solches geschätzt. Kämpfen wurde gelehrt, da es für Heldentum und kulturellen Fortschritt als unabdingbar galt; es war der gefeierte Kontext, in dem wir uns selbst bewiesen, an unserer Verbesserung arbeiteten und uns selbst verwirklichten. Nur dort, in den Tiefen von Bemühung, Leid und Enttäuschung, konnten unsere Schwächen aufgedeckt und behoben, unser Leben verwandelt, unsere Träume verwirklicht und unsere Menschlichkeit gesteigert werden. Jene, die um höherer Ziele willen um Ansehen rangen, wurden nicht belächelt, sondern bewundert und lange Zeit in Ehren gehalten.

Wir dürfen nicht vergessen, dass die Macht, unser Schicksal zu lenken, einer Geisteshaltung entspringt, durch die wir bereit sind, neue Anforderungen, Mühsal und Wachstum zu bewältigen.

Und doch grollt die überwiegende Mehrheit, wenn sie kämpfen soll, um voranzukommen. Sie beklagt sich voller Angst, dass der Weg zur Unabhängigkeit und Fülle zu beschwerlich, zu lästig, zu langsam ist. Wenn es keinen geraden und zügigen Weg zum Erfolg gibt, fängt die Reise erst gar nicht an. Manche kehren nicht auf die Schulbank zurück, weil das zu lange dauern würde. Sie treiben keinen Sport, weil die positiven Auswirkungen zu lange auf sich warten lassen. Sie kämpfen nicht für ihre Träume, weil das hieße, dass auf ein beachtliches Tagespensum noch lange Nachtschichten folgen müssten.

Ganze Generationen beschneiden mittlerweile ihre Vision und ihre Bemühungen aus Angst vor dem Ungemach, das droht, wenn sie sich ihrer eigenen Grenzen gewahr werden, etwas Neues ausprobieren und schlummernde Talente und Fähigkeiten zum Leben erwecken. Infolgedessen ist ein erschreckend großer Anteil der Bevölkerung übergewichtig, schlecht informiert, ohne Ausbildung und unglücklich. Es ist, als vermieden die Menschen von vornherein echte Anstrengung, bei der man über einen längeren Zeitraum hinweg lernen muss und Zeiten voller Frust und Enttäuschung durchsteht. Jegliche Unbequemlichkeit dient mittlerweile als plausible Entschuldigung dafür, den Fortschritt aufzuhalten.

Man mag sich fragen, ob die Geduld und Ausdauer, die notwendig sind, um etwas Lohnenswertes zu erreichen, ausgestorben sind. Das wollen wir lieber nicht hoffen, denn nur wenn wir uns auf das Weiterkommen konzentrieren, können wir sowohl unser Potenzial als auch unsere Freiheit entfalten.

Keiner von uns steht morgens früh auf und sagt: »Ich will in meinem Leben nicht weiterkommen.« Aber unsere Wünsche sind nicht das, was später bewertet wird – nur unsere Handlungen werden Auskunft darüber geben, wer wir sind und was wir wirklich wollen. Also werden wir morgen aufstehen und uns innerlich auf das Weiterkommen ausrichten.

Wir wollen wieder kühn sein. Wenn uns etwas Sorgen bereitet, wollen wir uns in Erinnerung rufen, dass wir alles, was wir brauchen, in uns tragen und dass das Glück den Tapferen begünstigt und allein das Handeln den nächsten Schritt aufzeigt. Wir wollen immer etwas Bedeutungsvolles anstreben, und die uns treibende Überzeugung möge so rein und kraftvoll sein, dass wir mit großen Sprüngen vorankommen. Daran wollen wir uns halten, dem Wachstum und der Großzügigkeit zuliebe.

Wir werden künftig nicht mehr auf irgendeine Erlaubnis, auf den richtigen Augenblick oder auf bequemere Umstände warten, wenn wir mit unserem Leben zügig voranschreiten. Wir wollen jetzt aufbrechen. Wir haben viel zu tun, wollen Einfluss erlangen, Dienste erbringen, Macht teilen und

Freiheit erlangen um unseret- und der Menschen willen, die wir lieben. So wollen wir voranschreiten und Großes in Angriff nehmen. *Und zwar jetzt.*

Fünftes Versprechen

WIR WOLLEN FREUDE UND DANKBARKEIT KULTIVIEREN

Dankbarkeit bereitet der Ehrfurcht den Boden und befähigt uns, die lichten Augenblicke jedes Tages zu erleben, diese Momente aus der jenseitigen Welt, die uns in Staunen versetzen und unsere Wahrnehmung für immer verändern.

Sarah Ban Breathnach

Wir sind mit göttlicher Lebenskraft und dadurch auch mit Stärke, Willenskraft und Begeisterung gesegnet. Doch was ist mit der beschwingten Dynamik, die wir von einer so fähigen und begünstigten Gesellschaft erwarten? Warum hören wir nicht mehr Lachen und Leben? Wo sind die vibrierende, verrückte Wildheit und beeindruckende Leidenschaft von absolut engagierten Menschen? Wo sind die leuchtenden Seelen, deren Herzen vor Begeisterung bersten? Wo ist die Anziehungskraft, das Feuer? Wo sind die Dankbarkeit, die Freude, der Funken und die Veränderung? Was ist aus der wundersamen Lebensenergie geworden, der wir unsere Existenz verdanken?

Es scheint, als habe eine riesige Welle aus Zynismus und Pessimismus unsere Träume fortgespült. Die emotionale Energie der Welt stagniert.

Wir können diese verminderte Lebensenergie an unglaublich vielen Augen und Gesichtern ablesen, am Verhalten und den Gesprächen der Menschen erkennen. Da ist keine Lebendigkeit, keine Freiheit, nichts Positives in ihrer Haltung. Sehen Sie doch, wie abgekämpft, fahl und streng ihre Gesichter aussehen, auch in jungen Jahren. Hören Sie, wie still und resigniert ihre Unterhaltungen klingen. Wenn Sie den Blick etwas weiten, werden Sie merken, dass der Großteil des Stimmengewirrs und der Aufregung eher eine Hysterie ist, die etwas mit neuen Möglichkeiten zur Steigerung des Wohlstands oder dem mediengerechten Dasein einer kleinen Schar von Prominenten zu tun hat. Unsere Welt ist zu einem Ort geworden, an dem eine dramatisch große Zahl von Menschen sich mehr für materielle Dinge und das Leben weit entfernter Narzissten interessiert als für ihre eigenen Erfahrungen im Leben.

Die Menschen sind nicht dazu bestimmt, die trägen, müden, gierigen und langweiligen Karikaturen jenes krassen Überflusses zu sein, der uns heute mit solcher Sensationslust vorgesetzt wird. Von Weitem sieht es traurigerweise so aus, als hätten viele resigniert, als hätten sie ihre beachtlichen Möglichkeiten an den Nagel gehängt, als seien sie damit einverstanden dahinzukriechen, statt sich emporzuschwingen. Es scheint, als liefen wir Gefahr, zu einer Gesellschaft zu werden, die aus verzogenen Kindern und Tadlern besteht, die sich langsam bewegen, keine Ziele haben und bloß Negatives von sich geben.

Viele Menschen, die uns etwas bedeuten, werden einer nach dem anderen in diesen fürchterlichen Negativstrudel hineingesogen. Diese Energie ist mit Händen zu greifen, und wir müssen es uns zur Aufgabe machen, das zu ändern.

Eines unserer Hauptziele muss sein, die Magie des Lebens zu entfachen. Wir dürfen nicht in der Finsternis unserer Zweifel leben, im Schatten der Freudlosigkeit oder in den Fängen von Energievampiren. Wir wollen uns ins Bewusstsein rufen, dass der Sinn des Lebens darin besteht zu *leben* – frei, leuchtend, fröhlich, verrückt, bewusst, voller Liebe, begeistert. Von Natur aus sind wir für ein solches Leben gerüstet, und es ist an der Zeit, diese Fähigkeit auszuleben.

Wir sind geschaffen, um strahlende, dankbare, lebensfrohe Menschen zu sein, die in ihren Segnungen baden und unter Gottes hellem, liebevollem Sonnenschein beschwingt auf ihre Träume zugehen. Man braucht Willenskraft und Übung, um ein solches Leben zu genießen. So wollen wir den Entschluss fassen, unsere Einstellung zum Leben zu überprüfen und eine positivere, präsentere Gangart einzulegen. Somit versprechen wir: *Wir wollen Freude und Dankbarkeit kultivieren.*

Das Juwel des Lebens

Die größte menschliche Freiheit liegt in der Fähigkeit, in jedem Augenblick selbst die Weite unseres emotionalen Horizonts zu bestimmen. *Wir selbst aktivieren genau die Energie und Emotion, mittels deren wir das Leben erfahren.* Wenn wir in unserem Leben Freude und Dankbarkeit empfinden möchten, dann müssen wir unsere Überzeugungen und unser Verhalten auf dieses Ziel hin lenken. Und wir müssen das fortwährend tun, energisch und immer wieder, sodass diese Emotionen zum Kolorit unserer täglichen Haltung werden. Das ist nicht leicht, aber wir wollen es uns zur Aufgabe machen.

Vielleicht liegt die schwierigste Anforderung des guten Lebens darin, im Geiste so standhaft zu sein, dass wir unsere Freude und Dankbarkeit selbst in Zeiten von Not, Leid und Ungerechtigkeit aufrechterhalten. Das ist die Bedingung von Selbstbemeisterung und Glück. Wir müssen merken, wenn wir uns langweilen oder deprimiert sind – und uns dann dazu zwingen, nach draußen zu gehen, und der Welt mit einem Lächeln im Gesicht entgegentreten. Es ist *unsere* Aufgabe, unser Team wertzuschätzen, selbst wenn ein Projekt scheitert, und dankbar für unseren Partner zu sein, auch wenn wir uns mal mit ihm streiten.

Wir werden das Leben nicht meistern, wenn es uns nicht gelingt, die Energie, die wir jeweils empfinden, in fröhliches Engagement und tiefgehende Anerkennung umzuwandeln. Die selbsternannten »Realisten« werden sagen, dass das unmöglich ist. Sie haben die Hoffnung aufgegeben und werden behaupten, dass unsere Welt zu hektisch und zu grausam sei, dass unsere Gene und unser Umfeld über unser Leben und unsere Gefühle bestimmten. Sie werden darauf beharren, dass unser Unterbewusstsein und uralte Instinkte der Angst und des Eigennutzes das Sagen hätten, was auch immer wir tun mögen.

Doch wir wollen unseren eigenen Geist darüber entscheiden lassen, was wirklich und was für uns möglich ist. Unsere Augen werden inmitten all der gelangweilten und mitgenommenen Gesichter ganz andere, fröhlichere Menschen erkennen. Es gibt Antlitze, die vor Lebendigkeit leuchten und die inmitten dieser dunklen Zeit eine strahlende Erinnerung daran sind, dass es nach wie vor Freude, Charisma und Hoffnung gibt. Das sind die Energiegeladenen – fröhliche Menschen, die ihr Umfeld inspirieren und beleben, *obwohl* ihre Herkunft, ihre Gene oder ihr Umfeld Anlass geben könnten, sich gleichgültig und distanziert zu verhalten. Vielleicht hatten auch sie ein armes, destruktives Zuhause. Aber statt in Verbitterung zu verfallen, scheinen sie sich glücklicherweise der Wohltaten ringsumher bewusst zu sein und dafür große Dankbarkeit zu empfinden, *obwohl* diese geringer ausfallen als bei anderen Menschen. Diese wenigen energiegeladenen, glücklichen und dankbaren Menschen sind weder »Glückspilze«, noch sollte man sie beneiden. Denn ihre Schätze stehen jedem von uns offen. Ihr Schatz ist eine Einstellung, die sie aus freien Stücken gewählt haben.

Natürlich wissen wir, dass es in einer Welt voller Unruhe, Chaos und Wut schwierig ist, sich bewusst für die Freude zu entscheiden. Das soziale Gift der Negativität breitet sich schnell aus, denn der menschliche Geist ist anfällig. Wir sind so miteinander verbunden, dass wir emotionale Energien um uns herum wahrnehmen und spiegeln. Sehen wir Angst im Gesicht eines anderen Menschen, versetzt uns das möglicherweise selbst in einen Zustand der Angst. Eine solche emotionale Übertragung war früher einmal sinnvoll. In Zeiten großer Gefahr war sie ein Segen. Wenn sich Angst auf den Gesichtern unserer Gefährten abzeichnete und sie vor einem unsichtbaren Feind die Flucht ergriffen, sahen wir ihre schreckverzerrten Mienen, empfanden automatisch ebenfalls Angst und flüchteten mit ihnen, bevor wir überhaupt wussten, welche Gefahr drohte. Das verhinderte, dass wir von einem gefährlichen Tier oder einer menschlichen Mörderbande gefressen oder erschlagen wurden.

Doch mittlerweile ist dieser ursprüngliche Schutzmechanismus ein tödlicher Feind. Da es keine Raubtiere mehr gibt, die es auf unser Fleisch abgesehen haben, und es in der Regel relativ wenig zu fürchten gibt außer der Furcht an sich, kann dieser Spiegelimpuls unser Leben ruinieren. Die Energie der breiten Masse ist meist eine niedrigschwellige Energie, ein trostloser emotionaler Raum, den verwirrte und zugleich zynische Menschen geschaffen haben. Diese Menschen sind angetrieben von zu wenig Schlaf, einem hohen Stresspegel und dem frenetischen Wunsch, an einem anderen Ort zu sein, in Umgebung anderer Menschen und etwas anderes zu tun. Wir müssen an uns selbst die Frage richten: »Will ich mich der Energie solcher Menschen anpassen? Ihren Gedanken und ihrer Sprache?«

Wenn der einfallslose, verunsicherte Zyniker behauptet, die Welt ginge vor die Hunde, sollen wir zulassen, dass unser Geist automatisch versucht, eine solche Realität zu bestätigen? Sollen auch wir unseren Geist nach etwas Ausschau halten lassen, über das wir uns beschweren können? Soll all die negative Energie auf der Welt unsere Motivation oder Gelassenheit beeinflussen und verderben?

Wir dürfen nicht zu Opfern einer energetischen Gleichförmigkeit werden. Wir müssen durch Achtsamkeit unseren Impuls bezwingen, andere zu spiegeln. Je mehr wir uns automatisch auf das energetische Niveau anderer Menschen einschwingen – außer es geht um Emotionen wie Freude, Liebe und Begeisterung, die wir gern selbst empfinden möchten –, desto stärker schwindet unsere persönliche Macht. Je öfter wir uns an den armseligen Sprachgebrauch oder die Haltung einer breiten Masse anpassen, desto mehr klingen und wirken wir wie Opfer. Wir dürfen nie vergessen, dass die Welt, in der wir leben, ein Ort ist, an dem sich desorientierte Menschen nach persönlicher Freiheit sehnen, deren Handeln aber oft von Angst bestimmt ist. Wenn wir also nicht achtsam mit unserer Willenskraft und Wachsamkeit umgehen, laufen wir Gefahr, in das Unglück der anderen hineinzuschlittern. *Das Leben verliert seine leuchtende Aura und seinen Charme, wenn wir nicht unsere geistige Energie hin zu positivem Engagement und Wertschätzung lenken.* So wollen wir uns wieder neu fokussieren und uns an den wahren Reichtum erinnern: Freude ist das Juwel des Lebens, Dankbarkeit das Gold.

Der fröhliche Meister

Worin liegt der Zauber jener wenigen fröhlichen Menschen, die die Welt erleuchten? Woher stammt ihre Lebensfreude, und wie gelingt es ihnen, so viel Positives auszustrahlen?

Es gibt ein einfaches Rezept. Die Fröhlichen sind schlichtweg bewusster und konsistenter in ihren Bemühungen, Freude und Dankbarkeit zu empfinden und zu verbreiten. Sie geben sich besondere Mühe und machen Freude zu einer täglichen Übung, einer Angewohnheit, einem fortwährenden Zustand ihrer Persönlichkeit, einer sozialen Kunstform, die den trüben, langweiligen Zeiten widersteht: *Sie haben es sich zum Ziel gesetzt, ein fröhliches Leben zu führen.* So einfach ist das. Es sind bloß jene basalen Kräfte, die die Motivation aufrechterhalten: Aufmerksamkeit für und Bemühung um das, was sie sich wünschen.

Diese Antwort ist nicht besonders beliebt. Es ist nicht leicht zuzugeben, dass wir uns vielfach einfach nicht genug Mühe geben. Doch wenn es unserem Leben an Fröhlichkeit mangelt, müssen wir die Wahrheit akzeptieren, dass wir uns oft innerlich nicht genug um Fröhlichkeit bemühen. Wir könnten behaupten, dass begünstigte Menschen es leichter haben als wir. Doch jeder von uns kennt auch solche, die glücklich sind, obwohl sie weniger wohlhabend oder gesund sind.

Schauen wir, was wir von den glücklichen kleinen Menschen um uns herum lernen können. Kinder sind auf natürliche Weise fröhlich. Ihre Neugier, ihr Mangel an Erwartung, die Freude an kleinen Dingen und der Umstand, dass sie sich ganz auf den Moment einlassen, all dies lässt die Freude schnell erblühen. Wir können von ihnen lernen. Was wäre, wenn wir ihren natürlichen Hang zur Fröhlichkeit für unser Leben übernähmen? Könnten wir neugieriger auf unser unmittelbares Umfeld werden? Würde das Aufgeben von Erwartungen, insbesondere der Erwartung, dass immer alles perfekt sein muss, uns neues Vergnügen bescheren? Können wir uns an kleinen Dingen erfreuen und darauf vertrauen, dass uns Gutes widerfahren wird? Wenn wir uns so verhielten, würde sich unser Leben mit Sicherheit zum Besseren wenden.

Deshalb wollen wir uns an das halten, was uns glückliche Kinder vormachen: *Seien Sie neugierig. Lassen Sie Ihre Erwartungen los. Freuen Sie sich an den kleinen Dingen und erwarten Sie Gutes. Lassen Sie sich frohgemut auf den Augenblick ein.* All das wollen wir uns zur Gewohnheit machen, zu unserer Meisterschaft, unserer Kunst.

Menschen, denen es gelingt, jeden Tag ihres Lebens Freude zu empfinden, ähneln den Meistern auf anderen Gebieten – sie arbeiten so hart auf etwas hin, dass dies bald zu einem *Spiel* wird. Die bedeutendsten Künstler und Sportathleten, die erfolgreichsten Manager und Unternehmer, die glücklichsten Arbeiter und die angesehensten

Führungsfiguren gehen alle mit großem Eifer und mit Begeisterung vollkommen in ihrer Arbeit auf. Ihre Bemühungen sind wie ein Spiel. Sie geben sich der Sache hin, als demonstrierten sie auf einem großen Bolzplatz ihre Fähigkeiten. Sie wirken weder wütend noch verwirrt, frustriert oder unruhig, sondern vielmehr entspannt und unangestrengt. Selbst in chaotischen oder turbulenten Situationen stellen sie sich den Konflikten mit intensiver, beherzter Freude. Sie lassen sich auf Herausforderungen ein und akzeptieren sie so, als hätten sie sie erwartet. Selbst wenn die Gestaltung ihrer Karriere und ihres Lebens immer komplizierter wird und Unbequemlichkeiten mit sich bringt, wirken sie oft unbeeindruckt und geradezu heiter. Oftmals singen sie, während sie schuften, und lächeln, wenn sie bei der Arbeit etwas verblüfft. Sie verausgaben und recken und strecken sich voller Hingabe, halten sich selbst dazu an, positiv und fröhlich zu bleiben, da sie wissen, dass sie dank ihres Fleißes eines Tages zu Meistern werden, dass sie dereinst bekommen, was sie sich wünschen, und Transzendenz erlangen. *Das sind die fröhlichen Meister.*

Die fröhlichen Meister wissen, dass Anstrengung nicht immer Leiden bedeutet. Wir wollen von ihnen lernen und uns daran erinnern, dass wir fröhlich und energiegeladen sein können, wenn wir uns den Herausforderungen des Lebens stellen, unsere Komfortzone verlassen oder uns durch Phasen kämpfen, in denen wir zwar viel geben müssen, aber nur wenig erreichen.

Die fröhlichen Meister wissen, dass das Leben eine Reise ist, ein anstrengendes, aufregendes Abenteuer, dessen Bestimmungsort weniger wichtig ist als die Leidenschaft und die Freiheit, die wir unterwegs spüren. Wir wollen von ihnen lernen und uns in Erinnerung rufen, dass wir, selbst wenn wir erschöpft und unsicher sind, die Gegenwärtigkeit jedes Augenblicks empfinden und uns über ihn freuen können.

Die fröhlichen Meister wissen, dass es trotz des Chaos und der Konflikte, trotz der Eile und der Schlechtigkeit der Welt *in uns drinnen etwas Stabiles gibt, das schön und beständig und gut ist.* Auch wir können einen Sinn dafür entwickeln, dass unser Geist und unsere Seele frisch und rein und klar sind, während wir uns durch das übliche menschliche Chaos hindurchkämpfen.

Die fröhlichen Meister wissen, dass das Gute nicht leicht zu haben ist, aber dass man allen Dingen friedlich begegnen kann. Auch wir können anmutig sein, wenn wir unter starken Schmerzen leiden; auch wir können uns anhaltenden Widrigkeiten gelassen, würdevoll und mit Begeisterung für den neuen Tag stellen.

Der fröhliche Meister weiß, dass mit der Zeit jeder Mensch seinen Weg findet, deshalb sind Geduld und Liebe die wichtigsten Tugenden. Auch wir können uns bewusst machen, dass es nicht nötig ist, andere zu unserem Vorhaben oder unseren Vergnügen zu zwingen. Egal, wie unwillig oder ziellos jemand anders zur Zeit wirkt, wir wissen, dass alle Menschen irgendwann den Weg zu dem finden, was für sie Freiheit ist.

Wir wollen darum bitten, dass wir den Willen und die Kraft aufbringen, um diese Dinge zu lernen und zu kultivieren; und wir wollen darum bitten, dass wir selbst zu einem solchen Meister werden.

Der Weg der Dankbarkeit

Wir sollten uns nicht auf den Schatten in der Ecke konzentrieren und törichterweise ignorieren, dass der Schatten nur deshalb da ist, weil im Zimmer eine Lampe leuchtet. Überall um uns herum ist Licht, es gibt vieles, für das wir in dieser scheinbar finsteren Welt dankbar sein können, deshalb müssen wir bloß unseren Blick von dem Schatten losreißen und auf das Meer des göttlichen Lichts und der Gnade blicken, in dem wir leben dürfen.

Wer sich darauf einstellt und Dankbarkeit empfindet, für den wirkt die Kaskade an Wohltaten, die das Universum uns schickt, wie ein überwältigender Wasserfall an Glück und Wundern. Wenn wir nach Dingen Ausschau halten, für die wir dankbar sein können, müssen wir nicht weit suchen. Man muss nur sein Ego loslassen und jene falsche innere Einstellung, die denkt, sie habe alles geschaffen oder müsse alles perfekt machen; dann kann man das Natürliche, das Unerklärliche und die Energie annehmen, die uns Lebendigkeit und eine Welt voller Magie geschenkt haben.

Ein leuchtendes, glückliches Leben beginnt mit Dankbarkeit. Daher wollen wir Tag für Tag mehr Dinge würdigen und mehr Dankbarkeit empfinden:

»Möge ich dankbar sein für all das Licht, das mich umgibt.

Möge ich dankbar sein für alle Bezugspersonen, die mich inspirieren.

Möge ich dankbar sein für meinen Partner, der über meine Fehler hinwegsieht.

Möge ich dankbar sein für die Frauen und Männer, die ihr Leben aufs Spiel setzen, um meine Freiheit zu beschützen.

Möge ich dankbar sein für das Blau des Himmels und die Schönheit der Natur.

Möge ich dankbar sein für dieses Herz, das Leben durch meine Adern pumpt.

Möge ich dankbar sein für die Ruhe der letzten Nacht, egal, wie lang sie war.

Möge ich dankbar sein für das Geschenk meiner Willensfreiheit, meiner Willenskraft und meines Durchhaltevermögens.

Möge ich dankbar sein für meine Mentoren und für die Verräter, durch die ich ebenfalls etwas gelernt habe.

Möge ich dankbar sein, dass ich nicht in bedürftigeren und erbärmlicheren Umständen lebe.

Möge ich dankbar sein für mein Zuhause, mein tägliches Brot und sauberes Wasser.

Möge ich dankbar sein für die Möglichkeit, zu arbeiten, zu gestalten und etwas zu verdienen.

Möge ich dankbar sein für das Glück, das mich vorangebracht hat, und für den Kummer und die Katastrophen, aus denen ich etwas gelernt habe.

Möge ich dankbar sein für den neuen Anfang, den jeder Morgen bietet.

Möge ich dankbar sein für meinen Atem und den reinen gegenwärtigen Augenblick.

Möge ich dankbar sein für meinen Schöpfer.«

Indem uns so viel einfällt, wofür wir dankbar sein können, beginnen wir, unser Leben wertzuschätzen. Wir werden *lebendig.* Wie bei der Freude wollen wir uns vornehmen, Meister der Dankbarkeit zu werden.

Wir sind gesegnet

Wie können wir so viel Freude und Dankbarkeit in unserem Leben aufrechterhalten?

Wir denken stets daran, dass unser emotionaler Zustand eine Angelegenheit der Entscheidung ist, etwas, was wir ausgewählt haben aus einer breiten Palette an Reaktionen und Gefühlen, die uns jederzeit zur Verfügung stehen. So wie ein Kraftwerk keine Energie hat, sondern Energie erzeugt, *haben* wir nicht Glück, sondern wir *erschaffen* es, entwickeln es und verwandeln niedrigstufige Energie in höhere. In gleicher Weise *haben* wir keine Freude oder Dankbarkeit, sondern erschaffen und erfahren sie, weil wir das wollen.

Wir können Freude und Dankbarkeit leicht zu einer täglichen Gewohnheit und zu unserer Richtschnur machen, indem wir überprüfen, wie oft wir diese Emotionen kultivieren. Wir können mehrmals am Tag schauen, wie weit wir gekommen sind, indem wir uns fragen: »Auf einer Skala von 1 bis 10, wie viel Fröhlichkeit und Dankbarkeit steuere ich zu diesem Augenblick bei?«

Diese Formulierung birgt große Kraft. Wir fragen nicht, wie viel Fröhlichkeit und Dankbarkeit wir in dem Augenblick *erfahren,* so als hätten wir irgendein Anrecht auf solche höherstehenden Emotionen. Sondern wir fordern persönliche Verantwortung: »Wie viel *steuere ich bei*?«

Dadurch, dass wir den Zustand unserer Emotionen einschätzen, entwickeln wir mehr Bewusstheit; wir lassen unseren Geist entscheiden, ob die Antwort akzeptabel ist – was davon abhängt, welche Lebensqualität wir anstreben. Wenn wir im Allgemeinen wenig Freude und Dankbarkeit empfinden, wird unsere Intuition verlangen, dass wir unsere Aufmerksamkeit und unsere Gefühle intensivieren. Vielleicht können wir dankbar sein für den Selbstvorwurf, den wir uns machen, wenn wir wissen, dass wir glücklicher und dankbarer sein könnten, und der unseren Geist und unsere Seele auf ein höheres Energieniveau anstößt. Ja, dafür wollen wir dankbar sein, und auch für alles andere, denn wir sind gesegnet.

Sechstes Versprechen

WIR WOLLEN INTEGER BLEIBEN

Mach dir zuerst klar, was du sein möchtest,
und tu dann, was du tun musst.

Epiktet

Wenn es uns richtig schlechtgeht, geraten wir in die Versuchung, uns unredlich zu verhalten: Wir stellen infrage, wer wir sind und woran wir glauben – ebenso wie die Dinge, von denen wir wissen, dass sie richtig, wahr und gut sind. Eine Möglichkeit, sich schwach und herzlos zu verhalten, tut sich auf, und sie wird wahrgenommen. Ein Impuls, grausam zu sein, zu schummeln oder unsere eigenen Träume fahrenzulassen, regt sich, und traurigerweise geben wir ihm nach. Gerade dann, wenn es am meisten drauf ankommt, vergessen wir, was wichtig ist, und geben unsere honorigeren moralischen Überzeugungen auf. Wir versprechen unseren Kindern oder unserem Team etwas Grundlegendes, halten uns aber nicht daran. Voller Wut wischen wir denen, die wir lieben, genau dann eins aus, wenn sie am verletzlichsten sind. Wir lügen jemanden an, der uns etwas bedeutet, obwohl wir ganz genau wissen, dass er unbedingt die Wahrheit hören will. Wir kapitulieren vor einer Enttäuschung und geben hastig unsere Ziele auf, nur weil wir gestolpert, hingefallen und durcheinander sind. Wir schweigen, wenn wir die Gelegenheit haben, groß herauszukommen; wir verstecken unser wahres Selbst und geben unsere Authentizität sowie unseren Willen zum Wachstum preis. Wir verhalten uns gleichgültig oder machen einen Rückzieher in genau dem Moment, in dem unser Umfeld unsere Gegenwart und Stärke nötig hat. Das sind Momente, in denen wir spüren, wie ein Riss durch unser Denken und unsere Seele geht, wir sehen, wie unsere Tugend schwindet und wir in die finsteren Regionen von Egoismus und Verantwortungslosigkeit abgleiten.

Sicher läuft es nicht immer so dramatisch ab. Nicht alle charakterlichen Kompromisse drehen sich um große, quälende Lebensentscheidungen, so wie es etwa in Filmen dargestellt wird. Wir raufen uns nicht die Haare, während wir verzweifelt überlegen, was wir tun sollen, so als sei alles um uns herum zu einer existenziellen Frage geworden. Es gibt keine dramatische Diskussion auf einem öffentlichen Platz oder einen dermaßen hitzigen Streit, dass jemand umfällt, weil er es nicht erträgt, auch nur einen Zentimeter nachzugeben. Nein, die meisten Verletzungen unserer Integrität sind eher subtil und vollziehen sich im Stillen. Oft geschehen sie, wenn wir zu beschäftigt sind, um darauf zu achten. Wir haben gar nicht bemerkt, dass wir unhöflich waren. Uns ist nicht bewusst, dass wir uns angewöhnt haben, uns ein wenig zu verstellen, kleine Lügen vorzubringen, leicht in Wut zu geraten, zu tratschen, Dinge aufzuschieben oder ins Lächerliche zu ziehen, uns zu verspäten und zu vergessen, dass wir »Danke« und »Ich liebe dich« sagen. Wir sind mit dem, wer wir sind, und dem, wie wir von den anderen wahrgenommen werden wollen, nicht mehr im Reinen; der

Grund sind kleine nebensächliche Handlungen, von denen uns nicht klar war, dass sie sich zu einem Charakter verdichten würden, der eigentlich unter unserer Würde ist.

Es ist an der Zeit, uns ins Gedächtnis zu rufen, dass unsere Gedanken und Handlungen von heute später einmal unser Vermächtnis sind. Wenn wir das vergessen oder uns selbst in die Tasche lügen und uns sagen, dass unsere Handlungen nicht ins Gewicht fallen, machen wir uns lächerlich. Wir erlauben uns, nur dieses eine Mal, von unseren Werten abzuweichen. Wir schummeln, nur dieses eine Mal. Wir lügen, nur dieses eine Mal. Wir schieben die schwierige Aufgabe auf, nur dieses eine Mal. Wir schwänzen den Sport, nur diese Woche. Wir trinken noch ein Glas, nur dieses eine. Und bald schon führt jede dieser kleinen Ausnahmen zu einer weiteren, und dann wird daraus ein ganzes Leben voller Kompromisse und Reue. Wenn wir nicht wachsam sind, schwindet das, was am menschlichen Geist richtig und stark ist, immer mehr und ist irgendwann unwiederbringlich dahin.

Denken wir daran, dass unsere Handlungen eine nach der anderen eine Struktur schaffen, die entweder gerade ist oder schief. Und so wollen wir uns bemühen, in Einklang mit unserem höchsten Selbst zu leben, dafür zu sorgen, dass unser Charakter und unsere Werte intakt bleiben und wir jede Situation voller Integrität und großzügiger Menschlichkeit angehen. Wenn wir das nächste Mal in Versuchung geraten, uns schwach oder herzlos zu verhalten – und eine solche Situation wird kommen –, wollen wir ihr widerstehen. Wir werden uns voller Überzeugung weigern, ihr nachzugeben, wir beschließen, dass wir keine Kompromisse machen oder unsere Standards senken; beflügelt vom richtigen Handeln, werden wir vielmehr eine andere Dimension erlangen, in der sich unser Charakter unserer göttlichen Natur anverwandelt.

Persönliche Freiheit und die Hoffnung der Menschheit hängen davon ab, dass wir uns selbst, unseren Träumen, unserem Wort, unserer Güte und unserer liebenden Natur treu bleiben. Indem wir uns weigern, unsere Werte zu verbiegen, werden wir selbst unbeugbar – verlässliche und standhafte, mutige und sichere, tapfere, würdige und charakterstarke Männer und Frauen. Wir wollen ein Leben erschaffen, auf das wir stolz sind. So versprechen wir: *Wir wollen integer bleiben.*

Klarheit schaffen

Wenn wir uns in einer Weise verhalten, die nicht mit unseren Überzeugungen übereinstimmt, fühlen wir uns »daneben«, frustriert, reumütig und mit der Zeit auch unglücklich. Doch wenn wir unsere Gedanken und Handlungen auf eine Linie mit unseren Werten und Prioritäten bringen, kommen wir in den Genuss eines erfüllten Lebens, das wir so gewählt haben. Wenn wir dies wissen, müssen wir uns zwei Fragen stellen: »Wer bin ich?« Und: »Was ist mir wichtig?« Diese Überlegungen zählen vielleicht zu den bedeutendsten im Leben überhaupt. Wer die Antworten nicht kennt, kann weder umfassende persönliche Macht noch echte Freiheit erlangen.

Um eine Antwort auf diese einschüchternden Fragen zu finden, muss man überlegen, welche Eigenschaften wir uns für die folgenden Aspekte unseres Lebens wünschen: unseren Charakter, unsere Beziehungen und unser Engagement.

Charakter

Nur sehr wenige Menschen haben je besondere Anstrengung darauf verwandt, ihren Charakter zu bestimmen – also die spezifische Identität, die sie gern hätten. Die meisten reagieren lediglich auf ihr Umfeld, je nachdem, wie es ihrer Laune entspricht, und beschäftigen sich nicht wirklich damit, welche Art von Mensch sie sind oder sein wollen. Und da sie keine bestimmte Identität als Zielvorstellung haben, schlagen sich in ihnen die Wünsche anderer nieder oder die Umstände oder die Kultur, in der sie leben. Sie haben keinen authentischen Charakter, weil sie bloß im Affekt handeln oder andere nachahmen.

Betrachten wir demgegenüber eine Frau, die ein ausgeprägtes Selbstbewusstsein hat. Wenn ihr daran gelegen ist, ein freundlicher Mensch zu sein, und sie achtgibt, wird sie kaum jemals unhöflich sein. Wenn sie sich selbst als einen stark mitfühlenden Menschen begreift, dann entwickelt sie bewusst die Fähigkeit, besser zuzuhören, mehr zu helfen, stärker zu lieben. Sie arbeitet daran, dass all ihre Gedanken und Angewohnheiten mit dem idealen Menschen im Einklang stehen, der sie sein möchte. *Achtsamkeit und Disziplin geben ihr die Freiheit, ihr Potenzial auszuschöpfen.*

Haben wir einen solchen Grad an Selbstbemeisterung? Wissen wir, durch welche Charaktereigenschaften wir uns stimmig, glücklich, ganz fühlen würden? Falls nicht, wollen wir uns fragen: »Wenn ich morgen stürbe, wie sollten mich andere Menschen in Erinnerung behalten? Welche spezifischen Formulierungen und Sätze würde ich gern aus ihrem Mund zur Beschreibung meiner Person hören? Wenn ich heute über meine Entscheidungen und Handlungen bestimme, welche Formulierungen und Sätze sollen in mir widerhallen und mich inspirieren, ein guter Mensch zu sein?« Die Antworten auf diese Fragen geben uns einen Fokus im Leben. Falls wir uns wünschen, dass man uns als lebendig, freundlich, intelligent, liebevoll und mutig in Erinnerung behält, dann können wir beschließen, so zu leben, dass diese Beschreibungen auf uns zutreffen.

Einigen mag dies etwas zu simpel vorkommen. Aber der gesunde Menschenverstand kommt im Alltag nicht immer zur Anwendung. *Wie oft haben wir uns selbst Leid zugefügt, weil wir nicht innegehalten und uns gefragt haben: »Wie würde mein höchstes Selbst diese Situation einschätzen, und wie würde es darauf reagieren?«*

Wir müssen jetzt unser bestes Selbst bestimmen und definieren, wofür wir stehen werden. Wir wollen heute Abend im Bewusstsein der Dankbarkeit dafür, dass wir einen freien Willen haben, die richtigen Formulierungen wählen, um mit den passenden Worten aufzuschreiben, was für ein Mensch wir idealerweise sein wollen. Benutzen Sie dafür schönes Papier und schreiben Sie mit Tinte. Nehmen Sie diesen Zettel überallhin mit. Sehen Sie sich diese Formulierungen an, lernen Sie sie auswendig, oder lesen Sie sie laut vor – *werden Sie eins* mit diesen Worten. Je mehr wir dafür sorgen, dass unser Handeln dieser Identität entspricht, desto freier und motivierter werden wir sein; wir werden heil. Das Leben wird fröhlicher werden und sich mehr wie unser eigenes anfühlen, es wird mehr Tiefe haben und uns stärker ausfüllen. Das Schicksal wird uns anlächeln, und wir werden an der Himmelspforte als zielstrebige und rechtschaffene Menschen willkommen geheißen.

Beziehungen

Zudem wollen wir bestimmen, wie wir künftig mit unserem Umfeld interagieren. Welche Erfahrungen wollen wir mit den wichtigen Menschen unseres Lebens teilen?

Wer es versäumt, sich mit diesen Fragen auseinanderzusetzen, scheitert in der Regel in seinen Beziehungen. Stellen Sie sich beispielsweise einen Ehemann vor, der sich weder über die Qualität des Austauschs zwischen sich und seiner Frau im Klaren ist noch dafür eine Verantwortung spürt. Wenn sie verärgert ist, wird er auf ihre Gefühle und Enttäuschungen vermutlich bloß mit den gleichen Empfindungen und Enttäuschungen reagieren. Doch er sollte sich sagen: »Ich werde meiner Frau ein präsenter, solider und verlässlicher Ehemann sein, und das bedeutet, dass ich auf ihre Gefühle achte und fürsorglich mit ihnen umgehe. Ich werde ihr genau zuhören und selbst in Krisenzeiten oder bei einem Streit versuchen, empathisch zu sein und sie zu unterstützen.« Er kann sich sogar noch detaillierter mit der Beziehung zu seiner Frau beschäftigen und sich ihre gegenseitige Verbundenheit ausmalen, etwa wenn sie auswärts zu Abend essen, gemeinsam zur Arbeit fahren, in den Ferien sind oder zu Zeiten, wenn ihre finanzielle Situation kritisch ist oder die eigenen Kinder sie fordern. Je mehr Gedanken er *im Vorfeld* auf diese Situationen verwendet, desto bewusster und authentischer wird er sein, wenn sie eintreten. Seine Integrität tritt nach außen und wird real, schon sehr bald wird er stolz auf seine Handlungen sein – und dafür geliebt werden.

Wir sollten uns also hinsetzen und etwa folgende Sätze niederschreiben:

»Welche Menschen sind mir wichtig und weshalb?«

»Wie soll ich mich ihnen gegenüber verhalten, damit ich ihnen gerecht werde und sie mein bestes Selbst erleben?«

»Welche Art Mensch will ich werden, damit ich zufrieden bin mit der Art, wie ich andere behandele?«

Morgen also wollen wir uns ganz darauf konzentrieren, der Mensch zu sein, der wir sein möchten, und mit anderen so umgehen, wie wir es vorhaben. Wenn uns das jeden Tag unseres Lebens gelingt, dann werden wir an unserem Lebensende von den Menschen umringt sein, die wir lieben und denen wir dienen; und sie werden uns sagen, *weshalb* sie uns geliebt haben; und ein Lächeln wird unser Gesicht erleuchten, da wir wissen, dass ihre Beschreibungen etwas Wichtiges offenbaren – dass wir im Einklang mit unserem Herzen und voller Menschlichkeit gelebt und geliebt haben.

Engagement

Schließlich wollen wir bestimmen, auf welche Weise wir uns engagieren möchten. »Was wollen wir erschaffen, bauen, formen, teilen oder geben? Abgesehen von unserem Austausch mit anderen Menschen – welche Dinge möchten wir ihnen geben oder vererben? Welchen sichtbaren Beweis unserer Kreativität und unseres Lebens wollen wir auf Erden hinterlassen?« Zu viele Menschen denken nicht über diese Fragen nach, und so verschachern sie Tag für Tag ihre Rechtschaffenheit mittels Tätigkeiten, die sie nicht ausfüllen. Sie arbeiten nicht auf etwas hin, das real und sinnvoll ist, von dem sie wissen, dass es sie froh macht und ausfüllt.

Sie sagen zu vielen Projekten ja, um anderen Menschen einen Gefallen zu tun, und opfern dafür ihre eigene Zufriedenheit und ihre Seele. Wenn sie von sich aus definiert hätten, was für sie sinnstiftend und wichtig ist, hätten sie die Gefühle der Zerstreuung und Leere vermeiden können. Es gibt keinen Grund, weshalb uns das gleiche Schicksal ereilen sollte. Setzen wir uns also hin, greifen wir nochmals zu Füller und Papier und beschreiben wir die Projekte und Ziele, die uns Energie, Begeisterung und Sinn vermitteln. Wir haben all dies bereits zuvor notiert, doch während wir schreiben, verbinden wir uns erneut mit unserer Motivation und unserer Kraft: »Auf welche Leistungen und welche Beiträge werden wir stolz sein? Was wollen wir für andere tun? Welche Kunst werden wir erschaffen und zurücklassen? Welchen Unterschied bewirkt es?« Aus solchen Fragen entsteht ein Leben, das zählt. Doch wenn wir uns das nicht vorstellen, dann gibt es nichts, woran wir uns orientieren können. *Wo keine Klarheit herrscht, gibt es keine Integrität.*

Mit diesen Plänen dafür, wer wir sein wollen, wie wir mit anderen Menschen umgehen wollen und was wir selbst geben möchten, werden wir zu selbstbewussten Menschen. Wir erlangen das volle Ausmaß unserer persönlichen Stärke.

Die sechs praktischen Prinzipien der Integrität

Weisheit bedeutet zu wissen, wer man sein will und wie man sich in einer bestimmten Situation verhält; Tugend bedeutet, dass man auf diese Weisheit hin handelt. Wir alle wissen, dass wir rücksichtsvolle, freundliche, liebevolle und glückliche Menschen sein sollten, doch nicht alle von uns entscheiden sich dafür, so zu sein. Diese Kluft zwischen Wissen und Tun ist der dunkle Ort, an dem sich einige Menschen verlieren. Jede Verletzung unserer Werte und Tugend schadet unserer Rechtschaffenheit und unserem Glück. Doch wann immer wir für unsere Integrität eintreten, festigen wir jenes großartige Gebilde unseres Charakters, das wir jeden Tag errichten.

Deshalb wollen wir unsere Lebensgewohnheiten weise wählen. Das erste Prinzip der Integrität lautet: *erst denken, dann handeln.* Wir sollten keine wichtige Entscheidung treffen, ohne die wesentlichen Bereiche unseres Lebens in Betracht gezogen zu haben – unser persönliches Wohlergehen, unsere Beziehungen und unsere gesellschaftliche Verantwortung. Wir müssen uns fragen: »Fördern die Entscheidungen, die ich gerade treffen will, mein psychisches Wohlergehen und mein Glück ebenso wie die Gesundheit und das Wohl meiner Familie und Gemeinde? Was, wenn meine Entscheidungen und Handlungen in den Abendnachrichten ausgestrahlt würden – wäre ich dann stolz auf sie?« Weil sie sich diese Fragen nicht gestellt haben, sind aus vielen guten Menschen schlechte geworden.

Das zweite praktische Prinzip der Integrität besagt, *sich niemals auf etwas zu verpflichten, für das wir keine Leidenschaft empfinden.* Wir müssen aufhören, zu allem Ja zu sagen, denn bei vielem sind wir genau deshalb gescheitert, weil wir halbherzig an die Sache herangegangen waren. Während wir als Erwachsene immer lebensklüger werden, erkennen wir Folgendes: Wenn sich uns eine Gelegenheit bietet und wir nicht hundertprozentige Begeisterung empfinden und uns mit Haut und Haar dafür engagieren wollen, dann muss unsere Reaktion ein hundertprozentiges Nein sein. Oft verletzen wir unsere Integrität deshalb, weil wir wiederholt etwas tun, was uns nicht liegt, und mit Menschen, die uns nicht interessieren. Ist das Leben nicht gedacht als eine leidenschaftliche Liebesbeziehung mit unserer Arbeit, unserem Glauben und den Menschen, die wir glücklicherweise kennen und lieben? Erhalten wir uns diese Begeisterung, indem wir sorgsam mit unserer Zeit umgehen.

Das dritte praktische Prinzip der Integrität bedeutet, *dass wir unser Wort halten*. Wenn wir sagen, dass wir unseren Partner zur Mittagsstunde treffen, dann müssen wir zu dieser Zeit oder etwas vorher da sein. Wenn wir versprechen, das Projekt bis Mittwoch fertig zu haben, dann reichen wir es am Mittwoch ein. Falls wir jemand anderem versprechen, dass wir das uns Anvertraute nicht weitersagen, dann dürfen wir nicht klatschen. Diese Praxis zählt zum Wichtigsten im Leben: wahrhaftig, großmütig und vertrauenswürdig zu sein. Stellen wir uns vor, dass wir am Ende unseres Leben sagen können: »Ich war jemand, auf den man sich verlassen konnte. Wenn ich zugesagt hatte, war ich da. Ich gab, was ich versprochen hatte. Ich hielt mein Wort, weil mir meine Integrität und die Menschen in meinem Leben wichtig waren.« Wir sollten für ein solches Leben beten, und wir sollten diesen Gebeten die entsprechenden Handlungen folgen lassen.

Das vierte Praxisprinzip besteht darin, *andere immer respektvoll zu behandeln*. Menschen, die auf ihr Leben zurückblicken, bedauern es oft, dass sie mit anderen schlecht umgegangen sind. Fast alles, worunter wir in unseren zwischenmenschlichen Beziehungen leiden, ist die Folge fehlenden Respekts. Doch nur wenige Menschen haben für sich klar definiert, was es heißt, einen anderen zu respektieren. Respektvoll zu sein bedeutet, dass man keinen Schaden anrichtet, dass man anderen das Recht gibt, sich selbst auszudrücken, und den Umstand würdigt, dass ihre Gedanken, Gefühle und Handlungen in ihren Augen realistisch sind und einen guten Grund haben, selbst wenn sie uns als unwichtig oder falsch erscheinen mögen. Respekt ist nicht gleichbedeutend mit Zustimmung; man kann eines anderen Menschen Recht auf Meinungsäußerung respektieren, ohne dem Gesagten inhaltlich zuzustimmen. Respekt heißt zu sehen, dass andere ihr Bestes geben hinsichtlich dessen, was sie tun, wer sie sind und im Umgang mit ihrem Schicksal, selbst wenn wir der Ansicht sind, dass ihre Bemühungen nicht ausreichen. Es bedeutet, dass wir das Göttliche in anderen sehen; wir geben Respektlosigkeit in unserem Leben keinen Raum, weil wir davon absehen, uns anderen gegenüber respektlos zu verhalten.

Das fünfte praktische Prinzip fordert, *die Wahrheit zu sagen*. Wie viel Ärger handeln wir uns ein, wenn wir lügen! Es gibt so viele Baustellen oder angespannte Beziehungen, die wir durch kleine Flunkereien verschlimmern. Die Frau, die viele Lügen verbreitet, ist gezwungen, viele Leben gleichzeitig zu leben, was ihren Charakter und ihre Seele beeinträchtigt. Der Mann, der lügt, wird später davon heimgesucht, und zwar so lange, bis das Gespenst seiner Lüge anderen Menschen erscheint; und dann quält ihn der Gedanke daran, was diese von ihm denken mögen. Er wird innerlich und äußerlich leiden. Wenn man sich oder andere belügt, verletzt man im Grunde sich selbst. Wir dürfen Lügen nicht dazu verwenden, um uns kurzfristig Ärger zu ersparen; langfristig lösen sie immer Peinlichkeit und Bedauern aus. Wir dürfen nicht durch viele kleine Flunkereien unsere eigene Integrität untergraben.

Das sechste Prinzip besteht darin, sich *immer für das Handeln zu entscheiden*. Wenn wir voller Zweifel bloß am Rand des Lebens stehen, ist es so, als stünden wir am Ufer eines Flusses und gingen nicht ins Wasser, um ein Kind vor dem Ertrinken zu retten. Wenn wir eine attraktive Frau sehen und sie gern ansprechen würden, uns ihr aber nicht nähern, werden wir es später bedauern. Falls wir von einer beruflichen Neuausrichtung träumen, aber nie etwas dafür tun, wird letztendlich Reue uns plagen. Wenn unser Geist aus guten Gründen etwas will und wir der Sache nicht nachgehen, ist es so, als missachteten wir unser eigenes Selbst. Je weniger wir handeln, desto weniger redlich ist unser Verhältnis zu unserem Herzen und unserem Geist. Und desto weniger trauen wir uns selbst, kennen und lieben wir uns. Denken wir deshalb daran, dass wir unsere Integrität stärken, wenn wir Dinge tun, die die Werte und Wünsche bekräftigen, die uns wirklich etwas bedeuten.

Keine dieser sechs praktischen Prinzipien verlangt von uns etwas Außergewöhnliches – sie alle entsprechen ganz natürlichen Impulsen. Doch es sind die kleinen alltäglichen Verletzungen dieser Prinzipien, die den Großteil menschlichen Leidens bewirken. Je mehr dieser Praktiken wir anwenden und umsetzen, desto glücklicher werden wir sein.

Warum bewundern und respektieren alle Menschen auf der Welt Persönlichkeiten wie Gandhi, Mandela, Mutter Teresa, Lincoln oder andere Helden aus der Ruhmeshalle der Geschichte? Weil sie sich in ihrem Handeln von diesen praktischen Prinzipien haben leiten lassen. Sie standen für etwas. Sie haben die Werte, an die sie glaubten, nicht einfach verletzt, nur weil ein Konflikt auftrat. Sie waren gute Menschen, deren Worte und Handlungen auf integre Weise miteinander verbunden waren. Auch wir können zu jemandem werden, der stark, stolz und respektabel ist. Das Einzige, was wir dafür tun müssen, ist, Integrität zu unserer *Lebenspraxis* zu machen.

Die sieben Versuchungen

Stellen wir uns also einige Situationen vor, die unsere Integrität am ehesten gefährden. Es herrscht ein erstaunlicher Mangel an Selbstkenntnis, und die Menschen sind überrascht, dass sie sich in gewissen Situationen auf eine Weise verhalten, die unter ihrem Niveau ist. Es ist, als schauten sie nie wirklich hin, wenn andere Leute wütend oder traurig werden, und lernten deshalb nie, wie man Wut und Traurigkeit zuvorkommt. Sie haben die Lektionen des Lebens ignoriert, und deshalb benehmen sie sich selbst immer wieder ignorant.

Lassen wir einmal Revue passieren, was wir von den Weisheitslehrern und aus eigener Erfahrung gelernt haben. Mittlerweile sollte jeder von uns wissen, dass uns unsere Integrität schnell abhandenkommt, wenn wir eine der folgenden Empfindungen in uns fühlen oder darauf reagieren: *Ungeduld*, *Enttäuschung*, *Verzweiflung*, *Aggression*, *Kränkung*, *Loyalität* und *Macht*. Das sind die »sieben Versuchungen«. Wir wollen sie genau erkunden, damit wir uns auf sie vorbereiten können und unserem höchsten Selbst treu bleiben, wenn sie uns begegnen.

Die Versuchung der Ungeduld

Beginnen wir mit der *Ungeduld*. Jeder von ist schon einmal wütend geworden, wenn seine Geduld auf eine harte Probe gestellt wurde. Selbst wenn wir uns für einen freundlichen, liebevollen Elternteil halten, passiert es leicht, dass wir, wenn die Kinder auch auf die fünfte Aufforderung hin nicht leise sind, in die Luft gehen könnten. Und wenn unser neu gegründetes Geschäft nicht so bald floriert wie erhofft, sind wir schnell an dem Punkt, dass wir unseren Traum wieder an den Nagel hängen.

Ein Mangel an Geduld hat aus vielen guten Menschen Kleinkrämer gemacht, aus möglichen Erfolgsgeschichten Misserfolge, und unzählige gute Ideen wurden kurz vor ihrer Verwirklichung wieder fallengelassen. Zudem resultieren daraus fast alle gesellschaftlichen Übel, die mit Gier und falschen finanziellen Entscheidungen zu tun haben – jener unwürdigen Ausrichtung auf kurzfristige Gewinne statt auf langfristiges Wachstum.

Freie, achtsame Menschen entwickeln eine höhere emotionale Intelligenz, die sie warnt, wenn sie zu hektisch, ungeduldig oder nervös werden. Durch Übung und Disziplin trainieren sie ihren Geist dahin gehend, dass er ein Frühwarnsystem entwickelt, welches ihnen etwas signalisiert wie: »Ich bin konfus und werde vermutlich eine schlechte Entscheidung fällen. Ich muss ein paarmal tief durchatmen und einen Gang herunterschalten. Es wäre klüger und verantwortungsvoller, wenn ich mich jetzt etwas beruhigte, um diesen Stressmoment zu bewältigen und dann das zu tun, was langfristig gesehen das Richtige ist.«

Wir können diese Fähigkeit entwickeln, indem wir uns mit Momenten auseinandersetzen, in denen wir ungeduldig waren: »Wann bin ich zuletzt auf jemanden losgegangen, der mir nahesteht, nur weil ich nicht geduldig war und die Lage falsch beurteilt habe? Was hätte ich in der Situation tun sollen, um ruhiger zu werden? Gibt es noch andere Situationen, die mich vor lauter Ungeduld immer wieder auf die Palme bringen? Wie will ich mich künftig in solchen Situationen verhalten?« Je mehr wir über Momente nachdenken, in denen Ungeduld die Oberhand über uns gewonnen hat, desto weniger wahrscheinlich ist es, dass sich eine solche charakterliche Schwäche wiederholt.

Richten wir unseren Blick in die Zukunft. Stellen wir uns vor, wie andere uns in Erinnerung behalten sollen. Gute Eltern möchten, dass ihre Kinder später sagen: »Meine Eltern sind geduldig und liebevoll mit mir umgegangen.« Der tüchtige Geschäftsmann will, dass seine Angestellten sagen: »Ich bin froh, dass unser Firmengründer in der Krise durchgehalten und an seiner Vision festgehalten hat, statt hinzuschmeißen.«

Nichts davon ist wirklich neu. Die Weisen lehren uns seit jeher: »Geduld ist eine Tugend.« Und damit wir integer bleiben mögen, wollen wir diese Alltagsweisheit täglich anwenden.

Die Versuchung der Enttäuschung

Die meisten Menschen geben ihre Integrität aufgrund irgendeiner Enttäuschung auf. Die Dinge entwickeln sich nicht so wie gewünscht, ihr Ego speit Gift und Galle und verleitet sie dazu, Versprechen gegenüber sich selbst oder anderen zu brechen. Da ist zum Beispiel die Frau, die eine neue Diät ausprobiert und auch Erfolge erzielt, aber da sie nicht so viel abgenommen hat, wie sie dachte, knickt sie ein und kehrt zu ihren alten Gewohnheiten zurück. Oder der Arbeiter, der gelobt, sich noch mehr anzustrengen, der aber, als man seine anfänglichen Bemühungen nicht unmittelbar anerkennt, bald wieder ins alte Verhaltensmuster zurückfällt. Oder der Selbstständige, dessen erster Versuch scheitert und der deshalb wieder in eine freudlose Anstellung zurückkehrt, weil sie ihm mehr Sicherheit verspricht.

In den meisten Fällen ist die Enttäuschung an sich nicht das Problem, sondern das, was wir danach tun – wir *geben auf*. Enttäuschung ist bloß eine Entschuldigung, die kleine Leute vorbringen, um sich zu rechtfertigen, dass sie den Drang verspüren aufzugeben und lieber ein bequemes Leben haben wollen, statt hart zu arbeiten und die Widrigkeiten zu bewältigen, die mit echten Leistungen zwangsläufig einhergehen.

Bewusster lebende Menschen betrachten Enttäuschungen als etwas Alltägliches und Harmloses, was nun einmal zu hohen Zielen und Standards dazugehört. *Wenn wir nicht hin und wieder enttäuscht sind, bedeutet es, dass wir nie etwas wagen, was neu, kühn oder von Bedeutung ist.* Machen wir uns also bewusst, dass Enttäuschung etwas Notwendiges ist und keine wirkliche Macht über uns hat. Tatsächlich verfliegt die Enttäuschung oftmals, sobald wir bereit sind, etwas daraus zu lernen. Statt so traurig oder frustriert zu sein, dass wir aufgeben, müssen wir einfach neugierig sein und fragen: »Was kann ich hieraus lernen, was wird mir helfen, die Dinge anders anzugehen? Welche Lektion muss ich verinnerlichen, damit ich das nächste Mal meinen höheren Ansprüchen entspreche und einen noch besseren Beitrag leisten kann?«

Der Unterschied könnte kaum größer sein.

Erfolglose Menschen lassen zu, dass die Enttäuschung sie ausbremst, dass sie ihre Verpflichtungen, Werte und Träume aufgeben. Sie lassen zu, dass Enttäuschung sich in ihnen zu einer *Identität* des Scheiterns auswächst. Erfolgreiche Menschen empfinden Enttäuschung, *lernen von ihr und lassen sie wieder los.* Sie nutzen die Frustration zur Erweiterung ihrer Fähigkeiten, statt zuzulassen, dass sie ihre Persönlichkeit beeinträchtigt oder ihre Träume kappt. Enttäuschter Versager oder lernfähiger Erfolgsmensch? Entscheiden wir heute für die Zukunft, zu welcher »Sorte« wir gehören wollen.

Die Versuchung der Verzweiflung

Jene Momente, in denen wir verzweifelt sind oder am Rande eines Abgrunds stehen, sind die Momente, in denen wir am wahrscheinlichsten unsere Redlichkeit unterwandern. Ein Geschäftsmann, der kurz vor dem Bankrott steht, beschließt, etwas Unehrenhaftes zu tun, um schnell zu Geld zu kommen. Jemand, der sich nach Liebe sehnt, wird sich selbst untreu, um Anerkennung oder Zuneigung zu finden. Ein Student, der verzweifelt versucht, den Erwartungen anderer zu entsprechen, schummelt immer wieder bei den Prüfungen. Ein hungriger Mann stiehlt Lebensmittel.

Jeder von uns hat in Notsituationen schon mal falsche Entscheidungen getroffen. Schauen wir uns also diese Entscheidungen an und prüfen wir, ob es ein Muster gibt: Welcher Zustand hat uns dazu gebracht, uns schlecht zu verhalten? Was dachten wir in jenen ungesunden, verantwortungslosen Momenten über andere, die Welt und uns selbst? Hätten wir uns anders verhalten können – auf eine Weise, die uns weitergebracht und unsere Integrität noch gesteigert hätte? Worauf wollen wir in ähnlichen Situationen künftig Wert legen?

Es wäre dumm zu glauben, dass wir auf der Jagd nach unseren Träumen nicht auch künftig mit Enttäuschungen konfrontiert würden. Wir werden straucheln. Wir werden kämpfen, und wahrscheinlich werden wir irgendwann mal Geld verlieren oder an Status und Einfluss einbüßen. Wir werden gezwungen sein, jeden Fitzel Respekt und Ressourcen zusammenzukratzen, um weiterzumachen. Und deshalb wollen wir *jetzt* beschließen, wie wir uns in solchen Momenten verhalten werden.

In jeder guten Geschichte gibt es eine Szene, in der der Held voller Verzweiflung und Angst ist. Doch entscheidend ist, wie er sich in den Momenten danach verhält; das bestimmt darüber, ob er ein Feigling, ein Bösewicht oder aber ein integrer, tapferer Mensch ist, der die Situation rettet und erhobenen Hauptes von dannen zieht. Wenn es bei uns so weit ist, falls wir plötzlich in eine Notlage geraten, dann wollen wir unseren Werten treu bleiben und der Welt zeigen, aus welchem Stoff wir gemacht sind.

Die Versuchung der Aggression

Die Menschen zeigen sich oft von ihrer allerschlimmsten Seite, wenn sie auf die Aggression eines anderen Menschen reagieren. Wenn man sie schikaniert, werden sie gewalttätig. Wenn ihr Partner an einem Vorschlag festhält, den sie ablehnen, werden sie wütend. Wenn ihr Chef ihnen deutlich sagt, was sie tun sollen, knicken sie ein und stimmen zu, auch wenn es ihnen zutiefst widerstrebt. Daher sollten wir uns vornehmen, dass wir auf die Anmaßungen eines anderen Menschen nie mit einer Handlung reagieren, durch die wir klein, wütend oder verletzend werden. Bitterkeit und Gewalttätigkeit führen nie zu etwas Gutem.

Wenn andere aggressiv sind, müssen wir ganz genau auf unsere Reaktion achtgeben. Wenn sie zu viel Druck ausüben, wollen wir einfach akzeptieren, dass ihr Ego sie treibt oder sie aus Unkenntnis handeln und unseren Geist so steuern, dass wir uns nicht auf ihr Niveau herabbegeben. Das ist der Moment, in dem wir uns fragen sollten: »Wenn ich meine Wut oder Kränkung aus dieser Situation herausnehmen könnte und von der Warte meines höchsten Selbst aus handelte, was würde ich dann jetzt tun?« Weil sie auf eine solche Frage klug reagierten, waren Gandhi, King und Mandela solch fokussierte, wahrhaftige Menschen, die allseits bewundert wurden.

Einige Leute in unserem Umfeld werden uns immer bedrängen, uns auf die Nerven gehen oder uns zu Anpassung und Unterwerfung verleiten wollen. Andere werden sich unhöflich, ignorant und gemein verhalten. Wählen wir also einen höheren Pfad, bleiben wir unseren Werten treu, und treten wir inmitten all der Scharmützel für Frieden ein. Mit der Zeit werden wir feststellen, dass Geduld stärker ist als Aggression und Liebe mächtiger als Hass.

Die Versuchung der Verletzung

Wachsamkeit ist nötig, wenn wir verletzt sind oder irgendeine andere negative Emotion spüren. Sonst werden wir möglicherweise wie die Frau, die sich schlecht behandelt fühlt und gehässig reagiert; der Mann, der einen anderen körperlich angreift, weil er sich durch eine Beleidigung herabgesetzt fühlt; die Führungskraft, die ein ganzes Projekt scheitern lässt, weil ihr etwas peinlich ist.

Dies ist ein Bereich, mit dem wir uns näher befassen müssen. Wir wollen uns fragen: »Wie reagiere ich, wenn ich verletzt bin? Wie nehme ich andere Menschen wahr, und wie reagiere ich auf sie, wenn ich schlecht gelaunt bin? Gibt es irgendetwas, was mir selbst als Stütze dient, wenn ich gekränkt bin, damit ich mir treu bleiben und in meinem Leben munter voranschreiten kann?«

Lebenskluge Menschen erkennen an, dass verletzte Gefühle genauso funktionieren wie das Glücklichsein: Wir müssen uns *bewusst dafür entscheiden*. Wenn eine Kränkung sich in unserem Herzen breitmacht, wollen wir prüfen, ob sie uns in irgendeiner Weise nutzt. Machen wir uns bewusst, dass sie bloß unsere Interpretation einer Situation ist und dass wir es sind, die ihr Bedeutung zuschreiben. Wir mögen die Verletzung spüren, aber wir müssen sie schnell wieder loslassen und dürfen sie niemals gegen andere wenden. *Integrität bedeutet, dass wir lernen, Kränkungen zu fühlen, aber unsere Seele nicht mit ihren Schatten belasten; und wir dürfen das Gefühl nie auf einen anderen Menschen abwälzen.*

Die Versuchung der Loyalität

Nicht alle Verletzungen unserer Integrität dienen dem Selbstschutz oder sind eine Folge von Charakterschwäche. Oft geben wir aufgrund *guter Absichten* etwas preis, von dem wir eigentlich wissen, dass es richtig ist. Es ist merkwürdig, aber wahr, dass Lügner oftmals gute und loyale Menschen sind, die deshalb mit der Wahrheit hinterm Berg halten, weil sie jemanden *schützen* möchten, den sie lieben oder respektieren. Denken wir an den Mann, der sich für einen guten Ehemann hält und seine Frau anlügt, um sie nicht zu verletzen; an die vermeintlich gute Freundin, die nicht verraten will, dass ihre Freundin eine Affäre hatte; an den Manager, der Informationen zurückhält, um den Ruf der Firma zu schützen.

Doch wenn Loyalität über die Wahrheit gestellt wird, ist Korruption nicht weit. Aus kleinen Lügen, mit denen wir geliebte Menschen, Kollegen oder jemanden schützen wollen, um den wir uns kümmern, werden größere Lügen. Wenn wir für andere lügen, entsteht eine »Wir-gegen-sie«-Mentalität, in der wir irrigerweise diese anderen und uns gegenüber der Welt in Stellung bringen und nicht erkennen, dass wir durch unsere Lügen anderen Menschen wehtun. Wir rechtfertigen Lügen, so als bemerkten wir nicht, dass sie sich verselbstständigen oder Leid verursachen.

Dürfen wir niemals lügen? Was sollte sonst unser Ziel sein? Alles andere hieße, unsere Seele willentlich zu beflecken. Und selbst wenn wir uns in einer Situation befinden sollten, in der wir glauben, wir müssten lügen, weil es anders nicht möglich ist, unsere Sicherheit und Gesundheit oder die anderer Menschen zu gewährleisten, dann sollten wir immer noch vorsichtig sein. Oft denken wir, dass uns ein großes Unglück befällt, wenn wir die Wahrheit sagen, doch das stimmt in der Regel nicht. Aus gutem Grund sagen alle Weisheitsschriften auf die eine oder andere Weise, dass Wahrheit uns frei macht. Wenn wir oder unsere Liebsten mit dem Rücken zur Wand stehen und auf jeden Fall jemand zu Schaden kommt, wenn wir die Wahrheit sagen, dann sollten wir lieber schweigen, statt etwas Falsches zu äußern. Wir können ehrlich unsere Stimme erheben für die, die wir lieben, aber wir brauchen keine Unwahrheiten von uns zu geben, um unverantwortliches Verhalten ihrerseits zu decken. Wir müssen nicht unser Ansehen aufs Spiel setzen, nur weil das Ansehen eines anderen Menschen kompromittiert wurde.

Sofern wir uns einen reinen, klaren Geist wünschen, sollten wir uns davor in Acht nehmen, zu lügen oder Lügen zu rechtfertigen. Das ist keine leichte Übung, aber ein Leben voll unaufrichtiger Bequemlichkeit ist nicht das, was wir anstreben. Der Weg zur Transzendenz ist von Wahrheit erleuchtet.

Die Versuchung der Macht

Macht an sich ist nichts Schlechtes; es ist die Art und Weise, in der einige Leute nach ihr streben oder sie ausüben, die Schaden verursachen kann. Menschen, denen es an Integrität und Tugend mangelt, lügen, schummeln, bestehlen und trampeln auf ihrem Weg zur Macht auf anderen herum. Umgekehrt nutzen tugendhafte Menschen ihre Macht, um gute Ideen zu verwirklichen oder Menschen, die in Not sind, zu helfen.

Die Antwort auf die Frage, wie man auf integre Weise nach Macht streben kann, lautet, dass man aufhören muss zu glauben, man würde sich durch Macht plötzlich *verändern*. Wer schlecht ist, wird durch mehr Macht noch schlechter. Wer freundlich ist, noch freundlicher. Wer liebevoll ist, noch liebevoller. Wer großzügig ist, noch großzügiger. Auf unserem Weg zu mehr Wohlstand oder Einfluss wollen wir achtgeben, wer wir jetzt sind, und uns dann bewusst machen, dass diese Eigenschaften lediglich stärker werden, wenn wir Macht haben. Und so wollen wir uns noch etwas aufschreiben: »Wenn Reichtum, Status oder Glück mir mehr Einfluss verschaffen – was werde ich damit anfangen? Wie kann ich mir selbst treu bleiben und auf mich stolz sein?«

Während wir mehr Fülle und Einfluss erlangen, müssen wir an jedem Tag unseres Lebens zwei Dingen treu bleiben: dem, wofür wir stehen, und unserem höchsten Selbst. *Das* ist echte Macht.

Handeln bestimmt den Charakter

Unsere Handlungen erschaffen einen Charakter, der entweder aufrecht oder voller Reue ist. Um weise und tugendhaft zu sein, ist also vor allem Bewusstheit nötig, insbesondere angesichts der sieben Versuchungen der Ungeduld, Enttäuschung, Verzweiflung, Aggression, Verletzung, Loyalität und Macht.

Die Welt wird uns immerzu Gelegenheiten präsentieren, uns als kleinliche, gehässige Menschen aufzuführen. Es wäre so leicht, uns selbst und unsere Träume aufzugeben. Es wäre so leicht, andere schlecht zu behandeln. Doch das ist nicht unser Weg. Freiheit und Erfolg gehören denen, die trotz aller Versuchungen stark und wahrhaftig bleiben.

Siebtes Versprechen

WIR WOLLEN DIE LIEBE MEHREN

Eines Tages, nachdem wir Herr der Winde, der Wellen, der Gezeiten und der Schwerkraft geworden sind, werden wir uns in Gottes Auftrag die Kräfte der Liebe nutzbar machen. Dann wird die Menschheit, zum zweiten Mal in der Weltgeschichte, das Feuer entdeckt haben.

Pierre Teilhard de Chardin

Es gibt auf der Welt keine vollkommenere, ehrfurchtgebietendere, menschlichere und faszinierendere Herrlichkeit als ungetrübte, unverhohlene Liebe. Wir sind besonders großmütig, wenn wir Liebe geben und in der Liebe leben, und besonders niedrig, wenn wir Liebe zurückhalten, leugnen oder verbannen. Liebe kann uns auf einzigartige Weise zu ungeahnter Höhe führen oder tiefstes Leid in uns verursachen. In Augenblicken der Liebe berühren wir das Antlitz unseres höchsten Selbst und des Göttlichen. Wenn wir uns der Welt emotional stellen und unsere Herzen ohne Angst vor Verletzung, Nähe oder Anspruch auf Gegenseitigkeit öffnen, ist das der höchste Ausdruck von Mut, die absolute Erfahrung persönlicher Freiheit.

Liebe ist das, woher wir stammen und wohin wir eines Tages zurückkehren. Unser Geist wurde durch die liebende

Kraft einer höheren Macht zum Leben erweckt, und wenn wir unseren letzten Atemzug tun, wird unser Geist zu jener Liebe zurückkehren.

Durch die alles übersteigende Kraft der Liebe können wir wiedergeboren werden und uns neu ausrichten. Wenn wir uns der Liebe öffnen, fühlt sich das Leben frischer, lebendiger, magischer und bedeutungsvoller an. Sofern wir uns auf unsere wahre Bestimmung einlassen, von unseren kindisch-egoistischen Bedürfnissen absehen und unsere Prioritäten nach dem ausrichten, was unser Herz sich wünscht, erreichen wir endlich die herrlichen Gefilde menschlicher Empathie, Freundlichkeit, Vergebung, Großzügigkeit, des Mitgefühls und des Muts.

Wir müssen aufhören, so zu tun, als gäbe es auf der Welt nicht genug Liebe, die wir empfangen oder schenken können, als ließe sich Liebe durch menschliches Einwirken irgendwie schmälern oder vergeuden. Liebe ist eine göttliche Energie – ewig für uns da, ewig zugänglich, ewig fließend. Wenn wir dies anerkennen, können wir einen Schritt weiter gehen. Wir können frühere Verletzungen loslassen, da sie mit der Wirklichkeit der Liebe nichts zu tun haben. Und wir können mit unseren kleinen Spielchen aufhören, bei denen wir unserer Umgebung nur zaghaft unsere Liebe schenken, wenn es sich sicher anfühlt. Wenn wir die Liebe, die wir anderen zuteilwerden lassen, limitieren aus Angst, es könnte nicht genug da sein, ist das ein Akt der Feigheit statt Ausdruck göttlicher Kraft. Somit wollen wir nun die Liebe noch einmal neu spüren, aus einer anderen, göttlichen Perspektive. Wir wollen ihre Fülle erfahren und ihre Kraft aus uns herausströmen lassen, auf dass wir uns emporschwingen und in Sphären dienen, die sich der menschlichen Vorstellungskraft entziehen. Hiermit versprechen wir: *Wir wollen die Liebe mehren.*

Die Antriebskraft des Lebens

Das Bedürfnis, zu lieben und geliebt zu werden, gehört zu unseren wichtigsten Antriebskräften. All unsere Wünsche, alle Hoffnungen und Träume, die uns etwas bedeuten, basieren auf der Liebe und führen immer wieder zu ihr zurück. In unserer persönlichen Entwicklung geschieht nichts von Bedeutung, ohne dass wir uns für die Liebe öffnen und ihre freudige Energie in unserem Umfeld freisetzen. Die größten Triumphe des Lebens werden dank der Liebe gewonnen. Und doch versperren wir uns oft dieser göttlichen Energie.

Werfen wir einen Blick auf die lange Liste von fatalen Situationen und Verhaltensweisen, in denen das Herz zu kurz kommt:

- die gekränkten, unglücklichen Seelen, die von Sorgen geplagt sind und denen der Mut fehlt, erneut zu lieben;
- die mürrischen Menschen, die irrigerweise glauben, dass es nichts mehr zu empfinden gäbe und dass sie in ihren Partnerschaften keine neue Liebe mehr erschließen könnten;
- die gebrochenen Kriminellen, die anderen Leuten das Leben nehmen, weil sie nicht den Mut haben, mehr Liebe zu schenken und mehr Liebe einzufordern;

- die gleichgültigen Anführer, die nicht begreifen, dass Fürsorge und Mitgefühl ihre wichtigsten Instrumente sind, um Herz und Verstand der Menschen zu beeinflussen;
- die traurigen Streuner, die ihr Herz vor anderen verschließen und sich doch gemein machen, um sich in irgendeiner Form verbunden und angenommen zu fühlen, um ein ganz klein wenig jenen Teil ihres Selbst zu spüren, den sie aus Angst verschlossen haben;
- die Ehen ohne Leidenschaft und die zweifelnden Liebenden;
- die Verbitterten und Gebrochenen, die glauben, die Liebe sei ihnen entzogen worden und sie hätten sie für immer und ewig verloren;
- das genaue Abmessen und Verteilen von Liebe, als wäre sie eine endliche Ressource, die eines Tages aufgebraucht sein könnte.

Schauen wir noch genauer hin, dann bemerken wir, dass wir unsere besseren Seiten ausblenden und uns den Bitten unserer Liebsten verschließen, die sich wünschen, dass wir stärker präsent sind, uns mehr kümmern, mehr Mitgefühl zeigen – kurz: ein liebevollerer Mensch sind.

Wie schaffen wir es, angesichts so großen Kummers und solcher Vernachlässigung nicht zu verhärten?

Als Erstes wollen wir uns ein neues Bild von der Liebe an sich machen. Egal, welche Dramen sich gestern abgespielt haben oder welchen Schmerz wir heute empfinden – wir müssen ein neues Gespür für die Liebe entwickeln und sie erneut fördern, und zwar mit *mehr Engagement und Tiefgang.*

Sicher ist uns bewusst, dass mehr Liebe an sich etwas Gutes bedeutet; dass sich stärker für die Liebe zu öffnen so ist, als öffneten wir uns für die verborgenen Schätze des Lebens; dass mehr Liebe uns zu empathischeren Menschen macht, die mehr mit anderen verbunden sind und mehr Einfluss haben. Die Liebe ist ein ganz praktisches Werkzeug zur Verbesserung unseres Lebens. Wenn wir die Menschen um uns herum liebevoll behandeln, schaffen wir die Voraussetzungen für ein positives Umfeld und für ein Leben, das uns in emotionaler und sozialer Hinsicht zutiefst befriedigt. Das soll unser Ziel sein.

Wie das Herz sich verschließt

Warum fehlt Liebe im Leben so vieler Menschen auf so dramatische Weise? Warum scheuen dermaßen viele den Mut, offen, treu und großzügig zu lieben?

Es begann mit einer Verletzung.

Bei unserer Geburt waren wir »Gefäße« voller authentischer, hingebungsvoller Liebe. Dann änderte sich vieles. Wir wurden nicht bestmöglich versorgt. Wir bekamen nicht die Aufmerksamkeit, nach der wir uns sehnten. Jemand zeigte auf uns, richtete über uns, stellte uns bloß, wies uns zurück. Wegen Gemeinheiten und egoistischem Verhalten fühlten wir uns traurig und verschreckt. Wir haben uns verbrannt, wurden niedergeschmettert, bloßgestellt, beschämt oder durch grausame Absichten und ungute Auswüchse egoistischer Liebe unterdrückt. Und so machten wir uns an die lange und mühevolle Aufgabe, unser Herz zu verschließen, das Licht unserer Seele zu schützen und eine hohe Mauer um das zu errichten, was wir fühlen oder geben könnten.

Bald erlaubten wir nur wenigen Menschen, die wir für ungefährlich erachteten, einen Blick hinter diese breite, abweisende, undurchdringliche Mauer zu werfen. Und selbst diesen wenigen erlaubten wir nur einen bruchstückhaften, flüchtigen Blick auf das, was wir tatsächlich zu geben hatten; wir dosierten genau, wie viel wir ihnen zeigten, wie sehr unser Herz für sie aufleuchtete und ob und wann wir uns selbst gestatten würden, ihnen unsere Liebe zu bekunden. So ist der Gang der Dinge: Wir dosieren die Liebe, die wir geben und empfangen, und deshalb leiden wir so. Mit der Zeit ist die Schutzmauer so undurchdringlich und abweisend geworden, dass sie genau das abwehrt, zu dessen Schutz sie gebaut wurde: Liebe.

Tragisch an dieser Abriegelung der Liebe durch uns ist der Umstand, dass die Mauer eher zufällig und planlos errichtet wurde, stoßweise und in fürchterlichen Ausbrüchen unreifer Verwirrung. Als wir in die Pubertät kamen, erfasste uns eine Art Massenhysterie, die uns zurief: »Schütze dein Herz«, und wir glaubten irrigerweise, dass die Liebe selbst Feinde habe. Die Schleudern und Pfeile anderer Menschen trafen unser Herz, und wir fühlten, dass die Liebe irgendwie geschmälert oder beschädigt wurde. Wir gerieten in den Sog einer kollektiven, unbewussten Annahme, der zufolge Verletzung und Liebe irgendwie zusammengehören, und viele hat das in unnötiges Unglück gestürzt.

Doch Verletzung hat nichts mit Liebe zu tun, und Liebe ist weder mit Leid verbunden noch davon berührt. Wir sagen: »Mein Herz ist voller Liebe«, aber Liebe ist weder an unser Herz noch an unsere Beziehungen gebunden. Sie ist nicht in etwas eingeschlossen und kann daher auch nicht lädiert, verhöhnt oder gefangen werden. Zudem geht Liebe – egal, wie groß der Schmerz oder das Gefühl der Verletzung ist – niemals »verloren«.

Liebe ist nicht auf das menschliche Herz begrenzt, daher kann man sie nicht ein- oder aussperren. Nur weil uns dies nicht bewusst ist, haben wir überhaupt versucht, die Liebe zu schützen, und später ihre Freisetzung so ängstlich kontrolliert. Wir glauben, dass sie etwas Endliches ist, was wir besitzen und verlieren können. Wir glauben, dass sie etwas Seltenes und Zerbrechliches ist. Doch wir irren uns, und dieser Irrtum ist es, der dafür sorgt, dass unser Leben an Farbe verliert und ihm Freude, Verbundenheit und das Heilige raubt.

Wahre Göttlichkeit

Liebe ist etwas Göttliches. Sie ist eine spirituelle Energie, die in ebendiesem Moment das Universum durchströmt – durch uns, unsere Gegner, unsere Familie, unsere Kollegen und über sieben Milliarden andere Menschen. Sie kennt keine Grenzen und lässt sich nicht abfüllen oder schützen. Sie existiert überall – frei, in Hülle und Fülle, allezeit.

Möge die folgende Erkenntnis uns transformieren: *Die Liebe war nie aus unserem Leben fort.*

Die Liebe hat uns nicht verlassen. Sie ist nirgendwo hingegangen. Sie war immer gleichbleibend für uns da, auf dass wir sie uns erschließen, sie erfahren. Sie war überall um uns herum gegenwärtig und wird es auch weiterhin sein.

Bloß unser Bewusstsein von der Liebe hatte abgenommen.

Jetzt ist vor allem wichtig, wie gut wir unserem Schicksal dienen, indem wir uns für die Liebe öffnen und ihr gestatten, frei zu fließen. Können wir anderen ein gutes, reines Gefäß sein, das der Liebe Raum gibt? Wie sehr können wir die Liebe mehren? Werden wir mit ihrer einigenden Kraft reif umgehen, sodass sie uns vervollständigt, erhebt, vereint?

Das Einzige, was unsere Fähigkeit, diesem Schicksal zu dienen, beeinträchtigen kann, ist das Leid, das wir mit der Liebe assoziieren. Vielleicht wurden wir in unserer Kindheit oder Jugend, im Beruf oder in unseren Beziehungen verletzt. Menschen waren gemein. Sie nutzten uns aus. Sie waren egoistisch, haben unser Vertrauen missbraucht und uns das Herz gebrochen. Doch wir müssen uns ins Gedächtnis rufen, dass Unglück nichts mit der Liebe zu tun hat, und falls Traurigkeit, Leid, Kränkung, Scham, Bedauern oder Herzschmerz für uns die Bedeutung der Liebe verdüstert haben, müssen wir jetzt diese Finsternis durch das Licht der Wahrheit vertreiben.

Wir brauchen nicht an dem Schmerz zu zweifeln, den wir in der Vergangenheit empfunden haben. Da war tatsächlich Schmerz. *Doch ein liebendes Geschick hängt von unserer Erkenntnis ab, dass Leid nichts mit Liebe zu tun hat. Die Zeit, um vergangenen Schmerz zu fühlen und aus der Angst heraus zu leben, ist ein für alle Mal vorbei.* Der Schmerz, den wir einst fühlten, spielt keine Rolle mehr. Wenn wir das anerkennen, begreifen wir, was es mit der Liebe wirklich auf sich hat.

Als Menschen, die zu Visionen, Entscheidungen und Willenskraft befähigt sind, müssen wir akzeptieren, dass die Geschehnisse der Vergangenheit tatsächlich vergangen sind, dass wir uns nicht noch einmal für die schlechten Gefühle und das Negative von gestern entscheiden müssen, dass der Schmerz unserer Vergangenheit nicht mehr da ist, außer wir entscheiden uns bewusst dafür.

Wir müssen nun als reife, erwachsene Menschen den Entschluss fassen, dass jeglicher Schmerz, den wir früher einmal empfunden haben, nichts mit der Liebe des gegenwärtigen Augenblicks zu tun haben soll. Die Liebe hat die damaligen Pfeile nicht gespürt; *wir* haben das getan. Weder die Liebe an sich noch jene armen Menschen, die wir momentan nur halbherzig lieben, sind dafür verantwortlich, dass wir damals die Pfeile aus unserem Herzen gezogen und mit unserer Vorstellung von Liebe assoziiert haben.

Aus dem Leiden herausfinden

Die einzige Möglichkeit, um Schmerz und Verletzungen zu bewältigen, ist die Liebe.

Die von uns errichteten Schutzwälle sind unnötig – sie haben nichts geschützt, abgesehen vielleicht von unserem verletzten Ego, denn die Liebe lässt sich nicht einzäunen. Und selbst wenn, dann hätten unsere hohen Barrikaden vielleicht die Bösewichter um den Preis ferngehalten, dass auch Engel und Liebende nicht hereingekommen wären. Wir haben also nur dafür gesorgt, dass die Liebe nicht mehr frei und üppig durch unser Leben fließen konnte. Wenn wir uns selbst schützen, schließen wir oftmals genau die Dinge aus, nach denen wir uns sehnen.

Man kann es nicht oft genug wiederholen: Unsere eingeschränkte Auffassung von Liebe hat nichts mit echter Liebe zu tun. Liebe ist und bleibt göttlich, allgegenwärtig; sie ist im Überfluss vorhanden, fließt frei dahin und steht uns immer offen. Sie kann sich gar nicht verringern – bloß in unserem Denken ist so etwas möglich.

Es hat noch nie eine Zeit gegeben, in der die Liebe nicht für alle frei zugänglich war. Und es wird nie einen Augenblick geben, in dem die Liebe mehr Kraft hat, zu heilen und zu nähren, als den jetzigen Augenblick. Sorgen Sie sich also nicht darum, dass sie eines Tages verschwunden sein könnte. Die Liebe büßt mit der Zeit nicht an Kraft ein. Sie war und wird immer die allgegenwärtige, einigende Kraft sein, die das Universum und uns Menschen gestaltet.

Um uns erneut für die Liebe zu öffnen, müssen wir dieses Wissen – *wir sind es, die die Liebe kleiner gemacht haben* – zur Grundlage unseres Handelns machen und von der Vorstellung ablassen, dass andere ihre vergangenen Fehler wiedergutmachen müssten. Wir müssen aufhören, alte Verletzungen aufleben zu lassen. Denn das verspricht uns weder Lebendigkeit noch irgendwelche Vorteile. Wir müssen uns für keine Verletzungen rächen. Verbinden wir einfach die alten Wunden und setzen wir sie auf dem Ozean der Liebe aus. Lassen wir alle irrigen Gedankenmuster los, denen zufolge unsere Liebe abgenommen hat oder gebrochen wurde. Und schließlich wollen wir uns die Liebe als etwas vorstellen, was wir nicht »haben«, sondern als etwas, was auf der Welt für sich und im Überfluss existiert und was unabhängig ist von unseren Unzulänglichkeiten oder dem Egoismus anderer Menschen.

Der Durchbruch

Ein Durchbruch ist etwas, bei dem sich höhere Energien ihren Weg bahnen – meistens ist es die Energie der Liebe. Wenn wir die Mauer der Sorge und der Verletzung abreißen, können die hellen Strahlen der Liebe erneut herein- und durch uns hindurchscheinen. Oft reicht ein kleiner Liebesstrahl eines anderen Menschen aus, um ein dauerhaftes Loch in die Rüstung aus Kummer und Negativität zu brennen, mit der wir unser Herz schützen.

Befreit aus der Enge und vom Schmerz, können wir einen aufrechten Stand einnehmen und sind wieder frei, um mit offenen Augen die göttliche, liebende Energie in anderen Menschen wahrzunehmen, ganz unabhängig davon, wie sehr sie sich unter ihrer Angst oder ihrem Schmerz vergraben. Wenn uns dies bewusst wird, leuchtet das Leben wieder auf, das gesamte Farbspektrum kehrt an unseren emotionalen Himmel zurück, und in unserem Inneren brennt ein göttliches Feuer darauf, uns wieder zu kümmern, zu verbinden, zu *leben*. Wir können die früheren Verfehlungen unserer Brüder und Schwestern übergehen und sie lieben. Wir können Mitgefühl für unseren ungeduldigen Partner empfinden. Wir können Verständnis für einen Kollegen aufbringen, der sich schwertut. Wir können alle Menschen erneut lieben.

Der verbitterte Zyniker wird vermutlich all dieses Reden über Wiedergeburt und Neuausrichtung der Liebe beiseitewischen. Und solange er das tut, wird er schwach und mickrig bleiben, zu wahrer Stärke oder echtem Engagement unfähig sein. Denn indem er die Liebe verwirft, verzichtet er auf das wichtigste Werkzeug, um persönliche Transzendenz, gesellschaftliches Wohlergehen sowie Einfluss zu erreichen. Vielmehr kommt Unglück über diejenigen, die die Macht der Liebe kritisieren; bald schon werden sie selbst an den Rand gedrängt, da sie als unerwünschte und irrelevante, blinde und ungereifte Überbleibsel einer Zeit gelten, in der die Menschheit in ihrer eigenen Angst gefangen war.

Wenn Liebe in unserer Seele widerhallt, sind wir zu einer erstaunlichen Macht fähig, mit der wir die Menschen beleben und mit frischer Energie versorgen. Durch diese Energie sind wir für alle anderen wunderbar, selbst für diejenigen, die so sehr um sich selbst kreisen, dass sie kaum sehen, was vor ihrer Nase liegt. Diese Energie erschließt uns all jene Kräfte, durch die wir Menschen uns miteinander verbinden: Fürsorge, Geduld, Rücksicht, Freundlichkeit, Mitgefühl, Empathie. Sie gibt uns auch den Auftrag zu führen und aktiviert in uns die Tugend, die nötig ist, um die Menschen zu einigen: Herzensmut.

Der Aufstieg zu einer höheren Ebene

Wann und in welcher Form werden wir uns die Erlaubnis erteilen, andere und uns selbst wirklich zu lieben? *Jetzt sofort und ohne irgendwelche Einschränkungen.*

Bedeutet dies, dass wir anderen sofort *vertrauen* müssen? Nein. Um anderen Liebe zuteilwerden zu lassen, ist Vertrauen nicht notwendig. Wir können einen Verbrecher oder Übeltäter lieben. Wir brauchen ihnen nicht zu *vertrauen*, doch können wir in ihnen als unseren Mitmenschen und Kindern Gottes das Göttliche sehen, auch wenn sie selbst es nicht wahrnehmen oder zum Ausdruck bringen wollen, auch wenn sie versuchen, das Unzerstörbare zu zerstören. Alle Geschöpfe kommen aus der Liebe, tragen Liebe in sich und kehren eines Tages zur Liebe zurück, selbst wenn sie sich unachtsam oder grausam verhalten. Ignorieren wir diese Wahrheit, nehmen Gleichgültigkeit und Hass zu.

Natürlich brauchen Beziehungen Vertrauen. Ein anderer muss sich bemühen, damit wir uns auf eine nahe Freundschaft oder eine Liebesbeziehung einlassen. Aber um von uns mit liebevoller Energie bedacht zu werden, müssen andere nichts tun. Niemand »verdient« sich die Liebe, und sie ist auch nicht einigen wenigen vorbehalten. Die göttliche Hand gibt allen großzügig.

Müssen wir somit die *Entscheidungen und Verhaltensweisen* von allen anderen hinnehmen und respektieren? Nein. Wir können andere wegen ihrer Fehler ablehnen, zurechtweisen oder gar bestrafen. Doch während wir das tun, können wir ihnen trotzdem innerlich Liebe senden, denn wir brauchen nicht unser Niveau zu unterschreiten oder unsere Rolle als liebendes Wesen zu kompromittieren, nur weil wir uns mit üblem Verhalten auseinandersetzen müssen. Wir können ein egoistisches, abgestumpftes Kind angemessen bestrafen, ohne selbst egoistisch und abgestumpft zu werden. Wir können einem Häftling zu den grundlegenden Menschenrechten und innerer Liebe verhelfen, selbst wenn wir sein Verhalten nicht gutheißen. Wir können Menschen, die unser Recht verletzen, verzeihen, ohne dass wir unsere Macht an sie abtreten.

Das bedeutet, dass wir jedem, den wir treffen, mit göttlicher Intention begegnen können, unabhängig davon, ob er es verdient, darum gebeten hat oder es erwidern wird.

Wir können eine Liebe ausstrahlen, die von den Absichten oder dem Verhalten unseres Gegenübers unabhängig ist. Mittels unserer Augen und Gesten können wir jedem Menschen eine großartige spirituelle Kraft übermitteln, ohne dass wir irgendetwas im Gegenzug erwarten. Wir können unsere Liebe frei in die Welt hinausströmen lassen, einfach und allein deshalb, weil es in unserer Natur liegt.

Wie jede Tugend muss auch die Liebe etwas Bewusstes sein, etwas Gewolltes, was wir aus all den himmlischen und jämmerlichen Impulsen, denen wir Menschen jederzeit ausgesetzt sind, ausgewählt haben. Um also zu Größe aufzusteigen und freigebig mit Liebe umzugehen, müssen wir uns unserer eigenen Schwächen und unserer Anfälligkeit für das Böse bewusst werden. Vergessen wir nicht, dass wir in Finsternis abdriften können, und halten wir nach dem Licht Ausschau. Denken wir an die Gefahren der Grausamkeit, und halten wir uns selbst dazu an, mitfühlend und liebevoll zu sein.

Wir sind keine Engel; wir sind Menschen. Dennoch wollen wir uns bemühen, zu einer höheren Ebene aufzusteigen.

Um Liebe zu spüren und sie zu mehren, ist es nicht notwendig, dass wir uns selbst lieben – obwohl auch das unser Ziel sein sollte. Dieses weitverbreitete Märchen, dass wir uns selbst lieben müssen, um andere lieben zu können, hilft niemandem; es liefert uns lediglich einen Vorwand dafür, unsere Liebe für einen passenderen Tag aufzusparen. Sollten wir anderen Menschen Liebe vorenthalten, nur weil uns ein paar Unsicherheiten quälen? Um Liebe zu schenken, müssen wir zulassen, dass sie durch uns hindurchströmt, statt dass wir versuchen, sie zu besitzen oder eine falsche Art von Ganzheit oder persönlicher Vollkommenheit zu empfinden, bevor wir Liebe aussenden. *Die Liebe ist vollkommen; wir müssen es nicht sein.*

Es ist egoistisch und dumm zu glauben, wir müssten jede Seite an uns lieben, um die Seiten eines anderen Menschen würdigen und anhimmeln zu können. Natürlich sollte es unser Bestreben sein, uns selbst zu akzeptieren und zu lieben, aber wir können genauso gut eine merkwürdige Einstellung oder Verhaltensweise an uns ablehnen, die unsere Freiheit, unser Glück und die Verbundenheit mit anderen schmälert. Wenn wir etwas an uns nicht mögen, können wir es ändern, aber wir müssen nicht warten, bis die Sache behoben ist, bevor wir das große Scheinwerferlicht der Liebe auf andere richten. Lassen Sie uns nicht erst auf jenen imaginären prächtigen, sagenhaft strahlenden Tag warten, an dem wir vollkommen sind und vor Glück platzen, bevor wir unseren eigenen göttlichen Strahl auf andere richten.

Göttliche Absicht

Sich für die Liebe zu öffnen und selbst Liebe auszusenden erfordert allergrößten Mut und ist Ausdruck höchster Freiheit. Nur wenige von uns werden eine solche göttliche Absicht haben oder regelmäßig den Mut dazu aufbringen. Doch unser Schicksal muss anders sein als das der verbitterten, schwachen oder gleichgültigen Mehrheit. Wenn wir ein großartiger Mensch sein wollen, müssen wir unglaublich viel Liebe in die Welt aussenden.

Wir wollen uns für ein Leben entscheiden, das von Liebe bestimmt ist. Wir wollen allen anderen in die Augen blicken und folgende Botschaft durch unser Denken und unser Handeln vermitteln: *Ich wünsche euch nichts als Freude und Liebe.*

Doch wir wollen auch daran denken, dass auf menschlicher Ebene die Liebe mehr ist als eine Absicht, die man anderen zudenkt. Wenn es keine realen *Bekundungen* von aktiver Fürsorge oder Wertschätzung für jemanden oder von jemandem gibt, dann können wir keine menschliche Liebe geben oder spüren – göttliche Liebe schon, denn sie ist überall. Aber Liebe für einen oder von einem anderen Menschen muss sich im *Handeln* bemerkbar machen, nicht in den Absichten. Denken ist keine Liebe – geben schon.

Heute müssen wir, wie an jedem Tag unseres Lebens, Entscheidungen darüber fällen, welche Art von Mensch wir sein und welchen Austausch wir mit der Welt pflegen wollen. Wir können anderen ohne irgendeine Intention oder eigennütziges Interesse entgegentreten. Wir können ihnen mit Missachtung und Verbitterung begegnen. Oder wir sind liebevoll gestimmt und voller Lebendigkeit, voll vibrierender Energie, die unser Gegenüber an den unfassbaren Überfluss an Liebe und göttlicher Kraft auf Erden erinnert. Unsere Wahl entscheidet über die Qualität unseres Lebens, über den Reichtum unserer Beziehungen und die Hoffnung der Menschheit insgesamt.

Achtes Versprechen

WIR WOLLEN GROSSARTIGKEIT INSPIRIEREN

Ich weiß nicht, was euer Schicksal sein wird, doch eines weiß ich: Wahrhaft glücklich werden nur diejenigen von euch werden, die dienen wollten und es auch getan haben.

Albert Schweitzer

Wenn die große Menge aus Trägheit, Gleichgültigkeit oder Mangel an Visionen zu degenerieren droht, muss jemand die Führung ergreifen. Aus Elend und Unmoral müssen ein paar ehrenhafte Menschen hervortreten, die sich nicht scheuen, Mittelmaß infrage zu stellen und der Welt eine andere Richtung vorzugeben. Wir wollen zu diesen tapferen Menschen gehören.

Viele entscheiden sich für ein Leben in Bequemlichkeit, wir jedoch wollen uns nicht vor Größe fürchten; wir wollen die Fackel menschlicher Vortrefflichkeit aufheben und sie für alle sichtbar erneut mit Leben und Kraft leuchten lassen.

Jeder von uns ist für andere ein lebendes Beispiel. Unsere Persönlichkeit und unser Verhalten können entweder den hellen Schein unserer Großartigkeit und Dienste bis in den letzten Winkel unserer Einflusssphäre richten oder einen Schatten des Kleinmuts und Egoismus werfen, der auf diejenigen fällt, die das Pech haben, in unserer Nähe zu sein. Unsere Bemühungen um ein besseres Leben und eine bessere Welt können andere inspirieren, wenn sie von dem echten Wunsch zu dienen herrühren; und sie schwächen andere Menschen, wenn ihr Ursprung die Gier ist.

Wir müssen den Mut haben, uns zu fragen: »Will ich in diesen wirren Zeiten Tag für Tag allen Menschen, die ich liebe und denen ich diene, ein Vorbild sein? Gebe ich den Leuten neuen Schwung? Trage ich in irgendeiner Art und Weise zum Fortschritt der Menschheit bei, indem ich andere dazu bringe, ihr Potenzial zu erkennen und zu entwickeln? *Führe ich ein wirklich großartiges Leben?*«

Das Streben nach Größe – *und die dafür notwendige Arbeit* – muss in unser kollektives Bewusstsein zurückfließen. Wecken wir also jene innere Kraft, die Menschen, die es schwer haben, etwas von ihrer großen Last nimmt. Wir wollen Generäle der Großzügigkeit sein, Anführer höchsten Ranges, die sich um andere und um die Welt kümmern. Wir erklären mit fester Absicht uns und der Welt gegenüber: *Wir wollen Großartigkeit inspirieren.*

Die Welt ist in Not

Die Menschen sind in Gefahr. Zweifelsohne leben wir in einem lauten, dumpfen, narzisstischen Zeitalter. Eine große Zahl an Menschen investiert ihre Talente und Energien nicht in Selbstbeherrschung oder gesellschaftliche Verantwortung, sondern vergeudet sie in Spielen, Voyeurismus und schierer Sensationslust. Leichtsinnig haben wir sowohl als Individuum wie auch als Gesellschaft preisgegeben, was wirklich zählt, nämlich das Streben nach Größe, nur um uns dem Glanz und Nervenkitzel von Geschwindigkeit, Bequemlichkeit und eitler Darstellungssucht zu widmen. Es ist, als habe eine Midlife-Crisis die gesamte Menschheit erfasst. Große Visionen gibt es nicht mehr, sondern nur noch schnelle Gewinne und das sichere Ding. Anstrengung ist dem Anspruchsdenken gewichen. Schon vor unserer Zeit der Selbstbeweihräucherung und des Dünkels kündigte sich das Ende des Traums an, sich als eine Gemeinschaft zu erheben. Selten strebt jemand nach Größe, und eine Generation nach der anderen verletzt das Ideal der menschlichen Tugend und Weiterentwicklung. *Warum nur?*

Die meisten Menschen wollen weder sich noch andere an höheren Standards messen, denn Ersteres erfordert Anstrengung, und Letzteres führt zu Konflikten. Und so finden sie Entschuldigungen für ihr armseliges Verhalten und klagen soziale Missstände nicht an. Sie erwarten weder von sich noch von anderen, dass sie sich tugendhaft, mitfühlend, herausragend oder weise verhalten. Sie halten ihre Kinder nicht dazu an, ihr Verhalten zu bessern, weil sie sie nicht zu sehr kontrollieren wollen. Sie sind nicht in der Lage, von ihren Mitarbeitern zu verlangen, dass sie sich zusammenreißen, weil sie nicht zu dominant erscheinen wollen.

Da nur wenige bereit sind, als Vorbilder und Führungsfiguren aufzutreten, ist unsere Gesellschaft auf den traurigen Zustand herabgesunken, in dem der stille Langweiler die stillen Langweiler führt.

Es herrscht eine Art konfuser Bequemlichkeit – jeder weiß, dass mehr für uns drin wäre, aber es ist einfach zu anstrengend, sich aufzuraffen, um besseren Zielen nachzustreben. Es ist doch so viel leichter, an unseren Annehmlichkeiten, Vorteilen und bequemen Gepflogenheiten festzuhalten. Solche Angewohnheiten haben unsere eigene Großartigkeit beschnitten und weltweit zu einem Mangel an Führung geführt. Schauen wir doch nur auf die teilnahmslose Bevölkerung, die unvertretbare Armut, die skrupellose Gier und die Welt, in der überall Kriege lauern oder bereits Verwüstung anrichten. Wenn wir so weitermachen, wird die Geschichte nicht gut zu uns sein, und ein betrogenes Schicksal wird Rache fordern.

Gibt es keinen unter uns, der glaubt, wir könnten es besser machen, wenn wir es nur versuchten? Die Pessimisten werden sagen, dass da nichts mehr auszurichten wäre. Sie sind der Ansicht, dass es mit der Welt bergab ginge und sie nicht mehr zu retten wäre. Sie denken, die Menschen wären einfach zu armselig und egoistisch, um ihre Fehler wieder geradezubiegen. Doch stimmt das?

Einige sind vielleicht tatsächlich so von ihren Aufgaben in Beschlag genommen, dass sie kaum Inspiration finden, geschweige denn andere inspirieren. Dennoch: Auf der anderen Seite gibt es Menschen, die alles geben, um die Welt zu verbessern. Diese Vorbilder wachen jeden Tag auf und kämpfen intensiv für eine bessere Zukunft, sie bemühen sich aktiv darum, etwas zu lernen und Herausforderungen zu bewältigen, weil sie wachsen und einen Beitrag leisten wollen; ihre Integrität, die Persönlichkeit ihrer Kinder und der Zustand ihrer Gemeinde liegt ihnen zutiefst am Herzen.

Wenn nicht die meisten Bewohner dieser Erde hart gearbeitet, sich um andere gekümmert und in ihrem Herzen das helle Licht der Tugend getragen hätten, dann wäre diese Welt schon längst untergegangen. Wir beherrschen das Atom und die Todesmaschinerie der heutigen Kriegsführung; angesichts dessen beweist der Umstand, dass wir leben, welchen Vorrang wir dem Leben und der Tugend geben.

Wir befinden uns nun an einem kritischen Punkt. Milliarden von Menschen wünschen sich verzweifelt, dass sich die Welt zum Besseren wendet; wir wünschen uns ein Ziel, zu dem wir etwas beitragen, woran wir glauben, wofür wir kämpfen können. Wir freuen uns darauf, unsere Kreativität, unseren Schweiß und unser inneres Feuer einer Sache zu widmen, die sich lohnt, die unser Leben und das Leben anderer Menschen besser macht. Wir wollen nicht länger warten. Übernehmen wir die Führung.

Unser Schiff auf Kurs bringen

Wir müssen bei uns zu Hause anfangen. Setzen wir uns heute Abend mit unserer Familie zusammen und schauen wir uns gut die Menschen an, zu denen wir geworden sind. Sind wir verlässliche Partner und Eltern, gute und ehrliche Kinder, eine treue Stütze für die Menschen, die uns am Herzen liegen? Herrscht in unserem Haus Ordnung? Was können wir als Familie besser machen, welchen Beitrag können wir für unser Umfeld leisten?

Oft werden aus guten keine großartigen Menschen, weil sie sich davor drücken, ihr persönliches Leben ganz ehrlich zu prüfen. Sie versuchen, andere Menschen zu führen, aber sie führen sich nicht selbst, und an einem gewissen Punkt holt diese Unstimmigkeit sie ein und wirft sie aus der Bahn. Daher wollen wir uns fragen: »Was muss ich mir in meinem eigenen Leben genau ansehen und besser machen? Muss ich mich gesünder ernähren? Dann will ich das tun. Muss ich geduldiger und freundlicher zu meinen Kindern sein? Dann will ich jetzt damit anfangen. Gibt es irgendwelche Tätigkeiten, die ich aufgeschoben habe und die meiner Familie helfen würden? Dann will ich sie ausführen.« Indem wir uns mit unserem eigenen Leben auseinandersetzen, bereiten wir unseren Geist und unsere Seele auf die Auseinandersetzung mit der Welt vor.

Während wir nach immer mehr Einfluss streben und versuchen, die Welt zu verändern, werden wir mehr Aufmerksamkeit auf uns lenken. Das sollte uns dazu anregen, unsere Rolle als Vorbild ernst zu nehmen, und uns motivieren, unser Leben auf Kurs zu bringen. Wollen wir für unsere Mitstreiter ein verlässlicher Partner sein, dann seien wir auch unserer Familie gegenüber verlässlich. Wenn wir wollen, dass die Menschen genügend Energie für ihre Aufgaben und Pflichten haben, dann müssen wir so auf uns achten, dass wir ihnen als Inspiration dienen. Alle bedeutenden Philosophen oder Anführer haben deutlich gemacht, dass wir selbst die Veränderung sein müssen, die wir uns für die Welt wünschen.

Sich unterscheiden

Sobald wir unser Zuhause auf Vordermann gebracht haben, müssen wir uns wieder mit unserem Umfeld verbinden. Unser Ziel muss sein, anderen dabei zu helfen, dass sie eigene sinnvolle Projekte und Beweggründe finden. Das ist ein wichtiges Unterscheidungsmerkmal in einer Zeit, in der so viele Führungsfiguren den Menschen lediglich ihre eigene Agenda aufdrücken. Sie haben vergessen, dass Dienen kein egoistischer Akt ist.

Wenn wir tatsächlich zu Größe gelangen, müssen wir uns deutlich von den Egoisten und Extremisten unterscheiden, die sich bloß mit der Aura der Führungsrolle umgeben und den geistigen Zustand der Welt unterwandern.

Schauen wir doch, was für traurige Gestalten so viele unserer sogenannten Anführer geworden sind. Aus Angst, sich unbeliebt zu machen, treffen sie keine harten, notwendigen Entscheidungen, sondern reden lieber bloß daher, gehen Kompromisse ein und halten sich an die Vorgaben ihrer Partei, statt dem öffentlichen Wohl zu dienen. Mögen sie sich ängstigen, wir hingegen wollen aufrecht und tapfer sein.

Sie missachten Menschen, die weniger oder gar noch mehr Macht haben als sie selbst, sprechen selten mit den Leuten auf der Straße oder mit denen an der Front. Mögen sie elitär sein, wir hingegen wollen demütig auftreten und den Bereich, in dem wir eine Führungsrolle innehaben, tatsächlich aufsuchen.

Sie vermeiden hitzigen Debatten und jeglichen Gefühlsausdruck, weil sie immer ganz korrekt und logisch wirken wollen. Ihre Menschlichkeit ähnelt der eines Computers, sie sind leidenschaftslos und haben keinen Zugang zu ihrem Herzen. Mögen sie auf Gefühle verzichten, wir hingegen wollen voller Leidenschaft leben und die Welt in unseren Bann ziehen, die sich so sehr nach authentischen Gefühlen und echter Verbundenheit sehnt.

Sie wirken müde, älter, als sie in Wirklichkeit sind, sie sind unfähig, schwungvoll zu sprechen oder sich mit Elan zu bewegen, ihre langen Gesichter und abwesenden Blicke verraten, wie erschöpft sie sind. Mag ihnen Lebendigkeit fehlen, wir wollen davor nur so sprühen.

In ihren öffentlichen Reden und mit ihrer Politik wenden sie sich an hilfsbedürftige und extremistische Menschen in ihrem Umfeld, die sich am lautesten beschweren; ihre Sprache und die von ihnen verbreiteten Ansichten bedienen den kleinsten gemeinsamen Nenner und teilen uns Menschen gemäß stupiden Stereotypen in irgendwelche Lager ein. Mögen sie vor den Extremisten katzbuckeln und wenig Intelligentes von sich geben, wir hingegen wollen eine dritte Sicht auf die Dinge beisteuern, die von Bewusstheit geprägt ist und den Zusammenhalt fördert.

Oft sind sie reaktionäre Dummköpfe, die sich nach den Launen einer oberflächlichen Medienwelt richten, sodass sie für nichts stehen, sondern versuchen, sich mit den niveaulosen Gepflogenheiten der Massenkommunikation zu arrangieren. Mag es ihnen an Würde und Integrität mangeln, wir hingegen wollen unsere Würde und Integrität aufrechterhalten.

Sie drücken sich vor Verantwortung und schieben stets anderen die Schuld in die Schuhe, als wären sie verzogene Kinder. Mögen sie unverantwortlich sein und sich weigern, für ihre Taten und die Folgen einzustehen, wir hingegen bekennen uns zu den unseren.

Sie sind süchtig nach öffentlicher Beachtung und nach Reichtum, sodass sie Geld raffen und nach mehr Macht streben. Mögen sie habgierig sein, wir hingegen wollen einfach leben und uns für diejenigen einsetzen, die Mangel leiden.

Sie bevorzugen Experten und die Sicherheit des Status quo; dabei vergessen sie, den Jungen und Unerfahrenen zuzuhören, die die Welt und ihre Probleme möglicherweise aus einer ganz frischen Perspektive betrachten. Mögen sie die Nichtetablierten ignorieren, wir hingegen wollen sie zu unseren Freunden und Ratgebern machen.

Sie sind zynisch und glauben, dass sich Veränderungen nur langsam vollziehen, auf dem formellen Weg und im Rahmen der Tradition. Mag ihnen die Kraft einer Bewegung unbekannt sein, wir hingegen wollen unsere eigene Bewegung gründen.

Diese Einstellung müssen wir von uns verlangen. Wir wollen den Mut haben, auf neuartige Weise zu führen, und uns von denen unterscheiden, denen es in der Vergangenheit nicht gelungen ist, unseren Unternehmen, Gemeinden und Staaten zu mehr Exzellenz und Großartigkeit zu verhelfen.

Ganz egal, welche Stellung wir bei der Arbeit, in der Schule oder in der Gemeinde haben, wir wollen der Welt als ein anderes Beispiel entgegentreten, indem wir stets mit so viel Achtsamkeit und Fürsorge agieren, dass wir etwas Besonderes sind und Einigung stiften.

In einer Welt, die um Hoffnung ringt und sich nach mehr Licht und Führung sehnt, wollen wir große Strahlkraft entwickeln.

Manche sagen, die Welt brauche neue, andere Anführer. Setzen wir uns also heute Abend hin und verfassen wir unser Manifest, in dem wir darlegen, inwiefern wir es anders machen wollen. Und schreiben wir noch mehr auf: Welche Überzeugungen und Projekte werden wir unterstützen? Inwiefern werden wir die Probleme der Welt auf neue Weise angehen? Was inspiriert eine neue Bewegung? Wie können wir uns weiter- und höherentwickeln?

Höhere Standards verlangen

Wenn wir etwas bewirken, dann tun wir das nicht allein. Daher müssen wir bald lernen, keine Angst davor zu haben, von anderen höhere Standards einzufordern, falls sie sich mit uns auf den Weg machen wollen. Wenn wir zu echtem Wandel und Fortschritt inspirieren möchten, müssen wir von den Menschen in unserem Umfeld mehr verlangen als andere.

Das ist nichts Neues. Es gibt bereits einen gut geebneten Weg zur Großartigkeit, den eine ganze Reihe hart arbeitender, ehrenwerter Männer und Frauen gebahnt haben, denen wir unsere heutigen Freiheiten verdanken. Was war ihr Erfolgsgeheimnis, wie ist es ihnen gelungen, große Dinge zu leisten und andere dahin gehend zu inspirieren, dass sie mitmachten? *Sie forderten unermüdlich Aktivität und das Außerordentliche ein.*

Entsprechend hängt die Wirkung unseres Vermächtnisses zu weiten Teilen davon ab, ob wir bereit sind, von anderen Menschen mehr zu fordern. *Fordern* heißt nicht, dass wir drängeln oder herumkommandieren, obwohl ein Anführer davor nicht zurückschrecken sollte. *Fordern* heißt, Erwartungen zu formulieren, klar zu kommunizieren und andere Menschen zu höheren Standards zu ermutigen, indem wir denjenigen, die der Herausforderung gewachsen sind, einen Anreiz geben, während wir andere, bei denen das nicht der Fall ist, anfeuern und begleiten.

In unserer Gesellschaft tun sich viele Menschen schwer mit dem Begriff des Tadels; man will sich mit den anderen lieber gut verstehen, statt eine Führungsrolle einzunehmen. Daher müssen wir diesen Begriff neu überdenken.

Eine Gesellschaft, in der es nicht genug rechtschaffene Menschen gibt, die bereit sind, gegen das Übel oder gegen zu niedrige Standards vorzugehen, wird zwangsläufig in Finsternis und Mittelmaß versinken.

Wenn jemand etwas Falsches tut, muss man ihm sagen, dass er etwas falsch macht. Wenn nicht, sinken die Standards. Dem Teenager, der andere verletzt, müssen wir Einhalt gebieten, ohne uns dafür zu entschuldigen, es sei denn, wir wollen später eine ganze Generation egoistischer, grausamer Erwachsenen haben. Der Politiker, der lügt, muss zur Rede gestellt werden, es sei denn, wir wollen von lauter Lügnern regiert werden. Wir müssen mit dem Kollegen, der die Dinge nur halbwegs erledigt, ein Wörtchen reden, es sei denn, wir wollen eine Arbeitsstelle, in der überall geschummelt wird. *Eine tugendhafte Welt braucht ehrliche Menschen, die bereit sind, bei sich selbst und bei anderen auf hohe Standards zu achten.*

Wir müssen lernen, uns mit den Ansichten und Verhaltensweisen anderer Menschen auseinanderzusetzen und auf sie Einfluss zu nehmen, damit sich alle auf ein sinnvolles Ziel hinbewegen. Deshalb müssen wir oftmals anderen Leuten sagen, dass ihre Leistung nicht ausreicht oder dass sie sich noch auf bessere Weise einbringen könnten. Das empfinden viele zwar als eine fürchterliche Vorstellung – und es ist außerdem nicht gerade beliebt in einer Welt, in der den Leuten zugeredet wird, sie sollten bloß nichts verändern oder irgendetwas Bedeutendes von anderen erwarten –, aber was ist die Alternative? Sollen wir einfach still zusehen, wie die Welt immer teilnahmsloser, unehrlicher und schlechter wird?

Einige werden uns sagen, wir sollten von anderen Menschen nicht so viel erwarten. Sie werden sagen, es sei unfair, von den Leuten mehr zu verlangen. Jene, die nicht an die Macht und das Potenzial der Menschen glauben, sagen: »Sei nicht so streng zu den anderen. Sie sind schwach und müde, setz ihnen also kleine Ziele, sonst fühlen sie sich überfordert und enttäuscht.« So klingen die Buhrufe der Mittelmäßigkeit. Wir dürfen nicht auf die Zweifler hören oder zulassen, dass unsere eigenen kleinlichen Fantasien andere Menschen weniger lebendig und tatkräftig darstellen, als es ihrem Potenzial entspricht, in welcher Verfassung auch immer sie gegenwärtig sein mögen. Wie kämen wir dazu, jemand anders die Fähigkeit abzusprechen, sich weiterzuentwickeln und Größe zu erlangen, oder die verborgenen Kräfte von Gottes Geschöpfen herabzumindern? Wir wollen die Probleme anderer durchaus wahrnehmen, aber immer Hochachtung und Respekt vor ihnen haben. Nur von dieser Warte aus gewinnen wir ihre Anerkennung führen sie an den Punkt, an dem sie von sich aus aufsteigen wollen.

Die neun Tugenden der Großartigkeit

Was genau sollen wir von anderen verlangen? Das Gleiche, was wir auch von uns fordern: uns so zu verhalten, wie es einem großherzigen Charakter geziemt. Wir wollen sowohl auf unsere Schwächen als auch auf unsere Stärken achten und bereit sein, der Welt auf herausragende Weise zu dienen, selbst wenn es mühsam oder schwierig wird.

Wir werden dies tun, indem wir andere dazu inspirieren und herausfordern, in jedem Bereich ihres Lebens, auf den wir einen Einfluss haben, klug und großmütig zu handeln.

Wenn sie uns zuhören, wollen wir die Samen der Großartigkeit säen, indem wir ihnen von den neun Tugenden der Großartigkeit erzählen.

Wir wollen Ehrlichkeit einfordern. Alle Menschen möchten ein stolzes, aufrechtes, integres Leben führen. Sie wollen aufrichtig sein. Sie hassen es, zu lügen, mit Lügnern umzugehen oder sich in den Unaufrichtigkeiten anderer zu verstricken. Und doch – wie schnell passiert es, dass die gleichen Menschen in weniger wichtigen Angelegenheiten die Unwahrheit sagen und damit ungeschoren davonkommen? Wir wollen diejenigen sein, die an der Ehrlichkeit festhalten und Bescheid geben, wenn jemand sie bricht. Wir wollen die sein, die die Menschen dazu bringen, dass sie in ihrem Leben geradeheraus handeln. Wenn jemand lügt, wollen wir sofort zu ihm hingehen und sagen: »Ich frage mich, wie ehrlich du bist.« Das nennt man Aufrichtigkeit, sie steht für die Bereitschaft, andere auf hohe Standards zu verpflichten. Wir dürfen hinsichtlich der Wahrheit keine Kompromisse eingehen, und wir müssen andere dahingehend inspirieren, dass sie sich genauso verhalten.

Wir wollen Verantwortungsbewusstsein einfordern. Viele Menschen wissen im Innern ganz genau, dass sie für ihre Handlungen die Verantwortung tragen, aber zu viele gehen ihr der Bequemlichkeit halber aus dem Weg. Sie wissen, dass sie den versprochenen Bericht fertigstellen sollten, aber sie schauen sich lieber ein Fußballspiel an. Sie wissen, dass es falsch ist, den Kindesunterhalt nicht zu bezahlen, aber sie wollen das Geld lieber für ihre eigenen Bedürfnisse sparen. Sie wissen, dass sie für ihre Aktivitäten geradestehen sollten, aber sie drücken sich vor ihrer Pflicht und geben ihren Eltern oder der Gesellschaft die Schuld an ihrem schlechten Verhalten. Doch wenn einer die Bequemlichkeit der Pflicht vorzieht, haben viele das Nachsehen.

Unsere Aufgabe als Führungspersönlichkeiten ist es, die Leute, mit denen wir zu tun haben, zu mehr Verantwortung zu motivieren. Wenn Menschen, auf die wir einen Einfluss ausüben, ihrer Pflicht nicht nachkommen oder ihr Leben nicht selbstbestimmt führen, müssen wir ihnen helfen, das gesamte Spektrum negativer Folgen zu erkennen, das sie sich und anderen aufbürden. Wir wollen sagen: »Ist Ihnen bewusst, dass, als Sie Ihrer Verantwortung nicht nachgekommen sind und den Bericht nicht abgeliefert haben, Ihr gesamtes Team bei der letzten Besprechung in Wartestellung war und nicht Bescheid wusste?«, »Wissen Sie, dass aufgrund der Tatsache, dass Sie nicht den Kindesunterhalt zahlen, Ihr Sohn angefangen hat, in dem kleinen Laden an der Ecke Lebensmittel zu stehlen?«, »Merkst du nicht, dass es überhaupt nichts bringt, wenn du deinen Eltern oder der Gesellschaft die Schuld gibst; dass nur du für deine Handlungen und dein Leben verantwortlich bist, egal, was in der Vergangenheit war?« …

Es ist schwierig, andere auf ihre Fehler oder Mängel hinzuweisen, aber wenn wir führen wollen, müssen wir das tun. Wir können freundlich und verständnisvoll sein, aber wir sollten direkt sein und uns leidenschaftlich dafür einsetzen, dass sie es künftig besser machen können. Wenn wir nicht gewillt sind, darauf hinzuweisen, sobald jemand sich hinsichtlich seiner Pflichten oder seines Verhaltens unverantwortlich aufführt, dann sind wir nicht für eine Führungsrolle geeignet.

Wir wollen Intelligenz und Mitdenken einfordern. So viele Menschen auf der ganzen Welt wissen heutzutage kaum etwas über die gewichtigen Angelegenheiten, die ihr eigenes Leben oder ihre Gemeinde betreffen, und sie kennen sich in ihren Fachgebieten nur hinreichend aus. Doch je unwissender die Leute werden, desto zynischer werden sie – sie machen sich nicht die Mühe herauszufinden, welche Dinge wahr sind, und so weisen sie alle Tatsachen zurück, die zu prüfen sie zu faul oder voreingenommen waren.

Wir dürfen die Unwissenheit in unserer Gesellschaft nicht länger auf den Schild heben. Unsere heutige Kultur zelebriert den Idioten im Fernsehen, das hohle Gesicht in der Illustrierten, den unbedachten Extremisten im Radio. Wir dürfen unsere Augen nicht vor der Tatsache verschließen, dass unsere Kinder all das mitbekommen und sich ihrerseits den Tatsachen verschließen. Wenn wir großartig sein wollen, müssen wir Verantwortung übernehmen und andere dabei unterstützen, zu lernen, zu erkunden, kritisch zu denken und weiser zu werden.

Allen, auf die wir Einfluss haben und die wir führen, müssen wir ein Vorbild sein, und wir müssen von ihnen besonders viel Nachdenklichkeit und Intelligenz erwarten. Wir wollen unsere Kinder dazu anhalten, noch mehr zu lernen, unsere Mitarbeiter auffordern, noch mehr zu recherchieren, von den Medien verlangen, noch mehr und ausgewogenere Nachrichten zu bringen. Wenn jemand uns eine törichte Frage stellt, müssen wir ihn ermutigen, sich besser vorzubereiten. Wenn ein Kollege unkundig handelt, müssen wir ihm den Rat geben, sich mehr Wissen anzueignen, und ihm einen Mentor zur Seite stellen. Und falls wir in irgendeinem Bereich, in dem wir dienen, echter Weisheit,

Originalität oder Kreativität begegnen, so wollen wir dies in höchsten Tönen loben und einen Anreiz für brillante Leistungen setzen.

Wir wollen Exzellenz einfordern. Wer für Großes bestimmt ist, pocht darauf, dass alles richtig gemacht und zu Ende geführt wird. Wir müssen bei allem, was wir tun, das höchste Leistungsniveau und bestmögliche Ergebnisse anstreben. Und keiner in unserem Bereich darf seine Arbeit bloß mit halbem Interesse oder Einsatz angehen. Falls wir so jemanden unter uns finden, wollen wir ihm klipp und klar unsere hohen Erwartungen darlegen und ihm, so gut es geht, dabei helfen, dass er ihnen gerecht wird. Doch wenn ihm das nicht bald gelingt, dann sollten wir ihn ebenso bald wegschicken. Wir können uns auf unserem Weg nicht mit Mittelmäßigkeit aufhalten. Wer unser Interesse für Exzellenz nicht teilt, muss zurückbleiben; solche Menschen werden nichts Wichtiges beitragen und können unseren speziellen Weg nicht gehen. Wir müssen uns keine Sorgen machen, wenn wir Leute, die nichts Rechtes leisten, losschlagen: Sie werden bald auf die Füße fallen und ihren Platz finden. Das ist weder abschätzig noch grausam oder undankbar, sondern es ermöglicht den Menschen schlichtweg herauszufinden, wo ihre Fähigkeiten und ihr Maß an Engagement tatsächlich gebraucht werden.

Wir urteilen nicht über sie, und wir müssen auch nicht versuchen, sie »zurechtzubiegen«. Wir sorgen einfach dafür, dass wir auf unserem eigenen Weg von Menschen umgeben sind, die zu unseren Werten und unserer Mission passen. Wir dürfen niemals Skrupel haben, Leistungen auf Spitzenniveau zu erwarten. Wenn viele diese Auffassung teilen, wird sie zu einem unverrückbaren Standard, der alle zu besseren Leistungen anspornt.

Wir wollen Mut einfordern. Das Schicksal der Welt hängt von der Anzahl an Menschen ab, die zu couragiertem Handeln entschlossen sind. Wo auch immer wir Einfluss haben, müssen wir unsere eigenen Ängste bezwingen und die gleiche Stärke denen einimpfen, die uns am Herzen liegen und denen wir dienen. Wir müssen die Leute dahin gehend motivieren, dass sie nicht reden, sondern handeln, und wir dürfen nie zulassen, dass Worte an die Stelle echter Bemühungen treten. Wir können dazu beitragen, dass andere sich stärker in Richtung Handeln orientieren, indem wir fragen: »Was haben Sie diesbezüglich getan?«, so wie man andere Menschen des Öfteren fragt: »Was denken Sie darüber?«

Wenn wir mitbekommen, dass andere still in sich zusammensinken oder von ihren Träumen ablassen, sollten wir fragen, *warum* das so ist. Wenn ihre Antwort aus lauter Ausreden und Unsicherheit besteht, sollten wir es auf uns nehmen, sie an ihre angeborene Willenskraft und Stärke zu erinnern. Mut bildet sich oft in Konfliktsituationen heraus: wenn man andere zwingt, sich mit Ängsten und Ungerechtigkeiten auseinanderzusetzen, wenn man Menschen beibringt, zu helfen, statt sich wegzuducken, wenn man Klarheit fordert statt Stillschweigen, wenn man andere ermutigt, für etwas einzutreten, statt einen Rückzieher zu machen.

Wir wollen Respekt gegenüber anderen einfordern. Respekt stützt all die anderen Tugenden der menschlichen Verbundenheit: Freundlichkeit, Mitgefühl, Fairness, Empathie, Liebe. Wir müssen denen, die wir inspirieren möchten, *gewaltigen* Respekt erweisen, selbst wenn wir ihnen gegenüber stark auftreten und viel von ihnen verlangen. Und wir müssen sie darum bitten, andere genauso respektvoll zu behandeln. Je mehr Menschen wir anführen, desto mehr müssen wir damit rechnen, dass in unseren Reihen geringschätziges Verhalten vorkommt, sei es uns oder anderen gegenüber. Wir wollen den Respektlosen freundlich behandeln, doch entschieden auf einer Entschuldigung und Wiedergutmachung beharren. Behandeln Sie despektierliche Menschen warmherzig und geduldig, aber warnen Sie sie in aller Deutlichkeit. Tolerieren Sie kein verächtliches, grausames oder abschätziges Verhalten. Wenn wir in diesem Punkt versagen, verdienen wir selbst keinen Respekt mehr.

Wir wollen Wachsamkeit einfordern. Unter großartigen Menschen herrscht eine gesunde Paranoia, nämlich die gesteigerte Sorge, dass die dunklen Schatten der Gleichgültigkeit jederzeit ein glorreiches Vorhaben korrumpieren könnten. Alles, was anhaltenden Erfolg ermöglicht – Disziplin, Schwung, Ausdauer, Hingabe –, resultiert aus einem wachsamen Bewusstsein dessen, wofür wir kämpfen, was uns scheitern lassen könnte, wie erfolgreich wir vorankommen, sowie dem Bewusstsein unserer Moral. Wir bitten um Wachsamkeit, indem wir die Aufmerksamkeit aller Beteiligten auf die wichtigen Dinge lenken und ganz ehrlich sagen, wie weit wir bereits gekommen sind. Wir müssen immer wieder sagen: »Passen Sie auf. Machen Sie sich bewusst, was wir tun, wo wir noch besser werden müssen und was uns im Wege steht.« Große Führungspersönlichkeiten sind auf eine achtsame Weise gereizt – wach und doch ruhig.

Wir wollen dienendes Tätigsein einfordern. Zu viele Menschen haben den Auftrag vergessen, den unsere Vorfahren uns hinterlassen haben: unsere Energie, unser Wissen und unsere Fähigkeiten so einzusetzen, dass wir etwas bewirken. Denn wofür kämpfen wir, wenn nicht dafür, das Leben der anderen zu verschönern? Für unsere Familien, Gemeinden und für die Welt müssen wir uns erneut zu dienendem Tätigsein aufschwingen.

Dienen ist die Absicht, für andere etwas Gutes zu tun und ihnen dann, wenn es nötig ist, auf echte und warmherzige Art zu helfen. Bedeuten den Menschen in unserem Umfeld andere Menschen wirklich etwas? Wollen sie ihnen helfen? Denken sie darüber nach, ob sie ihre Sache gut machen und ob sie die Menschen zum Staunen bringen, die den gleichen Weg gehen wie wir?

Wer in seinem Herzen nicht tugendhaft ist, darf nicht zu unserem Kreis gehören. Trennen Sie sich sofort von diesen Leuten, denn ihr Egoismus und ihre Gleichgültigkeit halten uns vom Erreichen unserer hohen Ziele ab.

Wir wollen Einigkeit einfordern. Die Säulen einer Gemeinde können nicht stabil sein, wenn Klatsch und Tratsch sowie Belanglosigkeiten an ihnen nagen. Wir müssen in anderen ihre natürliche Neigung zu Toleranz, Verbindung und Gemeinschaft wecken. Wir müssen anderen immer ins Bewusstsein rufen: »Das stehen wir gemeinsam durch.« Die Grunderwartung jedes Anführers, sobald die richtigen Leute mit an Bord sind, lautet: Wir sind gemeinsam auf dem Weg zu etwas Wichtigem; wir müssen zusammenarbeiten, zusammenbleiben, zusammen kämpfen und zusammen etwas erreichen.

Wir dürfen niemals schwache, unbedeutende Führungsfiguren sein, die innerhalb unserer eigenen Reihen Streit anfangen. Unsere Äußerungen müssen immer vom Geist der Zusammengehörigkeit geprägt sein. Ziehen Sie nicht über andere her. Spalten Sie nicht das Team. Vermitteln Sie nicht den Eindruck, eine Abteilung sei wichtiger als die anderen.

Wenn wir mitbekommen, dass andere egoistisch werden oder sich nur für bestimmte Dinge interessieren, wollen wir sie an ihre umfassendere Verbundenheit mit anderen und an ihre Aufgabe zu dienen erinnern. Wir können eine Einzelperson loben und doch die Aufmerksamkeit auf ihre positive Auswirkung auf das Team und die Gesellschaft lenken. Wir sind dann erfolgreich, wenn unsere Leute »wir« oder »uns« öfter sagen als »ich« oder »mir«, wenn wir sehen, dass unser Team Siege gemeinsam feiert, gemeinsam isst, gemeinsam weint, sich gemeinsam anstrengt.

Ehrlichkeit, Verantwortung, Intelligenz, Exzellenz, Mut, Respekt, Wachsamkeit, dienendes Tätigsein, Einigkeit: Das sind die Tugenden der Großartigkeit, die wir vorleben und die wir erwarten müssen. Das sind die Tugenden, aus denen bemerkenswerte Menschen geschmiedet und die die beste Waffe gegen so manches Übel der Welt sind.

Die Anforderungen solcher Tugenden sind groß und anspruchsvoll. Manche Menschen werden fragen, wie wir einfach jene zurücklassen können, die diesen hohen Standards nicht gerecht werden. Aber wir wollen Schluss machen mit der großen Illusion, der zufolge jeder auf jeder Reise mit dabei sein muss. Die Wahrheit lautet, dass sich einige Menschen gar nicht unserem Marsch anschließen wollen, und sie sollten sich ohne Scham oder Bedauern entziehen können. Nicht jeder muss bei jeder Initiative dabei sein, und nicht jeder kann den außergewöhnlich hohen Standards entsprechen, die wir brauchen, um das Außergewöhnliche zu erreichen. Deshalb wollen wir jene versammeln, die wirklich fähig sind und sich wirklich engagieren, und die übrigen ihren eigenen Interessen und Vorhaben überlassen.

Das Ende der Finsternis

Wenn wir uns und die, mit denen wir uns gemeinsam anstrengen und dienen, zu solcher Großartigkeit inspirieren, wohin führt das letztendlich? Zu nichts Geringerem als dem Ende der Mittelmäßigkeit überall dort, wo wir Einfluss haben. Vielleicht stimmt es ja, dass in einer riesengroßen Gesellschaft immer auch niedrige Standards herrschen werden, und weil der Wandel auf der Welt so lange auf sich warten lässt, »erfahren« vielleicht nur die Toten das Ende von Krieg und Armut und all den anderen gesellschaftlichen Missständen. Doch wir, die Lebenden, müssen es dennoch versuchen. Wir wollen uns zumindest bemühen, einen Großteil der sozialen Übel zu beseitigen. Denn wenn wir es nicht tun, wer tut es sonst – und wann? Was wird die Geschichte sagen, wenn wir nicht mehr zustande bringen?

Kann es eine neue Menschheitsdämmerung geben, in der mehr von uns zu großartigen Männern und Frauen werden, mit starkem Charakter und Gewissen? Wenn wir daran zweifeln, sind wir zum Scheitern verurteilt. Doch wenn wir diese verantwortungsvolle Aufgabe von den früheren Generationen übernehmen, sie weitertragen und sowohl ihre Bürde als auch ihre Herrlichkeit mit mehr Menschen teilen, dann werden wir zu einem Vorbild an Großartigkeit, das die Kinder künftiger Generationen feiern und dem sie nacheifern werden. So wollen wir uns aus Respekt vor dem Blut und den hart erarbeiteten Triumphen derjenigen, die uns inspiriert haben, und aus Pflicht gegenüber denen, die wir lieben und denen wir dienen, sowie jenen, die wir nie kennen werden und die noch der Inspiration harren, *jetzt* emporschwingen und großartig werden.

Neuntes Versprechen

WIR WOLLEN DIE ZEIT VERLANGSAMEN

Der Zweck des Lebens ist zu leben,
und zu leben heißt, bewusst zu sein,
fröhlich, trunken, göttlich bewusst.
Henry Miller

Das Leben ist dazu gedacht, ein leuchtendes, zutiefst empfundenes, wachsendes Mosaik bedeutungsvoller Momente zu sein. Es soll eine große, engagierte und bedingungslose Liebesbeziehung mit unseren täglichen Erfahrungen sein. Wir sollen dies fühlen und spüren, uns voller Wachsamkeit und Begeisterung auf alles einlassen, was uns begegnet, und fröhlich die Geschenke auspacken, die das Schicksal uns bietet.

Wir dürfen diesen Augenblick nicht verpassen. Wir sind nicht dazu bestimmt, halb betäubt durchs Leben zu rasen und dabei weder unsere eigenen Empfindungen oder unsere Umgebung wahrzunehmen noch taub und blind zu sein für die Magie des Moments. Diesen Tag müssen wir so genießen wie eine Rast an einem kühlen Bach in der Sommerhitze. Selbst wenn es uns schlechtgeht, sollten wir ehrfürchtig um uns blicken, die schönen Ereignisse und kleinen Wunder, die mit Sicherheit zahlreich vorhanden sind, in uns aufnehmen und uns in der trüben Zeit selbst von dem kleinsten Hoffnungsschimmer bezaubern lassen, so als blickten wir auf ein Feld, das vom Mondlicht beschienen ist und auf dem sich Millionen von Glühwürmchen tummeln.

Wir dürfen diesen Augenblick nicht verpassen. Unser Gehirn ist nicht für diesen frenetischen Trubel gemacht, in dem wir uns immerfort auf alles und nichts konzentrieren müssen; es ist nicht dafür gemacht, von irgendwelchen Zuckersäften und Stimulanzien aufgeputscht und mit so vielen beliebigen negativen Informationen und so vielen unsinnigen Aufgaben bombardiert zu werden, dass es nie bloß eine Sache gibt, auf die wir uns konzentrieren, die wir bewerkstelligen oder feiern.

Wir dürfen diesen Augenblick nicht verpassen. Unsere Körper sind nicht für einen sitzenden Lebensstil voller Trägheit und Stunden am Schreibtisch geschaffen. Uns fehlt das Vergnügen, Gegenstände zu berühren und uns zu bewegen, und auch die Wohltat körperlicher Erschöpfung nach einem harten Arbeitstag, an dem wir tatsächlich etwas getan oder gebaut haben.

Wir dürfen diesen Augenblick nicht verpassen. Unsere Seele ist nicht dazu da, um in der Vergangenheit steckenzubleiben, von nutzloser Anhaftung an alte Geschichten niedergedrückt zu werden, in früherem Ärger oder Bedauern gefangen zu sein, unfähig, die helle, klare emotionale Ausdehnung des *Jetzt* wahrzunehmen und darin aufzugehen.

Wir dürfen diesen Augenblick nicht verpassen. Unsere Familien möchten nicht fortwährend von hektischer Dringlichkeit bestimmt sein. Sie wollen nicht, dass unsere physische oder geistige Abwesenheit ihre einzige Erinnerung an uns sein wird.

Wir dürfen all dies nicht verpassen, dieses *Leben*. Aber das tun wir, so erschöpft, gestresst und dem Moment enthoben, wie wir immer sind. Der Preis dafür ist enorm hoch – unzählige Augenblicke sind von Geschwindigkeit, Sorge und Panik verzerrt und führen so zu einem Leben ohne Freude.

Dabei können wir so viel mehr vom Leben haben. Wir müssen uns nur etwas mehr fokussieren und Mühe geben, dann wird uns deutlicher bewusst, dass jeder Tag ein Geschenk ist, dann kehren wieder mehr Tiefe, Gefühl und Bedeutung in unser Leben zurück. Das wollen wir uns zum Ziel setzen. Wir müssen uns weniger mit dem Chaos befassen, sondern uns erneut der wahren Ordnung des Universums zuwenden, die uns in diesem Moment unbeschränkte Freiheit und Frieden schenkt.

Wir müssen wieder tief durchatmen. Wir müssen unsere Umgebung in uns aufsaugen und unsere Körper die Dinge wieder spüren lassen. Wir müssen unser Herz mit unserem Leben verknüpfen und unsere gegenwärtigen Bestrebungen wieder mit Hoffnung, Leidenschaft und Liebe füllen. Alles, was dafür nötig ist, ist eine Neuausrichtung unserer Aufmerksamkeit, Zeit und Energie, eine andere Intention und eine andere Gangart im Leben. Wir müssen bei allem etwas langsamer werden, damit wir es wieder spüren können, es wieder genießen können und es vielleicht zum ersten Mal *erleben*. Das ist der Moment, an dem wir endlich anfangen, die Wohltaten des Daseins zu genießen. Somit versprechen wir: *Wir wollen die Zeit verlangsamen.*

Zeit ist endlich

Fassungslos und voller Bedauern rufen die Menschen immer wieder: *»Ich dachte, ich hätte mehr Zeit!«*

Das sagen wir zum Beispiel, wenn unsere Kinder ausziehen, so als wäre es möglich gewesen, sich eines schönen Tages in der Zukunft, wenn wir nicht mehr so gestresst wären, an ihnen zu erfreuen und sie zu bewundern, bevor sie flügge würden. *»Ich dachte, ich hätte mehr Zeit, um ihre Gegenwart zu genießen und sie aufwachsen zu sehen.«*

Wir sagen das, wenn uns der Job entrissen wird, als räumten wir damit ein, dass wir noch mehr hätten leisten können, als sei es unfair, dass wir nicht die Chance hatten, das zu tun – als hätten wir auf jenen Tag gewartet, an dem wir gekommen wären und dann wirklich etwas geleistet und uns engagiert hätten. *»Ich dachte, ich hätte mehr Zeit, um etwas Herausragendes zu leisten und Eindruck zu hinterlassen.«*

Wir sagen es, wenn unser Liebster uns verlässt und uns damit überrascht, so als wären wir blind gewesen, hätten keinerlei Anhaltspunkt dafür gehabt, als wäre es nicht unsere Schuld, dass der Zauber schon lange verflogen war, als hätten wir vorgehabt, eines Tages ein besserer Partner zu sein. *»Ich dachte, ich hätte mehr Zeit, um dir zu zeigen, wie sehr ich dich liebe.«*

Wir sagen es kurz vor dem Sterben, wenn unser letzter, nachlassender Zugriff auf die Wirklichkeit von einer höheren Hand gelöst wird, wenn die Luft unseren Lungen entweicht, wenn intensiver Schmerz einem merkwürdig tumben Gefühl weicht und sich schließlich in Frieden und Licht auflöst. Falls wir ein ungefühltes Leben voller Bedauern gelebt haben, sagen wir dies zu uns selbst, als hätten wir immer vorgehabt, bald anzufangen zu leben, als überraschte es uns, dass am Ende nicht mehr Zeit ist, um zu leben, zu lieben, von Bedeutung zu sein, als wäre uns nicht klar gewesen, dass die Uhr die ganze Zeit tickte, als hätten wir nicht gewusst, dass wir eines Tages abberufen würden. *»Ich dachte, ich hätte mehr …«*

Wussten wir das nicht alles längst? Wie kann uns auf so törichte Art und Weise die Ironie all dessen entgehen? Nämlich dass hier, in einem unendlichen Universum, für uns die Zeit endlich ist, dass sich, selbst wenn wir weder die Ordnung noch den Beweggrund all dessen kennen, das Ergebnis vorhersagen lässt – das Leben wird uns irgendwie und schneller genommen, als uns lieb sein mag, vielleicht auf schreckliche oder leichte Weise, aber vermutlich mit wenig Trara, bis auf – hoffen wir es – die Liebe, die sich um ums gesammelt hat.

Warum stöhnen und bitten und betteln so viele um eine weitere Chance, wenn ihnen die Stunde schlägt, als hätte der Gebende Geduld mit jenen Bummlern, die nie die Gelegenheiten nutzten, die er ihnen zuvor so großzügig eingeräumt hatte?

Wir könnten den kommenden Niedergang beklagen. Wir könnten versuchen, den Tag abzuwenden, an dem der Tod sich uns nähert und uns ins Ohr flüstert, dass nun der Moment für uns gekommen sei, um zur Liebe zurückzukehren. Wir könnten leugnen, dass er je eintreten wird. Wir könnten all die Hinweise darauf verpassen, dass wir das Leben genießen sollten, solange wir können, etwa wenn ein geliebter Mensch stirbt, Unfälle geschehen oder unverhofft Ereignisse wie Blitze aus heiterem Himmel einschlagen.

Doch stattdessen denken wir erst gar nicht darüber nach, dass wir sterben müssen, weder im positiven noch im negativen Sinne. Wir blicken weiterhin in Panik auf unsere protzigen Uhren und unsere vollen Terminkalender und fragen uns, wo wir sein sollten; dabei sind wir irgendwie blind und taub für das Schicksal, das mit den Armen wedelt und uns in genau diesem Augenblick zuruft: *»Mein lieber Freund, du bist bereits dort, wo du sein solltest, merkst du das denn nicht? Hör auf, nach etwas anderem zu suchen, und fang an, hier und jetzt zu schauen und zu fühlen. Alles ist schon da. Wenn du es verpasst, verpasst du das Leben!«*

Nur Neues

Zu viele fliehen den gegenwärtigen Augenblick für irgendein Gestern oder Morgen und träumen von einer Zeit oder einem Ort, wo sie lieber wären. Das Resultat? Menschen, die leben, sich aber in gewisser Weise in einer anderen Zeit befinden, sind Gespenster. Sie werden nie wirklich von denen gesehen oder wahrgenommen, die sie lieben; die Fülle des Universums findet sie gar nicht, sodass es sie nicht beschenken kann; sie lösen sich auf und fehlen beim Anwesenheitsappell des Jetzt.

Wir wollen damit aufhören und uns nicht mehr von unserem Tag, von diesem Moment abwenden. Wir brauchen uns nicht dafür zu schämen, dass wir abwesend waren, und wir dürfen jenen nicht grollen, die sich von uns abgesetzt haben. Gewisse Augenblicke haben wir verpasst, und daran kann man nichts mehr ändern. Unser gestriger Mangel an Präsenz gegenüber denen, die wir lieben und die wir führen, war nun mal Realität – diese Momente kehren nicht zurück, egal, wie sehr wir dies von Herzen wünschten. Was vorbei ist, ist vorbei. Fügen Sie dem Verpassten nun nicht noch die Trauer darüber hinzu.

Wir das Gestern nicht ändern, und wir sollten dem, was wir getan oder unterlassen haben, nicht nachhängen, denn all jene Augenblicke haben sich bereits in die Weite des Universums verflüchtigt und sind nur in den Geschichten in unserem Geist noch da.

Auch sollten wir anderen gegenüber nicht verbittert sein, denn im Lauf der Zeit ist unser Gefühl des »Abgeschnittenseins« und der Ablehnung vermutlich genauso groß wie das ihre, und indem wir sie verdammen, verdammen wir uns selbst. Einige Menschen haben nicht gemerkt, dass wir sie brauchten. Anderen war es gleich. Das ist jetzt nicht mehr wichtig.

Wichtig ist nur, was hier und jetzt vor uns ist; wir können entscheiden, wie wir damit umgehen, wie wir es gestalten und wie wir es erleben.

Wir können heute tief einatmen und merken, dass der Geruch von gestern sich verflüchtigt hat. In diesem Moment gibt es nur Neues, einen unberührten Raum, nichts als ein weites Feld an Möglichkeiten, die darauf warten, gefühlt und erkundet zu werden. Wir wollen darauf mit der Absicht zugehen, sie liebevoll, geschickt und *langsam* zu erkunden.

Das Sinneswesen

Um den Moment zu verlangsamen, müssen wir unsere Sinne schärfen. Um mehr zu spüren, müssen wir entweder mehr aufnehmen oder das, was bereits da ist, intensiver spüren.

Wir alle erinnern uns lebhaft an Momente, in denen eine Krisensituation oder etwas besonders Schönes die Zeit zu verlangsamen schien. Wir bogen um eine Ecke und wurden Zeuge eines Unfalls; wir haben einen geliebten Menschen begleitet, als er starb; wir saßen stolz im Publikum, als unseren Kindern ihre Abschlusszeugnisse überreicht wurden. In solchen Augenblicken sorgte unsere gesteigerte Aufmerksamkeit dafür, dass die Szene in Zeitlupe ablief. Wenn wir wissen, dass es diese Macht gibt, können wir sie nach Belieben einsetzen, um unser Erfahren der Zeit oder das Leben selbst langsamer ablaufen zu lassen.

Es entspricht unserer Natur, dass wir unsere Umgebung über die Sinne wahrnehmen. Wir sind hochsensible Sinneswesen. Unsere Begabung, zu sehen, zu riechen, zu fühlen, zu schmecken und zu hören, können wir wie ein großes Empfangsgerät einsetzen, mit dem wir all die Eindrücke des gegenwärtigen Moments aufnehmen und verstärken.

Das Verlangsamen der Zeit beginnt immer mit dem *Atem.* Je tiefer und länger wir die Luft einatmen, desto mehr füllt sich unser Körper mit Sauerstoff, und desto größer ist unsere Energie und Präsenz. Und doch sind sich die meisten von uns gar nicht dessen bewusst, wie sie atmen. Wir atmen flach und nippen nur abwesend an diesem reichen, erfrischenden Sauerstoffvorrat, der überall da ist. In den seltenen Fällen, in denen wir unseren Atem bewusst nutzen, kommt er stoßweise, begleitet von unzufriedenen oder angestrengten Lauten. Doch wir können das Leben gar nicht wirklich fühlen, wenn wir nicht unser Gehirn durch tiefes, bewusstes Atmen mit Sauerstoff füllen, sodass es leistungsbereit und vollkommen wach wird. Wenn wir auf unseren Atem achten und langsam immer mehr Luft aufnehmen, wirkt sich das unmittelbar und außerordentlich stark auf die Art und Weise aus, wie wir den gegenwärtigen Moment erleben. Bevor wir eine Rede halten oder irgendeinen anderen Auftritt haben, können wir bewusst atmen. Wenn ein schwieriges Gespräch mit unserem Partner oder einem Freund ansteht, können wir ebenfalls bewusst atmen. Wenn wir in einem Laden anstehen, beim Sport sind oder am Schreibtisch sitzen, können wir uns daran erinnern, das Leben in uns aufzunehmen und es bei jedem Atemzug zu spüren.

Versuchen wir jetzt gleich, unsere Aufmerksamkeit auf unseren Atem zu lenken. Wir sollten die Luft scheinbar so in unseren Bauch einziehen, als würden wir einen großen Luftballon füllen, und wir spüren den ganzen Weg des Atems bis hin zu unserer Brust; dann atmen wir gleichmäßig, kontrolliert und entspannt wieder aus. Es ist schwer, wenn nicht gar unmöglich, auf diese Weise in jedem einzelnen Moment zu atmen – unser Unbewusstes wird das Ruder wieder an sich reißen und zur flachen Atmung zurückkehren. Aber wir können üben, allmählich etwas länger so zu atmen. Wenn wir uns darauf konzentrieren, wird die Praxis stabiler, und mit der Zeit stellt sie sich eher von allein ein. Um präsenter im Augenblick zu sein, wollen wir mehrmals pro Stunde auf unseren Atem achten, insbesondere in Situationen, die wir deutlich spüren wollen und an die wir uns erinnern möchten.

Wir können die Zeit noch weiter verlangsamen, indem wir mehr Einzelheiten in unserem Umfeld wahrnehmen. Wir sollten auf die Farbe, Struktur und Platzierung der Gegenstände ringsumher achten. Wir können beim Blick aus dem Fenster beobachten, wie der Ast eines Baums im Takt mit dem Wind hin und her schwingt. Wir können uns die glatte, makellose Haut eines Babys anschauen, seine weichen Wangen berühren und seinen Gesichtsausdruck nachahmen. Wir können die Formation der Wolken am Himmel beobachten, wenn sie sich träge von einer Gestalt in die nächste wandeln. Wir können bemerken, wie kunstvoll jemand das Essen auf dem Teller angeordnet hat und jede Zutat ihre eigene leuchtende Farbe besitzt. Dabei müssen wir uns überhaupt nicht beeilen. *Es geht uns nicht darum, blitzschnell unser Umfeld mit den Augen abzutasten, wie Tiere es tun, die auf der Flucht sind.* Sondern wir wollen den Moment in uns aufnehmen, und dafür sollten wir innehalten und sehen, was wirklich vor unserer Nase ist.

Das neugierige, geruhsame Auge ist es, das dem Leben wieder Farbe verleiht.

Weiterhin verlangsamen wir die Zeit, wenn wir unseren Tastsinn verfeinern – unser physisches Empfinden des Moments. Wir sollten mehr Objekte in unserem Umfeld berühren, Gegenstände aufheben, in der Hand hin und her drehen und uns ihre Größe, Oberfläche und sonstige Details einprägen. Wenn wir unsere(n) Liebste(n) küssen, sollten wir diese Lippen spüren, als wäre das der wichtigste Kuss überhaupt. Wenn wir gehen, sollten wir achtsam gehen und spüren, wie unsere Fersen und Zehen die Erde berühren. Unsere Haut ist der Schlüssel zu wahren Sinnesfreuden und zu einem Leben, das wir tatsächlich spüren.

Und was hören wir gerade? Zu oft dimmen wir die Geräusche des Lebens. Doch wir sollten die Laute, die an unser Ohr dringen, gern haben: das vorbeifahrende Auto, der kleine Fink, der in der Birke trällert, die schöne, einzigartige Stimme, die zu uns spricht. Damit wir langsamer werden und das Leben genießen, müssen wir die Musik genießen, die die Welt überall um uns herum erzeugt. Das bedeutet keineswegs, dass wir das Unangenehme nicht ausblenden können, aber es ist etwas anderes, ob wir nur einige Wahrnehmungen oder immer alles ignorieren.

Und schließlich gibt es keinen Sinn, der in unserer hektischen Welt so schnöde vernachlässigt wird wie der Geschmacksinn. In unserem Kulturkreis wird weithin das Essen hinuntergeschlungen, als wären wir Hyänen kurz vorm Verhungern. Wir behalten das Essen kaum im Mund, wir freuen uns nicht an seiner Konsistenz und Verarbeitung. Viele können sich nicht an ihre letzte Mahlzeit erinnern, weil sie beim Essen kaum darauf geachtet haben. Wir müssen zu gediegeneren Gepflogenheiten früherer Zeiten zurückkehren, als man das Essen nicht im Gehen verschlang, sondern als die Nahrung eine Bedeutung hatte, uns mit Nährstoffen versorgte, uns erfreute und Verbundenheit im Leben stiftete. Daher wollen wir das, was wir zu uns nehmen, wirklich genießen. Und wenn ein Essen uns weder erfreut noch unseren Körper stärkt, dann soll es erst gar nicht auf unserer Tafel landen.

Das Prinzip ist so einfach: Je mehr von unseren Sinnen wir für den Moment öffnen, desto mehr verlangsamt sich die Zeit, desto mehr fröhliche und lebendige Erinnerungen sammeln sich in unserem Geist, desto mehr Dankbarkeit herrscht im Leben, und desto reicher ist unsere Seele.

Achtsamkeit kann die Zeit anhalten

Jene, die die Zeit nicht spüren oder verlangsamen können, brauchen wir nur an die Zeiten zu erinnern, in denen das fast von allein geschah:

»Weißt du noch, als du so in deine Kunst vertieft warst, dass alles um dich herum nebensächlich wurde?«

»Weißt du noch, als du den Duft deiner Liebsten eingeatmet hast und die Zeit ganz langsam verstrich?«

»Weißt du noch, als du ihm das Geschenk gegeben und ihn beim Auspacken beobachtest hast, wie sein Lächeln dann so unglaublich schnell aufleuchtete und der Moment zugleich so lang erschien? Und jetzt, wenn du daran zurückdenkst, breitet sich sein Lächeln ganz langsam über sein Gesicht aus, als ob sein Lächeln umso länger anhielte, je mehr Tage seitdem verstrichen sind, wobei sein Strahlen nie verblasst.«

»Weißt du noch, wie die Welt stillstand, als du deiner Freundin intensiv zugehört hast, während sie von ihrem Kummer erzählte und du so stark mit ihr gefühlt hast?«

»Weißt du noch, als du in den Wald oder an den Strand gelaufen bist und die Natur in dir aufgenommen hast und es sich so anfühlte, als seist du ein Teil von ihr und sie ein Teil von dir – als die Unermesslichkeit und Kraft der Natur dir den Atem zu nehmen schien?«

»Erinnerst du dich noch an das Gericht, von dem du jeden einzelnen Bissen genossen und dir gewünscht hast, die Mahlzeit würde nie enden und die vielen Geschmacksnuancen würden ewig deinen Gaumen erfreuen?«

»Erinnerst du dich noch an die Klänge des Konzerts, auf das du dich so lange gefreut hattest – jenes angenehme sanfte Pulsieren in deinen Ohren im gleichen Takt wie dein eigener Herzschlag?«

Es war, als hätten wir die Zeit angehalten, um etwas Zeitloses, Wunderschönes, Bedeutsames wahrnehmen zu können. Solche Momente müssen keine Seltenheit sein.

Unsere Erlebnisse können auch im Alltag Magie haben, und diese Magie muss keineswegs etwas Mystisches sein, sondern es ist vielmehr ein bewusster Trick, durch den wir die Zeit verlängern, unsere Sinne schärfen und den Reichtum des Augenblicks intensiver spüren.

Achtsamkeit ist das beste Mittel gegen die hektische Beschleunigung der Zeit. Denken wir also immer daran, dass wir das Vermögen haben, unser Zeitempfinden zu beeinflussen. Wir haben eine außergewöhnliche Fähigkeit, den Augenblick zu verlangsamen, uns in ihn hineinzubegeben und zu spüren, wie er um uns herumwirbelt. Zusammen mit unserer Willenskraft und Motivation hilft uns die Fähigkeit, unsere Erfahrungen wirklich zu spüren und zu intensivieren, dabei, die Ödnis zu bekämpfen und ein wirklich freies, vibrierendes Leben zu führen.

Zwei Takte länger

Was hieße es für unser Leben und unsere Beziehungen, wenn wir unsere Wahrnehmungen nur ein kleines bisschen in die Länge zögen?

Vergessen wir für den Moment, wo wir eigentlich sein und was wir eigentlich tun sollten. Stattdessen wollen wir *diesen* Augenblick bloß *zwei Takte länger* halten:

- Atme nicht so schnell. Zieh die Luft zwei Takte länger ein.
- Schau dich nicht hektisch im Zimmer um. Sondern spür den Raum, indem du jeden Schatten und jeden Winkel zwei Takte länger anschaust.
- Sieh nicht nur flüchtig zu ihr hin. Sondern schau ihr in die Augen und halt den Blick zwei Takte länger.
- Schling die nächste Mahlzeit nicht hinunter, sondern koste jeden Bissen zwei Takte länger, lass die Geschmäcker miteinander verschmelzen und nachklingen.
- Schick die herzlose Nachricht nicht ab. Lies sie noch einmal durch und nimm dir zwei Takte mehr Zeit, um den Kummer zu spüren, den sie dem Empfänger möglicherweise bereitet.
- Gib keinen flüchtigen Abschiedskuss, während du auf dem Weg nach draußen mit allen möglichen Dingen jonglierst. Gib diesem Kuss Gewicht, lass ihn bestimmt und fest und wahr sein und dehne den Moment voller Leidenschaft um zwei Takte aus.

Das Leben vollzieht sich in den zusätzlichen Takten, die wir halten, während sich die Zeit entfaltet. Bald schon werden aus zwei Takten vier, aus vier werden acht, und irgendwann beherrschen wir die Kunst, das Leben wirklich zu erfahren. Dann spüren wir, wer wir sind und wo wir auf unserem Weg zur Großartigkeit stehen, wir erschaffen echte Momente und leben als fröhliche Meister in der unendlichen, göttlichen Freiheit des Jetzt.

Die neun Versprechen

I. Das Leben voller Präsenz und Energie angehen

II. Über das eigene Leben selbst bestimmen

III. Unsere inneren Dämonen besiegen

IV. Unbekümmert voranschreiten

V. Freude und Dankbarkeit kultivieren

VI. Integer bleiben

VII. Die Liebe mehren

VIII. Großartigkeit inspirieren

IX. Die Zeit verlangsamen